KB089925

저 **안데스**를 넘을 수 있을까

저 안데스를 넘을 수 있을까

: 한 베이비부머의 10개월간 남미 자전거 여행 이야기

초판 1쇄 인쇄일 2019년 4월 19일
초판 1쇄 발행일 2019년 4월 25일

지은이 최인섭
펴낸이 양옥매
디자인 임흥순
교 정 조준경

펴낸곳 도서출판 책과나무
출판등록 제2012-000376
주소 서울특별시 마포구 방울내로 79 이노빌딩 302호
대표전화 02.372.1537 **팩스** 02.372.1538
이메일 booknamu2007@naver.com
홈페이지 www.booknamu.com
ISBN 979-11-5776-718-2(03950)

이 도서의 국립중앙도서관 출판시도서목록(CIP)은 서지정보유통지원 시스템
홈페이지(http://seoji.nl.go.kr)와 국가자료공동목록시스템
(http://www.nl.go.kr/kolisnet)에서 이용하실 수 있습니다.
(CIP제어번호 : CIP2019014940)

*저작권법에 의해 보호를 받는 저작물이므로 저자와 출판사의 동의 없이 내용의 일부를 인용하거나
  발췌하는 것을 금합니다.

*파손된 책은 구입처에서 교환해 드립니다.

저 **안데스**를
넘을 수 ___
___ 있을까

글 · 사진
최 인 섭

챽과나무

여행과 변화를 사랑함은
살아 있다는 증거다

류재영
한국항공대 연구교수
한국자전거정책연합 회장
세계도로협회(PIARC) 한국위원회 부위원장

내가 아끼는 후배 최인섭, 그가 정년을 4년 앞둔 시점에서 남미 대륙을 자전거로 종주하고 돌아왔다. 2015년 11월 한 달간 꾸바에서의 자전거 여행기에 이어 두 번째 여행이다. 이제 직장인이자, 산악인, 자전거 여행전문가로서 새로운 모습을 보여 주고 있다.

이번 여행에서 그가 자전거를 이용한 도전은 매우 현명한 선택이었다. 길 위에서 1년간을 자전거와 동고동락하려면, 살림살이에 필요한 장비들이 40여 kg 이상 된다. 자전거에 이만큼의 무게를 싣고 달리는 일은 그야말로 고난의 길에 다름 아니지만, 낯선 타국의 모습을 가장 잘 이해할 수 있는 방법은 바로 자전거를 타고 가는 다니는 방식이다. 여행을 좋아하는 작가 어네스트 헤밍웨이가 전하는 소중한 팁이다.

얼핏 10개월이란 기간은 무척 길어 보이지만 그 큰 대륙을 제대로 여행하고 수많은 마을과 사람들을 만나기에는 짧은 편이다. 남미 대륙의 속살과 결을 만나기 위해서는 자연과 주민과의 간격을 유지하면서 적절한 운행 속도가 필요하기에 천천히 갈 수 있는 자전거를 이용하되 가끔은 지역 버스도 이용하며 힘든 구간을 점프하는 여정을 설계했던 최인섭의 행위는 매우 지혜로운 타협이며, 이는 그의 뒤를 이을 미래의 여행자에게도 추천할 만한 방식이라고 생각한다. '천천히 갈수록 더 많이 보인다.'는 여행의 진리이다.

이 책을 읽다 보면 그가 왜 이리 힘든 여행을 하였고 그 과정에서 무엇을 느꼈기에 여행기를 책으로 냈는지에 대한 궁금증이 해소된다. 이는 바로 동년배인 대한민국 50~60대들에게 전하는 응원과 격려들 담고 싶은 욕심의 발로인 듯하다. 수십 년간 간직했던 꿈을 제발 접지 말라! 회한을 남기지 말라! 그간 삶의 고단함 속에서 잊고 있었던 도전과 용기, 그리고 모험이란 가치들을 새로이 꺼내 인생의 후반기를 새롭게 다시 시작하자는 힘찬 격려이자 본인 스스로에 대한 다짐이라 볼 수 있다.

그 길고 힘든 여정은 본인 스스로 찾아낸 변화의 모습을 동년배의 동지들과 함께 공유하려 선택한 수단이었고, 남미 대륙과 안데스는 그것 펼치기 위한 배경이자 큰 마당이었음을 알 수 있다. 참으로 산사나이 최인섭다운 호쾌한 연출 솜씨가 부럽다. 그간 품어 왔던 큰 꿈과 희망을 여행을 통해 전하려 애쓰는 모습은 장엄한 안데스 산맥, 남미 대륙을 관통하며 만난 수많은 사람들의 모습과 대화와 겹쳐지며 감흥이 느껴진다.

이 책으로 보다 많은 사람들이 새로운 삶의 목표라는 큰 선물을 여행과 길에서 발견하고 이로 인해 더욱더 행복하길 빈다.

중년에 돋보이는 자전거 여행,
박수를 보낸다

조규배
한국자연공원협회 회장
서울시산악연맹 명예 회장

그가 이런 일을 저지를 줄 몰랐다. 직장을 휴직하고 자전거로 남미를 여행했다니 믿겨지질 않는다. 페이스북을 통해 남미 여행 소식을 간간히 들었지만 자신이 원했던 남미 자전거 여행을 무사히 마치고 내게 소식을 전해 왔을 때까지도 실감하지 못했다.

그가 어떤 목적으로 왜 남미를 택해, 어떤 일을 계기로 그것도 고된 자전거 여행을 시작했는지는 대략 들어서 알고는 있었지만, 연맹에서 함께 일할 때를 되돌아보면 한 가지 사업을 맡기더라도 흠 잡을 데 없이 했다. 남미를 여행하는 사실을 알게 된 이후에도 걱정이나 염려를 하지 않았다. 원하는 대로 다부지게 실천했으리라는 믿음 때문이었다. 더욱이, 2015년 자전거를 타고 꾸바를 여행한 경험도 있었기에 무사히 안전하게 돌아오리란 확신이 있었다.

듣건대 그는 공무원 정년을 마치고 세계 일주를 시도하는 줄로 알고 있다. 장담컨대 그에겐 그리 어려운 일이 아니다. 노력형 성격인 그이니만큼 제 입으로 말한 이상 그저 빈말도 아닐 테고. 하여간에 나이 60

을 몇 년 남기고 있지 않은 지금, 그가 보여 준 열정과 용기에 놀라면서
도 응원의 박수와 격려를 보내지 않을 수 없다. 안정된 직업을 가진 그
가 굳이 험난하고 고생스런 일을 사서 하려는 이유는 아마 그의 가슴에
여전히 끓는 피가 흐르고 주체할 수 없는 도전의식이 들끓고 있는 탓이
리라. 나 또한 함께 기뻐하여 즐거이 응원해 주리라.

　그는 베이비부머다. 요즘 베이비부머들이 보여 주는 사회 현상은 대
체로 바람직해 보인다. 원하는 일을 위해, 하고 싶은 일을 위해 과감하
게 뛰어들어 실행에 옮기고 그래서 행복을 만끽하고 있다. 이런 측면은
인생살이에도 커다란 도움이 될 수 있다. 이런 면에서 보자면, 최인섭
그는 튀는 사람이다. 조용히, 표시를 내지 않고 실행해 나가고 있다. 남
미 자전거 여행 하나만 봐도 열 가지를 알 수 있다. 앞으로 그가 어디로
튈지 모르지만 또 한 번 뭔 일을 저지를 듯하다.

　열정과 꿈으로 살아가는 가장 행복한 중년의 시기를 만들어 가는 최
인섭이면 좋겠다. 앞날에 행운이 함께하길 진심으로 빈다.

그의 건승을
시샘하며

신중기
전 서울시청 공무원

그는 나의 암벽교관이었다. 2001년 5월, 북한산 해골바위에서 신입 훈련이 있었다. 이곳은 짧은 슬립, 홀드, 침니 등 다양한 루트가 있어서 기초 교육에는 안성맞춤이 따로 없는 코스였다. 그런데 문제가 발생했다. 오후 4m가량 경사진 높이에서 본인이 정상의 자일 확보자 확인도 않고 그냥 출발하는 바람에 추락한 것이다. 비탈진 경사면으로 그대로 떨어지면 아마 갈비뼈나 허리가 큰 부상을 입을 텐데….

그때 마침 최 대장이 나를 본 모양이다. 순간 본능적으로 땅바닥에 두 손을 짚더니 어깨로 나를 받쳐 주었다. 그의 등 위로 떨어지면서 내 발이 그의 왼쪽 눈을 쳤고, 그 탓에 안경이 날아가면서 눈 가장자리에 상처를 입혔다. 피가 보인다. 얼마나 감사하고 미안하던지….

바위꾼, 야생초 탐색가, 임목 연구가로 한동안 조용하더니, 이번에는 자전거 여행을 했다. 그의 다양한 방면의 열정은 식을 줄을 모르는 모양이다. 다만 글 솜씨가 좀 있는 것은 알고는 있었지만, 이렇게 큰 책을 만들 줄은 몰랐다. 멀리서 그의 건승을 시샘하고 있다.

만 56세에 결심한 1년간의 남미 자전거 여행! 30년을 넘게 직장 생활을 하면서 보니 나의 생활은 서서히 타성에 젖어 갔고, 그저 그런 일상을 되풀이하는 하루하루였습니다. 설상가상으로 갱년기는 나를 침체기로 빠뜨리는 데 일조를 하고 있었지요. 자격증 시험을 준비하는 도중에 반갑지 않은 갱년기로 내 존재 의미를 잃어 가고 있을 무렵, 문득 1년 전에 다녀왔던 꾸바 자전거 여행이 떠올랐습니다.

'그래, 남미로 가서 온전하게 나를 내 바깥으로 던져서 지금의 나를 한 번 뒤돌아보고 퇴직 후에 어떻게 살지도 설계해 보자. 기왕이면 지구 환경도 생각하는 자전거 여행으로 가자.'

그리하여 자전거 여행을 위한 준비를 시작했습니다. 무엇보다도 남미 여행의 필수 중 하나인 에스파냐어 공부를 필두로, 둘러볼 만한 곳을 찾아 정리한 후 남미 8개국(브라질 제외) 지도를 구입하여 동선(動線)을 설계했습니다. 그리고 오랜 시간 자전거를 타다 보면 여러 가지 고장 시 혼자의 힘으로 해결해야 할 일들이 많으므로, 용산 바이클리에 가서 이틀

간 자전거 수리와 분해 조립에 관한 실기도 익혔습니다.

무엇보다도 가족의 이해가 필요한 시점이었습니다. 아내는 철저하게 자기 자신을 되돌아보는 시간을 갖고 유의미하게 돌아오면 좋겠다며 흔쾌히 응원해 주었습니다. 그 덕분에 난 차근차근 준비를 마칠 수 있었습니다.

6개월 전에 항공권을 예매했고, 검색을 하다가 알게 된 꼴롬비아 소꼬로 EHE 스페인 학원에 한 달간 수강을 예약했습니다. 6개월 이상을 준비하니 당장 떠나도 될 만큼 자신이 생기더군요. 다만, 제일 걱정되는 점 하나는 바로 남미의 불안한 치안이었습니다. 하지만 구더기 무서워 장 못 담글 수는 없죠. '치고 나가자. 당하면 당하는 대로 다치면 다치는 대로 겪자. 그래 봐야 죽기야 하겠는가?'라는 결연한 심정으로 마음을 다잡았습니다.

20대~30대 친구들에게는 언제든 마음만 먹으면 당장 실천에 옮길 수 있는 용기와 도전이 있지만 우리 50~60대들은 마음만 앞설 뿐 쉽게 실천할 수 없음이 현실입니다. 묵을 곳을 어떻게 찾아야 할지, 또 돈을 어떻게 준비해야 하며 카드로 모든 문제들이 다 해결 되는지 등등 하나부터 열까지 부닥치다 보면 결국 '난 안 되겠네' 하며 포기합니다.

하지만 우리 50~60대들에게는 큰 장점이 있습니다. 인생의 전반기를 거쳐 어느 정도 모진 풍파를 다 겪고 이제 잔잔하게 막 후반기를 시작하며 자기의 인생을 재설계하는 나이죠.

우리 50~60대 마음속에도 끓는 피가 존재합니다. 여기에다가 다소

진부하긴 하지만 그간 잊고 있었던 도전, 용기, 모험이라는 열정을 불살라 인생의 후반기를 새롭게 그려 나가면 좋겠습니다. 꼭 자전거 여행이 아니더라도 오토바이 세계 일주, 도보 세계 일주, 각종 사막 횡단 대회, 미국 PCT 종주, 아프리카나 중남미 혹은 동남아 자원봉사 활동 등 세계 구석구석엔 우리 50~60대를 기다리는 곳이 많습니다.

누구나 한 번쯤 꿈꾸는 자전거 세계 여행, 난 그 시작을 오대양 육대주 중 제일 힘들다는 남미로 시작했습니다. 2024년 말까지 전 세계를 자전거로 여행할 꿈을 꾸고 있는 지금, 우리 50~60대도 마음껏 세계를 누비면 좋겠습니다. 준비하는 중년으로서 열정으로, 건강하고 활력 넘치는 나의 삶을 위해.

세계는 넓고 자전거 탈 곳은 많습니다. 다리에 힘이 다할 때까지 나를 위해 달리고 난 이후엔, 자전거와는 또 다른 삶이 내 앞에 전개되리라. 그때까지 난 달릴 생각입니다.

CONTENTS

Part 1

인 정 이
살 아 있 는
꼴 롬 비 아

SOUTH AMERICA

NORTH ATLANTIC OCEAN

2. Santa Marta
3. Barranquilla
4. Cartagena
● Venezuela
출발 2017년 4월 9일
5. Medellin
1. Socorro
6. Bogota
7. Cali
9. Posto
8. Popayan
10. IPiales
● Colombia
11. Otavalo
12. Quito
13. Latacunga
Guayaquil
14. Riobamba
16. Cuenca
17. Loja
Peru
25. Iquitos
18. Tumbes
19. Chiclayo
20. Cajamarca
21. Trujillo
22. Chimbote
23. Huaraz
26. Huancayo
27. Huancavelica
24. Lima
28. Ayacucho
33. Cusco
29. Pisco
34. Puno
30. Ica
Bolivia
32. Arequipa
35. La Paz
31. Nasca
37. Cochabamba
36. Oruro
38. Sucre
39. Potosi
40. Uyuni
41. San Pedro de Atacama
42. Jujui
Paraguay
44. Antofagasta
43. Salta
45. Taltal
46. La Serena
● Brazil

● Argentina

47. Vine del mar
● Uruguay
48. Valparaiso
49. Santiago
62. Buenos Aires

SOUTH PACIFIC OCEAN

Chile

50. Pucon
52. Bariloche
51. Puerto Montt
53. Perito Moreno
54. El Chalten
55. El Calapate
56. Puerto Natales
58. Porvenir
59. Rio Grande
57. Punta Arenas
60. Ushuaia
61. Puerto Wiliams

도착 2017년 12월 27일
자전거 여행 끝

------► 항공편
----- ➤ 자전거

Part 1
|||||||||||||||||

인 정 이
살 아 있 는
꼴 롬 비 아

bike travel

소꼬로, 남미 독립의 시발지

"Hola Choi."

2017년 3월 11일, 꼴롬비아 보고따 엘도라도 공항에 내리자 인상 좋은 끄리스띠안(Cristian Contreras)이 나를 보고는 먼저 아는 체를 합니다. 이곳에 오기 전, 우연히 검색해 알게 된 EHE에서 한 달간 스페인어를 수강하기로 미리 연락해 놓았기 때문입니다. 크리스티안의 부인이 한국인 이선정 씨입니다. 하여 이분의 도움으로 스페인어 학원을 찾아 예까지 오게 되었고, 자전거 여행의 시작을 여기서부터 잡았죠.

소꼬로는 아주 특별한 마을입니다. 남미에서는 처음으로 스페인 침략에 저항해 독립을 외친 곳입니다. 저항의 선두엔 Jose Antonio Galan이 있었습니다. 스페인 침략자에 대항해 독립 세력이었던 꼬무네로스(Comuneros, 당시 천대받던 최하층)와 연합했다는 이유로 스페인 침략자에게 고통스럽게 죽음을 당했다 합니다. 침략자들은 그의 시신을 소꼬로, 산힐, 차랄라, 모고떼에 갖다 버렸습니다. 소꼬로 광장엔 Galan이 칼을 높이 쳐들고 전진을 외치는 상이 있습니다.

나는 이곳 EHE 건물 2층에 방을 임대하여 한 달간 머물렀습니다. 하루에 네 시간씩, 일대일로 스페인어를 수강하면서 틈나는 대로 지역을 두루 돌아다녔습니다. 작은 규모이지만 소꼬로 박물관(Museo de Socorro)을 방문, 이 지역의 역사와 문화를 볼 수 있는 기회를 가졌죠. 300년 된 집을 70년 전부터 박물관으로 쓰고 있답니다. 소꼬로가 스페인에 대항한 첫 혁명지여서 남미 통일에 큰 기여를 한 시몬 볼리바르도 이곳을 몇 차례 방문했다고 합니다. 하룻밤 묵은 장소도 바로 여기 박물관으로, 그가 잠을 청했던 소가죽 침대가 원형대로 전시되어 있습니다.

시몬 볼리바르가 잠잤던 소가죽 침대

노인요양시설인 San Pedro Claver에 물품을 사 후원하기도 했습니다. 책임자인 마리엘라 수녀님께서 좋아하시더군요. 여기서 일하시는 수녀들 또한 모두 70세 안팎으로 연세가 있는 분들임에도 병들고 장애가 있는 노인들을 돌보고 있습니다. 숭고한 뜻을 가진 이분들께 존경을 표하면서 돌아가는 내 마음 또한 훈훈했습니다.

소꼬로를 떠나 꼴롬비아 북쪽으로

떠날 시간입니다. 짐이 담긴 페니어를 자전거 앞뒤 랙에 매달면 모든 준비가 끝납니다. 도로 주행 중에 가방이 떨어져 나가 도로에 뒹굴 가능성이 있으므로 뒹굴어도 상관없는 물건들이 들어 있는 가방을 왼쪽 편에 매답니다. 도로가 오른쪽 통행이라면 반대로 매달면 됩니다. 텐트가방은 뒤쪽 랙에 달았죠.

끄리스띠안과 이별의 시간을 갖습니다. 비록 짧은 한 달이었지만 그와 큰 정이 들었습니다. 그간 함께 공부했던 한국인 친구들 훈, 일훈, 성훈, 한희와 추억용 사진을 찍고 모두와 깊은 포옹을 나눈 후 드디어 자전거 페달을 밟습니다.

그동안 이번 여행을 위해 6개월쯤 혼자 스페인어 공부를 했고, 국내에 출간된 남미 역사 문화에 관련된 책을 십여 권 읽었습니다. 지도를 사 자전거 동선(動線)을 확인했고, 꼭 가 봐야 할 곳을 정리해 놓았습니다. 이제 어느 정도 준비가 된 만큼 남미 길 위에 나를 세워 놓을 자신이 있습니다. 부닥치면서 곤란한 상황들을 극복하고, 묻고 물으며 어려움들을 이겨 나갈 용기가 생긴 셈이죠.

이제부터 꼴롬비아 북쪽으로 올라가 남미 땅까지 내려가는 여정을 시작합니다. 설렘과 흥분과 두려움과 긴장이 뒤섞인 채….

모든 준비를 마치고(4. 9. 소꼬로 EHE 학원 앞)

실제 비행기를 개조하여 만든 휴게소

출발한 지 10분이 채 지나지 않아 뒷바퀴에 펌프질을 한 후 바로 내리막을 내려갑니다. 100m쯤 달렸을까요, 오토바이를 탄 친구 둘이 빵빵 경적을 울리며 내게 말을 겁니다. "Tú Mochila(네 배낭)." 아차차 싶어 자전거를 세워 놓은 뒤 부리나케 뛰어올라갔습니다. 배낭 안에는 여권, 휴대폰, 카드, 달러, 볼리비아 비자 서류가 들어 있습니다. '정신 차리게나, 이 사람아, 초반부터 이러면 쓰나!'

산 힐(San Gil)을 얼마쯤 남겨 둔 지점에서 부자지간 라이더가 날 보며 아는 체를 하더니 "Agua(물)"이라 말을 붙입니다. 자전거를 세우니, 라울이란 친구(아들)가 내게 미숫가루 비슷한 가루를 건네줍니다. 나도 한국산 오예스를 하나씩 주었죠. 자전거를 타는 사람들은 서로를 보자마자 동료애가 생깁니다.

45번 국도 오르막이 계속되고 다리에 쥐가 오기 시작합니다. 가다 쉬다를 반복하며 힘겹게 첫날을 보냅니다. 오늘 목적지인 아라또까(Aratoca)엔 한참 못 미친 조그만 언덕 마을입니다.

이튿날 새벽부터 비가 오더니 동이 틀 무렵 서서히 개며 사방이 또렷해집니다. 1차 고비인 해발 이천 미터에 닿았습니다. 이 산 꼭대기에 예쁘게 조성해 놓은 치까모까 공원(Parque Chicamoca)이 있네요. 도로 경사가 심하고 굽어 있어 끌고 내려갑니다.

경찰관이 아는 체를 하며, 여기서부터 부까라망가(Bucaramanga)까지는 언덕을 하나 넘은 후 계속 내리막이며 한 시간 반이 걸린다 하네요. 하지만, 이후 4시간 반 동안 페달 한 번 제대로 돌리지 못한 채 내내 끌었습니다. 도로 경사가 심하고 짐이 많다 보니 자전거를 끄는 데도 몹시 힘이 들고 햇볕은 따갑고, 정말 죽을 지경이었죠.

도로 꼭대기인 Curos까지 얼마 남기지 않은 곳에서 승용차가 서더니, 미첼이라는 친구가 내 짐을 덜어 주겠다며 Curos까지 가져다주겠다고 합니다. 얼마 남지 않았으니 내 힘으로 가겠다하며 정중히 사양했더니, 꼴롬비아 음료수라며 내게 건네줍니다. 이방인을 도와주려는 그의 행동이 진심으로 느껴집니다.

도로 정상까지 오르는데 얼마나 힘들던지 기운이 다 빠졌습니다. 뜨거운 태양은 날 집어삼킬 듯했고, 땀으로 샤워를 할 정도였습니다. 정상에 도착하니 미첼 아들이 나를 알아보고 얼음이 담긴 물을 한 사발 가져다줍니다. 그네들은 Curos 삼거리 조그만 마을에서 생필품 가게를 하고 있었습니다. 물을 건네준 아이가 하도 기특해 손톱깎이를 선물했습니다. 미첼의 요청으로 가족과 함께 사진 한 컷! 어두워지기 전에 빨리 부까라망가까지 가서 쉽랍니다. 마음 씀씀이가 고운 친구네요.

부까라망가에서 이틀간 쉬면서, 보고타 은행에 가 50달러를 후원했습니다. 지난 3월 31일부터 4월 1일 새벽까지 꼴롬비아 남부 Mocoa 일

친절한 미첼 가족. 왼쪽이 미첼. 아들이 네 명이나! 재주(?)가 참 많은 친구

대에 시간당 130㎜의 기록적인 폭우가 쏟아지면서 홍수와 산사태가 발생해 숨진 사람이 300명을 넘어섰다는 보도를 보고, 조금이나마 보탬이 되면 좋겠다는 생각에서입니다. 은행 직원들이 내 뜻을 알아차렸는지 모두들 날 보고 흐뭇한 웃음을 지어 줍니다. 국적과 인종을 떠나 이래저래 도움을 주고받는 일은 지구촌에 사는 사람들의 당연한 역할입니다.

놀라운 실력을 가진 밴드 마스터. 모두 재활용품

부까라망가에서 높은 산 하나만 넘으면 베네수엘라입니다. 베네수엘라 동쪽 끝 브라질과 구아나의 경계에 있는 로라이마산(Monte Roraima) 트레킹 코스는 죽기 전에 꼭 가 봐야 할 손가락에 꼽을 곳이나, 치안이 원체 불안하여 후일을 기약합니다.

출발 3일 만에 지갑을 도난당하다

Rio Negro를 지나 Playon에서 점심을 먹고 계산을 하는데, 음식점 바깥에서 포커를 하는 네 녀석이 날 계속 쳐다보고 있었습니다. 경계를 해야겠다고 생각하면서 자전거를 타고 계속 달리다 언덕 꼭대기에서 숨을 고르며 가게에서 물을 사 먹고 있던 중, 오토바이를 탄 친구들이 오더니 내 자전거 옆에 세우더군요. 그런가 보다 했죠. 전혀 의심하지 못했습니다. 세수를 하고 출발 준비를 하는데 두 녀석이 자꾸 내 얼굴을 흘끗거립니다. 조금 의아하다 싶었지만 그냥 갔죠. 내리막이었습니다. 한참을 내려가다 아차 싶어 자전거를 세우고는 핸들 바 백을 열어 보니 지갑이 보이질 않습니다.

내가 저항했다면 녀석들은 어떤 반응으로 날 대했을까? 해코지를 하지는 않았을까 혹은 싸움을 걸지 않았을까 그러면 나도 가만히 있지 않았을 테고. 결국은 두 사람에게 늘씬하게 두들겨 맞았을 테고. 상상은 그저 상상입니다. '잘 가져갔다. 난 어디 한 군데 다친 곳 없고 녀석들은 내 훔친 돈으로 유흥을 즐겼을 테고….'

텐트를 치고 조리를 하고 있으니, 마을 사람이 먹으라며 내게 맛있는 생선 스프와 유까(일종의 감자)를 내줍니다. 이렇게 꼴롬비아에서 처음으로 야영을 하며 나흘째를 맞습니다. 다음 날 고마운 마음에 티셔츠 한 장과 손톱깎이, 열쇠고리를 선물로 주고는 출발했습니다. 마을 이름은 Union!

La esperanza를 거쳐 Alberto를 지나 San Martin 2㎞ 전 다리 밑 냇가에서 가족들이 물놀이를 하고 있습니다. '50달러를 바꿔야 하는데 이 근처에 환전소가 있느냐' 했더니 달러를 보자 합니다. 그냥 보여 주었죠. 잠시 후 30대 친구가 냇가에서 내게 손짓하며 물에서 놀자고 하더라고요. 그러면서, 과도로 자기 엄마 옆구리를 찌르는 시늉을 하지 않겠어요? 물론 내가 못 보게 한다고 했겠지만, 다행히도 내 눈에 띄었습니다. 나더러 물에 들어와 함께 놀자 하고는 내가 물에 들어가면 그때 내 옆구리를 찌르고…. 이런 생각에, '앗 뜨거라' 싶어 바로 자리를 떠 도망가다시피 페달을 밟았어요. San Martin 입구에 호텔이 보이기에 무조건 들어갔습니다. 궁하면 통한다고, 호텔에 있던 한 젊은 친구가 내 사정을 들더니 50달러를 바꿔 줍니다.

전 세계 돈을 모은다는 루이스 다비드와 서로 돈을 교환하다

어제 생각이 내내 머리를 떠나지 않습니다. 하지만, 그렇지 않은 사람이 99%이므로 불미스런 일 하나에 일희일비(一喜一悲) 하지 말자고 마음을 고쳐먹고 들입다 달렸죠.

방향이 조금 모호해 마침 오토바이를 타고 가는 청년에게 Aguachica를 물었더니 상세히 알려 주네요. 그러면서 자기도 오토바이를 타고 남미를 종주했다 합니다. 이름이 루이스 다비드라며 혹시 한국 돈을 가지

전 세계 지폐를 모은다는 루이스 다비드

고 있느냐고 묻기에 그렇다 했더니 바꾸잡니다. 만 원 한 장을 건네니 자기 폰으로 환율을 계산한 후 25,000페소를 내게 줍니다. 즉석에서 페이스북 친구를 맺었습니다. 인상이 아주 좋은 친굽니다.

Aguachica에서 경찰관의 도움을 받아, 현금인출기에서 처음으로 페소를 찾았죠. La mata, Pelaya를 지나 역시 조그만 시골 마을인 Floresta에서 하룻밤을 보냅니다. 샤워장이 정말 독특했습니다. 파이프에서 바로 물이 나오는 건 그렇다 치더라도 열고 잠그는 코크가 없어 펜치로 돌려 물을 내려야 했습니다.

부지런히 달리다 보니 긴 내리막 도로가 일직선으로 되어 있어 브레이크 한 번 밟지 않고 탄력으로 내려가는데 속도계에서 시속 63.1㎞가 표시됩니다. 여차하면 저승으로 직행하기 십상입니다. 달리면서 이런 생각을 했습니다.

'자전거 여행자의 일상을 겉으로 보면 페달질만 하면 되는 단순한 몸짓이지만, 잘 들여다보면 결코 그렇지 않다. 운행 전 자전거의 모든 부분 이상 유무를 점검하고, 물과 간식을 준비하며, 오늘 가야 할 길의 상황을 파악하고, 눈을 희번덕이며 놓고 가는 공구나 물건은 없는지 살펴야 하고, 달리면서는 돌발 상황이 발생하지 않도록 신경을 곤두세운다. 이처럼 외형상 단순한 일상과는 달리 내면은 꽤나 복

샤워실. 수도꼭지를 저 펜치로 돌려야 물이 나옵니다

잡한 양상을 띤다. 자전거 여행자는 이 모든 요소들을 혼자서 묵묵히 실천해야 하므로 매우 고독한 사람 축에 든다.'

오다 가다 만나는 라이더들. 함께 기념 사진을 찍다

노벨문학상 작가 가브리엘 가르시아 마르께스의 고향집

Copey, Caracolicito를 지나 Ariguani 마을 가게에서 물을 사 먹는데, 덩치가 제법 큰 흑인 친구가 내 자전거 옆으로 오더니 자꾸 흘긋거립니다. 한 사람이 내게 눈짓을 보냅니다. 조심하라고, 소매치기라고. 물만 마시고 바로 출발합니다. 혹시나 먼저처럼 두 명이 함께 오토바이를 타고 날 뒤쫓아 오진 않을까 염려하면서 시속 30㎞ 이상 달렸습니다.

표지판에 Aracataca 문화 유적 표시가 있습니다. 마침 멈춰야 할 때도 되었고 해서 근처 호텔에 숙소를 정한 다음, 종업원에게 표지판의 의미를 물으니 그림 간판을 보여 줍니다. 낯이 익은 사람이었습니다. 혹시, 가브리엘 가르시아 마르께스(Gabriel Garcia Marquez) 아니냐 했더니 맞다 합니다. '그가 살던 집이 가까이 있으니 오토바이 뒤에 타고 다녀와라, 2천 페소면 갔다 온다.' 하네요. 짐을 풀자마자 까를로스의 오토바이를 얻어 타고 그곳에 갔습니다.

일요일임에도 직원이 있습니다. 5시까지 돌아보라 하면서 일일이 설명을 해 줍니다. 마르께스가 태어나 12살까지의 삶의 흔적이 고스란히 그의 집에 남아 있었지만, 옛 모양을 살리기보다 겉을 리모델링해 옛 정취는 그리 찾을 수 없습니다. 다만, 정원에 있는 엄청난 크기의 나무만이 그 옛날 그의 어렸을 적 추억과 사연들을 기억하겠죠. 『백 년 동안의 고독』에 나오는 문장들이 담벼락 여기저기에 쓰여 있습니다. 마술적 사실주의라는 문학의 새로운 지평을 연 그의 세계를 눈으로 본 경험은 오랫동안 지워지지 않을 듯합니다.

『백 년 동안의 고독』 중 일부

박물관 안쪽에 있는 거대한 나무

　마르께스의 아버지가 지역 주민들에게 과일을 사는데 주민들이 한 푼도 깎아 주지 않았다는 이야기의 배경이 되는 Aracataca역 바로 앞엔 마르께스를 기리는 표석도 있습니다.

마르께스를 기리는 상징물

꼴롬비아 북쪽, 따강가에 이르다

산따 마르따(Santa Marta)까지 가는 날입니다. 지나는 길에서 먹었던 살삐꼰(Salpicon, 여러 과일을 섞어 놓은 주스)은 그야말로 갈증을 해소시켜 주는 기가 막힌 화채입니다.

따강가를 향해 막 언덕을 오르는 찰나, 경찰관 두 명이 와 날 호위해 줍니다. 뭐라고 말을 하는데, 우범 지역이니 조심하란 뜻 같았습니다. 차를 타지 않고 고개를 올라가는 나 같은 외국인에게 무조건 달려들어 물건을 채 간다는 몸짓을 합니다. 경찰관의 도움으로 꼭대기까지 무사히 올랐습니다. 숙소를 정해서 짐을 풀자마자 까리브 바다에 뛰어드는 순간, 그간의 고생은 씻은 듯 사라집니다.

다음 날 따강가 북쪽 따이로나 국립공원 해변에 가 하루 종일 맑고 푸른 바다와 해변에서 마음껏 놀았습니다. 바닷물 빛깔이 코발트 톤인데요, 손바가지를 만들어 막 떠먹고 싶을 만큼 맑았습니다. 숙소에 돌아

코발트빛 따이로나 국립공원 해변

와 짐 정리를 마쳤습니다. 이제 내일부터 드디어 남쪽을 향해 내려가는 여정을 시작합니다.

아마도 내 여행의 실제 시작점은 여기 따강가일 겁니다. 남미의 최북 단은 아니지만 더 이상 북으로 올라가는 게 큰 의미가 없어 여기를 출발 점으로 잡았습니다. 내일부터 남으로 내려가 남미 끝 우수아이아까지 가는 긴 여행을 시작합니다.

북쪽 꼭대기에서 남쪽 끝을 향해 출발

산따 마르따를 지나 시몬 볼리바르 국제공항에 들러 유심히 바라보았 습니다. 볼리바르야말로 남미 해방의 선구자입니다. 그는 하나로 통일 된 남미 대륙을 원했습니다. 미국이 하나의 연방으로 커 가고 있는 데 대항해 중남미도 하나로 합쳐야 함이 그의 지론이었습니다. 볼리바르는 베네수엘라, 꼴롬비아, 에꽈도르 세 나라를 아우르는 그란 꼴롬비아의 대통령이 되었습니다만 끊임없는 국가들 간의 대립으로 1830년 권력을 포기하고 여행길에 올랐습니다. 그는 47세의 나이에 산따 마르따 근처의 빌라 산 뻬드로 알레하드리노에서 결핵으로 숨졌습니다.

또 하나, 산따 마르따에는 Sierra Nevada(눈 덮인 산맥) de Santa Maria 국립공원이 있습니다. 공원 서쪽엔 서기 800년쯤 번성했던 고대 도시 Ciudad Perdida 유적이 있는데요, 이곳에서 따이로나 원주민이 살았다고 전해집니다. 이 고대 유적지의 입구에 닿는 데만도 꼬박 3일간 강행군 트레킹을 해야 하고, 무려 1,200개의 계단을 올라가야 나타납니다. 잘 알려지지 않은 데다 관광 명소와는 거리가 먼 곳이라, 1972년에야 보물 사냥꾼에 의해 겨우 발견되었죠. 가 보고 싶었는데.

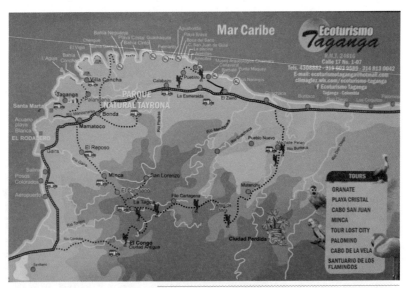

꼭 해 보고 싶었던 따이로나 국립공원 트레킹. 하지만 다음으로 미루고

썩어 가는 산따 마르따 호수!

이후 씨에나가(Cienaga)에서 바랑끼야(Barranquilla)로 이어지는 특이한 모
양의 육지를 신나게 달립니다. 평지이면서 거리는 대략 60㎞쯤 되는데
요, 폭이 100m, 좁은 곳은 50m로 까리브해를 끼고 계속 이어집니다.
정말 희한하게 생겼습니다. 인위적으로 매립을 한듯합니다. 새만금 방
조제처럼 도로를 가운데 두고 오른쪽은 까리브해, 왼쪽은 커다란 호수
입니다. 호수는 썩었고 바닷물이 불어 숲으로 들어오고 결국 식물들이
소금기 바닷물에 적응하지 못하고 거의 다 죽었습니다. 지구 온난화 현
상의 결과일까요?

마그달레나강 다리를 건너갑니다. 강보다는 거의 바다 수준입니다.
요새 비가 많이 내려 큰물이 되었습니다. 이 강은 까리브해로 흘러가는
데요, 꼴롬비아에서 가장 긴 강입니다.

식물들이 살아남지 못하고

바랑끼야는 남미에서 제일 큰 항구도시로 사람들, 차들, 노숙인이 엄청나게 많습니다. 시내에 도착해 도시를 지나며 숙소를 찾고 있는데 오토바이 탄 사람이 날 보며, 검지와 중지로 자기 눈을 가리킵니다. 조심하란 뜻으로 남미에서 사용하는 손짓입니다. 경찰관도 같은 얘기를 하네요.

겁이 덜컥 나서 보이는 호텔 RIBAI로 들어갔죠. 체크인을 하는데 직원이 컴퓨터를 한참 동안 만지작거리더니 어디론가 전화를 합니다. 그러더니 내게 사인을 하라며 출력물을 주는데 가만히 보니 내 국적이 일본으로 적혀 있네요. 한국인이라 했더니 그제야 자기네 전산망엔 대한민국이 입력돼 있지 않아 불가피하게 일본으로 했다며 양해를 구합니다. 그러면서 내가 이 호텔에 처음으로 온 한국인이라 합니다.

까리브해의 흑진주, 까르따헤나

해가 뉘엿뉘엿 지며 바다로 빠질 무렵 까르따헤나에 도착해 미리 알아 두었던 Media Luna Hostel에 여장을 풀었습니다. 휴양도시로 이름난 곳이지만 이미 따이로나 해변에서 까리브해의 정취를 맛보았기에, 걸어다니며 이곳의 속살을 보자 했죠.

까르따헤나는 꼴롬비아 최대의 휴양도시로, 현재와 과거가 공존하는 도시입니다. 1533년 스페인의 뻬드로 데 에레디아가 이곳에 상륙한 후 도시를 건설하자 남미 각지에서 물자를 운반할 최고의 입지를 가진 항구로서 발전한 도시입니다. 이곳은 무엇보다도 펠리뻬 요새(Castillo de Felipe)가 그 상징입니다. 16~17세기 스페인 침략자들은 영국 등 해적들의 약

철옹성 같은 펠리뻬 요새(Castillo de Felipe)

탈과 습격으로 큰 피해를 입게 되자, 이를 막기 위해 거대한 성벽과 요새를 만들었습니다. 역사의 아이러니입니다. 침략자가 또 다른 침략자를 방어하기 위한 성을 구축해 놓았다니. 하여튼 그 덕에 꼴롬비아는 좋은 관광 명소를 하나 제대로 갖게 되었죠. 이 요새는 남미에서 스페인 식민지에 축조된 요새 중에서도 가장 견고하다고 알려져 있습니다.

　요새는 제일 높은 언덕에 있어 전망이 아주 좋습니다. 신시가지가 구시가지를 빙 둘러싼 형국인데, 파란 하늘과 푸른 바다 풍경이 그야말로 일품입니다. 1984년 유네스코가 세계문화유산으로 인정한 유서 깊은 도시이기도 해요.

펠리뻬 요새(Castillo de Felipe)에서 본 시가지, 신·구 도시가 공존합니다

　다른 명소로는, 16~17세기 정통 건축 양식과 뒷골목 풍경, 4km에 이르는 성벽, 종교 재판소였던 역사박물관, 황금 박물관, 산 뻬드로 끌라베르 사원을 들 수 있습니다. 모두 구시가지에 있어 둘러보는 데 그리 오랜 시간이 걸리진 않습니다.

　이튿날 오전, 시내 투어를 마친 후 꼴롬비아 제2의 도시 메데진에 가기 위해 버스 터미널로 갑니다. 버스가 크다 보니 다행히 자전거를 분해하지 않고 바로 실을 수 있었습니다. 직원이 버스 짐칸에 자전거를 고정시키면서 내게 지폐를 달라는 투로 이야기합니다. 난 소 닭 보듯 눈만 껌벅거리며 "No entiendo(잘 모르겠다)." 하니 그냥 말더군요. 아마도 팁을 달라는 뜻이었을 텐데, 다른 사람들의 짐들을 다 챙겨 주면서도 한마디 안 하더니 내게만 팁을 달라는 듯해 모르쇠 했습니다.

마약왕 에스꼬바르와 화가 보떼로의 고향

숙소를 잡으려면 그간 경험상 중심가가 낫다는 생각에 무조건 Centro로 방향을 트니 외관이 깨끗한 호텔에 눈이 갑니다. 짐을 풀고 역사 중심 지역을 둘러봅니다. 'Medellin Centro Histrico'(메데진 역사 중심가) 제2도시라서 그런지 표지판 체계가 잘되어 있어 누구나 보고 알 수 있을 정도입니다. 볼리바르 광장, 산 호세 교회, 바실리까 성당, 보떼로 광장 등을 둘러보았습니다. 광장엔 그의 작품을 모방해 만든 청동 조각상들이 많습니다.

메데진은 중부 안띠오끼아주에 위치한 해발 1,500m 고원 도시입니다. 우리에겐 1980년대~1990년대 초반까지 전 세계에서 악명을 날렸던 마약 조직인 메데진 까르뗄로도 알려져 있는 곳입니다. 이 조직의 우두머리인 빠블로 에밀리오 에스꼬바르는 엄청난 부를 축적했죠, 경제지 「포브스」는 메데진 까르뗄이 전 세계 코카인의 80%를 쥐락펴락하고 있으며, 그가 세계 7대 갑부 중 한 사람이라고 보도하기도 했답니다.

하지만, 더 유명한 사람은 바로 뻬르난도 보떼로입니다. 이곳 출신의 화가이자 조각가로, 우리에겐 뚱뚱한 인물 그림으로 알려져 있죠. 레오나르도 다빈치의 모나리자를 본떠 그린 모나리자 화가로 더 잘 알려져 있습니다.

보떼로는 에스꼬바르의 죽음을 그림으로 형상화했는데요, 바로 〈빠블로 에스꼬바르의 죽음〉이란 그림입니다. 총을 들고 있지만 사방에서 총알이 날아와 그로선 속수무책입니다.

메데진에서 2시간쯤 떨어진 엘 뻬뇰(El Penol)이란 바위와 구아따뻬 마을을 찾아갑니다. 마을 초입에 엘 뻬뇰이란 표지가 선명하더군요. 이 명칭은 마을의 이름이었습니다.

엘 뻬뇰 바위

엘 뻬뻬뇰 바위 전망대에서 본 풍경. 인공 호수. 에스꼬바르가 조성했답니다

세계에서 세 번째로 큰 바위 덩어리라는 명칭에 걸맞게 수백 개의 계단을 올라야 정상엘 갈 수 있습니다. 정상에서 보면 발치 아래로 아름다운 호수가 보이는데, 에스꼬바르가 지역을 위해 댐을 만들었고 자연스럽게 호수가 형성되었다고 전해집니다.

바위를 내려와 5㎞ 떨어진 구아따뻬 마을로 갑니다. 첫눈에 반한 마을. 마을을 눈에 거슬리지 않는 색으로 입혔습니다. 자전거만 없었더라면 며칠이고 쉬어 갈 만한 아주 평온하고 풍요로운 마을 같아 보였습니다. 마을 앞엔 조용한 호수가 있어 그야말로 천혜의 휴식처 같았습니다. 현대 도시와는 다소 동떨어진 보기 드문 시골 마을, 이곳엔 시간이 머물다 가는 듯합니다. 그냥 차분히 걸으며 골목골목을 눈여겨보면 됩니다.

구아따뻬 마을

하나 더! '엘 뻬뇰' 바위 찾아가기

메데진 시내에서 전철을 타고 까리베(Caribe)역에서 내려 북쪽 터미널 1층으로 이동한다. 14번 창구에서 라 삐에드라(La Piedra)행 버스를 타고 주유소 앞에 내려 경사진 언덕을 오르면 된다. 잘 모를 경우 기사에게 물으면 알려 준다.

케이블카 설치가 곤란한 고지대엔 저렇게 에스깔레라(Escaleras)로 이동합니다

특별한 경험을 합니다. 가운데 강을 기준으로 양쪽이 경사지고 그 경사면에 수많은 집들이 다닥다닥 붙어 있습니다. 경사가 심한 지역은 차량 통행이 불가능하죠. 시(市)에서는 이렇게 차량 이동이 어려운 고지대 주민들을 위해 특별한 교통수단을 마련했습니다. 바로 까블레(케이블카)입니다. 2004년에 만들었다 하는데, 이 까블레를 타고 꼭대기까지 올라갔다 내려왔습니다.

허름한 집들에 색을 입혀
한 폭의 그림으로 재탄생
한 가옥들. 관광 명소입니
다. 꼬뮤나 13 언덕마을

보떼로 광장에 있는 대형
작품들. 원작품은 그 크기
가 아주 작습니다

　　마지막 날, 안띠오끼아 박물관을 갑니다. 보떼로를 만난다는 설렘과
흥분을 가라앉히고 천천히 박물관으로 향합니다. 박물관 앞 광장엔 23
개의 커다란 동상들이 있는데요, 모두 그가 만든 조그만 동상들을 본떴
습니다. 원작품들은 보고따 보떼로 박물관에 있습니다.

보떼로가 그린 〈파블로 에스꼬바르의 죽음〉

사회복지시설에서 보낸 하룻밤

메데진을 떠나 보고따로 가는 첫날! 설레는 마음에 몇 차례 자반뒤집기를 하고는 꼭두새벽에 일어나 짐을 꾸렸습니다.

초장부터 오르막이더니 꼭대기가 나오질 않습니다. 무려 3시간 반, 15㎞를 끌었습니다. 도시를 벗어나려면 산을 하나 넘어야 하는 줄로 알았지만 이렇게 오랜 시간이 걸릴 줄 몰랐습니다.

점심 먹을 시간이 되자 컵라면을 먹을 요량으로 자리를 찾고 있는데 마침 꼬마 둘이 자전거를 타고 가기에, 함께 먹자 했더니 좋다 합니다. 캠핑 장비를 꺼내 신속히 물을 끓이는데 아이들이 깊은 관심을 보입니다. 국물을 마신 후 시원하단 의미로 "꺼억~" 했더니 녀석들도 그대로 따라 하네요.

왼쪽이 Duvan

함께 라면을 먹으며 보낸 짧은 시간이 녀석들이 성장한 후에도 오래 기억에 남아, 나처럼 한 번쯤 자전거 여행을 통해 세상 물정을 알게 되면 좋겠다는 의미에서 의도적으로 아이들과 함께 했습니다. 녀석들은 11살 Duvan과 10살 Yeison으로 근처 바랑꼬 마을에 살고 있답니다. 1시간쯤 함께 보낸 후 헤어지는데 녀석들이 한결같이 "Muy rico(맛있다), Gracias." 합니다. 잠깐이었지만 그래도 헤어지기가 섭섭하네요.

목적지인 Sonson까지 가려 부지런히 페달을 밟으며 꼭대기에 다다를 무렵, 도로에 차를 세워 둔 기사가 날 보더니 "La Union에 가면 캠핑할 수 있는 곳이 있으니 가서 물어봐라"며 좋은 정보를 줍니다. 부지런히 달려 찾아갔더니, 그곳은 9세 이하 어린이들을 돌보는 사회복지 시설(Centro Infintil)이었죠. 고개를 갸웃거리며 캠핑하고 싶다 했더니, 망설임

나리뇨 가는 길. 주민들이 감자를 캐고 있습니다

없이 건물 안 강당으로 날 데려가 두터운 매트 두 장을 깔아 줍니다. 복지 시설인 만큼 사정이 어려운 사람들을 재워 주거나 식사를 대접해 주는 일에 익숙한 듯했어요. 어디서 왔는지 뭘 하는 사람인지 아무런 물음도 없이 선뜻 공간을 내줍니다.

　새벽같이 일어나 키 큰 아저씨께 열쇠고리와 귀이개를 드리니 몹시 고마워합니다. 그 이른 새벽인데도 커피까지 가져다줍니다. 남을 위한 태도가 아예 몸에 뱄습니다.

　Sonson과 Nariño 사이에 엄청나게 긴 고개가 있어 3시간 동안을 끌고 올라갔는데, 내리막 4㎞가 비포장입니다. 해가 지는데도 목적지는 요원합니다. 젖 먹던 힘까지 다해 고개 하나를 넘으니 멀리 환한 불빛이 보이기에, 농민에게 물으니 저기가 나리뇨 마을이랍니다. 평지니 안심하고 3㎞만 가면 된다 합니다.

나리뇨 경찰관들

　마을 사람들이 신기한 듯 죄다 쳐다봅니다. 경찰이 날 보호해 준다며 경찰관서로 데려가더니, 동료들을 다 불러 함께 어디서 왔느냐 어디로 가느냐 늘 묻는 질문을 하네요. 그리고는 자기 숙소에 가서 쉬자 합니다. 멀리 동양에서 온 여행자를 성심성의껏 대해 주는 경찰관들의 태도에서 잔잔한 감동을 받았습니다. 옷도 더럽고 샤워도 해야 하기에 정중히 사양하고 La Posada 숙소에 짐을 풀었죠.

　식당에서 저녁을 먹는데 옆 테이블 친구가 어디로 가는지 묻기에 내일 La Dorada에 간다 했더니, "거기까진 비포장도로여서 자전거로 갈 수가 없다." 음식점 주인도 거들면서 자전거를 타고 갈 경우 10일쯤 걸린다 하네요. 그러면서 "내일 아침 7시 에스깔레라를 타고 가라" 하더군요.

비포장 산길 50㎞

일찌감치 짐을 챙겨 광장으로 나갔습니다. 나와 자전거 짐을 본 주민들의 시선이 한눈에 느껴집니다. 하루에 한 번 7시에 출발하는 에스깔레라(사람을 태우고 화물을 실을 수 있도록 트럭을 개조한 차)가 대기하고 있어, 동네 사람들의 도움으로 자전거를 차에 실었습니다. 사람들의 말에 따라, 포장도로가 시작되는 Verlin까지 가기로 했습니다.

출발하자마자 덜커덩거리며 비포장을 달립니다, 달린다기보다는 시속 15㎞ 속도로 갑니다. 가만히 보니 2천 미터쯤 되는 산을 하나 넘어갑니다. 외길이어서 반대편에 차량이 오는데 간신히 교행을 합니다. 이런 산길을 제대로 확인하지 못한 채 자전거로 갔다가는 산길을 헤매다가 산송장이 될 수도 있겠다 싶었어요. 절벽이 많아 도로 포장도 쉽지 않아 보였습니다.

에스깔레라. 제법 튼튼합니다

저렇게 좁은 산길을 잘도 갑니다. 언제 포장이 될지

Florencia를 지나 포장도로가 시작되는 Verlin에 내립니다. 5시간을 왔으니 대략 50㎞ 거리. 한 식당에서 밥과 스프를 먹고 출발합니다. 만약에 이 길을 자전거로 왔을 경우 정말 10일쯤 걸리겠더군요.

시간이 있다 보니 여유가 생깁니다. Norcacia 마을에서 맥주 한 병을 마시고 있는데 한 아주머니가 날 보며 어디에서 왔느냐 묻기에 코리아에서 왔다 하니 갑자기 얼굴이 밝아지며 주변 사람들에게 "꼬리아노 왔다"며 아우성입니다.

꼴롬비아 시골에 한국인을 이렇게 좋아하는 사람이 있다니 나도 감동을 받아 귀이개 선물을 하나 주었습니다. 그러자 내게도 선물을 주는데 아보카도 열매 모양을 한 앙증맞은 목재 모형이었습니다. 남미에 와 선물을 받긴 처음이었죠. 그녀의 이름은 Ruffy Dias. 메일 주소를 주고받았습니다. 산골 아주머니와 연결 끈을 하나 만들었어요.

태극기를 잡은 이가 Ruffy Dias. 한국인이 왔다며 얼마나 좋아하던지

　계속 내리막이어서 주행감이 좋고 평지가 나오자 빠르게 달리니 제법 큰 도시인 라 도라다에 도착, 터미널 인근에 숙소를 잡았습니다.

해외에서 처음 해 본 투표

　4월 30일은 내겐 특별한 하루였습니다. 아침 일찍 버스를 타고 따에 있는 한국 대사관에 가서 무사히 19대 대통령 선거를 위한 투표를 할 수 있었습니다. 투표하기까지 왕복 14시간 걸렸습니다.

　새벽에 출발했기에 아침을 굶었는데, 투표에 봉사하는 한인들께서 과일, 빵, 컵라면을 챙겨 주셔서 든든하게 먹었습니다. 지면을 빌려 잘 먹었다는 말씀과 함께 고맙단 인사를 드립니다. 너구리 컵라면 6개를 덤으로 주어 돌아가는 발걸음이 아주 가벼웠죠.

한국 대사관에서 투표를

다시 자전거를 탑니다. 큰 도로에 닿으니 보고따로 가는 고속도로가 나타납니다. 도로 공사 현장으로 잘못 들어갔는데 오히려 큰 도움을 받았습니다. 사무원 아가씨 두 명이 먼저 내게 물과 도시락, 그리고 물에 타서 먹으면 힘이 난다는 사탕수수 원액으로 만든 빠넬라(Panela)를 한 덩어리 줍니다. 하도 고마워 열쇠고리와 귀이개를 하나씩 주었더니 예쁘다며 정말로 좋아합니다.

날은 어두워지는데 Guaduas는 나오지 않고 길은 계속 경사요, 비까지 와 옷은 젖고 힘은 더 들고 자전거 라이트 때문에 시야는 더욱 좁아져 운행에 지장이 많습니다. 정상인가 싶은 고개에 오르니 저 아래쪽으로 불빛이 많아 드디어 목적지에 다다른 듯합니다. 계속 내리막이어서 20분도 채 되지 않아 마을 입구에 닿았습니다. 삼거리 가게에 있던 경찰에게 주변에 있는 호텔을 물어 쉽게 찾았죠.

펠리뻬 씨가 내게 선물한 만 페소 지폐

오늘 하루 여기서 쉬며 주변을 돌아보기로 했습니다. 처음 간 곳은 바로 기가 막힌 전망대(Mirador Piedra Capira)! 비가 오고 난 후여서인지 자연의 빛깔이 티 없이 맑고 옥같이 곱습니다.

마을에 돌아와 광장을 중심으로 둘러보았는데요, 광장에서 어느 여성에게 갈 만한 곳을 묻는데, 날 성당 옆 빵집으로 안내하더니 이 빵이 아주 맛있다며 칭찬을 합니다. 65세쯤 되어 보이는 분께서 유창한 영어로 내게 자신의 빵집을 소개하더니(106년 된 빵집), 일만 페소짜리 지폐를 보여 주며, 이 돈의 앞 뒤 그림 배경이 바로 이 마을 Guaduas라고 말합니다. 지폐에 나오는 여성은 독립 운동가로 Policarpa Salavarrieta이며 이 마을 출신이랍니다. 말하자면 우리나라 유관순 누나와 비슷한 사람입니다. 그러더니 그 지폐에 자기 집 상표 고무인을 찍고는 선물이라며 내게 줍니다.

106년 된 빵집을 운영하는 Felipe Naranjo씨. 뒤에 있는 분은 저이의 부인

다음 날 아침, 학생들과 주민들이 차를 타는 곳에 가 보니, 조그만 승합차가 사람과 짐을 태웁니다. 20㎞를 오르자 왠지 오늘 운이 좋을 듯해 내친 김에 한인 숙소가 있는 따비오까지 가려 마음을 먹었지요. Villeta를 지나서 점심 먹을 때까지는 갈 수 있겠다 싶어 들떠 있었는데요, La Vega에서 또 경사가 시작됩니다. 조금만 가면 끝나려니 싶었는데 San Francisco를 지나 시간은 4시를 훌쩍 넘겨 신축 공사 중인 호텔(EDS Combre)에서 하루를 묵었습니다. 다음 날 아침 통학 버스가 오기에 꼭대기까지만 태워 달라 했죠. 고개 정상 표시(El Alto Vino)에서 내리니 사이클 대회가 한창입니다.

Tabio라는 지역이 작은 마을인 줄로만 알아 쉽게 한인 민박집을 찾을 수 있으리라 생각했는데, Tabio 관공서 직원이 지도까지 그려 주며 자세히 알려 준 덕분에 한인 숙소를 찾았습니다. 아주머니께서 밥상을 차려 주셨는데 삽시간에 밥 두 그릇을 해치웠습니다.

소금 성당

Tabio에서 소금 성당이 있는 Zipaquira 까지는 한 시간 남짓합니다. 입장료 5만 페소. 일찍 온 덕에 처음으로 소금 성당으로 들어갑니다. 적당한 인원을 채워 가이드의 설명을 들으며 관람을 하는데요, 초장부터 입이 벌어지더니 나올 때까지 다물어지질 않습니다. 규모, 예술성, 광부들의 어마어마한 노력이 곳곳에서 엿보입니다.

소금 성당은 애초에 성당이 아니었고, 그저 소금 광산일 뿐이었죠. 일하던 광부들이 광산 군데군데 방을 만들어 하나님께 무사와 안녕을

본당. 음각한 십자가 안에 조명시설을 설치해 신비로움을 자아냅니다

기원한 데서 비롯되었습니다. 꼴롬비아 정부가 1950년대 이를 소금 성당이라 칭하고 개방했지만, 안전 문제로 폐쇄하였다가 1990년대 본격적으로 개방하면서, 세계에서 많은 사람들이 찾아오는 명소가 되었습니다. 규모를 보자면, 넓이 8,500㎡이고 수용 인원 8,000명, 길이 386m! 나선형이어서 자연스레 길을 따라가면 각각의 방들을 볼 수 있습니다.

돔 천장도 있고요, 무엇보다도 소금 성당의 백미는 바로 본당입니다. 거대한 십자가 모양을 음각해 그 안에 조명 시설을 갖춰 그 불빛을 십자가에 비춰 성스런 분위기를 연출하고 있습니다. 천천히 걸으며 안내원의 설명도 듣고 상품점도 구경했습니다. 참 놀랍습니다. 지하 소금 성당이라니요!

이튿날엔 Tabio의 맑고 파란 하늘 아래 쉬며 한인 식구들과 같이 밥 먹고 커피 마시며 소소한 일상 얘기들을 주고받았습니다. 이토록 온전하게 하루를 보낸 적이 언제였던지.

저녁을 먹으면서, 내가 이바께를 거쳐 아르메니아로 간다 했더니, 이웃집 알리리오 아저씨께서 그 구간에 엄청나게 긴 경사가 있어 매우 힘들 거라고 하시네요. 고민입니다. 한국인 친구가 쓴 자전거 여행기에도, 산 높이가 해발 3천 미터쯤 되고 긴 오르막이 40㎞쯤 된다는 글을 보았습니다.

짧은 3일간이지만 정성을 다해 주신 정 선생님을 비롯한 식구들에게 감사를 표하고, 기념사진을 찍은 후 아쉬운 작별의 인사를 합니다.

보고따에 있는 〈은혜네 민박〉은 시내에서 떨어진 곳이라 비교적 한적한 위치입니다. 3시쯤 못 미처 짐을 풀고는, 해가 아직 남아 있을 때 가볼 만한 곳을 좀 알려 달라고 해 자전거를 타고 30여 분 거리인 Usaquen엘 다녀왔습니다. 우리식으로 치자면 만물 시장 정도인데요, 해 지기 전에 도착해 잠시나마 생소한 물건들을 볼 수 있었습니다.

보고따에서 만난 뚱보 모나리자

보고따는 수도이니 만큼 규모도 크고 볼거리도 많습니다. 안데스 산맥 동부에 자리 잡은 도시로, 해발 2,591m입니다. 스페인 침략 이전에는 치브차족의 수도가 이 자리에 있었고 이들은 고도의 문명을 축적했다 합니다. 부족장은 황금 장신구로 치장을 하고 신에게도 황금 제물을 바쳤습니다. 스페인 침략자들이 말하는 엘도라도의 전설이 여기서부터 전해지게 되었습니다. 스페인 식민 시대에는 누에바 그라나다 부왕령의 수도 역할을 했죠. 독립 후 초대 대통령은 시몬 볼리바르였음은 잘 알려

콜롬비아 북쪽 씨에라 네바다 지역에 살고 있는 원주민인 일명 따이로나족.
양해를 구했더니 흔쾌히 포즈를. 항상 저런 복장으로 다닙니다

진 사실입니다.

보떼로 박물관에 가 그의 그림을 맘껏 감상했어요. 익살스런 모나리자, 다이어트에 실패한 모나리자? 그러면서도 전혀 개의치 않는 저 웃는 모습이야말로 모나리자의 미소에 버금가는 신비스런 표정입니다.

보떼로는 자신의 그림에 대해 이렇게 말합니다. "내 그림의 풍만한 형태는 관능미와 여유를 표현한 것이다. 처음에 사람들은 흉측하다 며 부정적 반응을 보였지만 확신을 가졌기에 타협하지 않았다. 15년 동안 무명 시절을 보냈지만 지금은 전 세계 60여 개 미술관에서 전시 회를 열었다. 좋아하는 일을 하고 싶다면 남이 인정하지 않더라도 신념을 가져야 한다."고.

모나리자

    화폐 박물관(Casa de Moneda)에서는 화폐 변천사를 고스란히 볼 수 있습니다. 시몬 볼리바르 별장도 관람했습니다. 거실, 침실, 식당, 정원 등이 잘 꾸며져 있더군요. 볼리바르가 대통령이었을 때 국가에서 제공했다고 하는데요, 지금은 국가 기념물로 관리하고 있는데, 국민들의 볼리바르 사랑을 역력히 느낄 수 있었습니다.

정원에 있는 시몬 볼리바르 흉상. 그의 주변에 남미 9개국 국기가 나란히 서 있습니다
그의 남미 통합 정신을 엿볼 수 있습니다

정교한 황금 장식물

관람 시간이 촉박해 꼭 둘러봐야 할 황금 박물관으로 튀어 갔습니다. 2시간을 봐도 제대로 다 볼 수가 없었어요. 손톱만 한 크기의 형상을 보고서는, 얼마나 정교하게 가공을 했던지 혀를 내두를 정도였죠. 고대부터 근대까지 제작된 각종 황금 장식물들을 전시해 놓았는데 그 수가 얼마나 많던지!

두 달간 계획으로 남미를 여행하러 온 형열이와 진혁과 함께 몬세라떼(Monserrate)에 올라가 보고타 시내 야경을 보았습니다. 매표소에서 시내로 나오는 300m 거리가 우범 지대여서 가끔 강도를 만나기도 한다는 얘길 은혜네 민박 정 선생님께 전해 들은 적이 있어, 셋이 도로 한가운데 있는 인도로 빠르게 걸어 무사히 탈출(?)했습니다. 낌새가 이상하다 싶으면 바로 튀자고 미리 약속을 했었죠.

보고타에서 지내는 마지막 날입니다. Tabio에서 알리리오 아저씨가 말씀해 주신 대로 버스로 아르메니아로 이동하기 위해 오전에 터미널 위치를 확인했습니다, Terminal de Bogota Salitre에 가 예매를 했습니다. 여기선 자전거를 짐으로 보고 짐 값을 더 받습니다. 거리는 약 300㎞, 7시간 소요됩니다.

시간이 지났음에도 군사 박물관엘 가니 책임자인 듯 군인이 날 보며 "Korean?" 묻습니다. 그렇다 하니 병사에게 들여보내라는 표시를 합니다. 얼씨구나 이게 웬일이냐 싶었죠. 병사는 나를 2층 한국관으로 데려갑니다. 한국전쟁으로 형성된 우리나라와 꼴롬비아의 특별한 관계가 이런 데에서도 효과를 발휘합니다. 박물관 내부의 한국관을 삼성이 지원해 만들었다고 합니다,

숙소에 오니 정 선생님께서 저녁까지 차려 주시고 여행하면서 먹으라고 부추와 양배추 김치를 정성스레 담아 주시네요. 하나도 버리지 않고 다 먹을게요!

살렌또와 아르헨띠나 봉우리

아르메니아(Armenia)엔 새벽에 도착했습니다. 이곳은 낀디오(Quindio)의 州都로, 인구 약 40여만 명이 살고 있으며 커피가 많이 생산되는 지역입니다. 잠결에도 버스가 엄청나게 높은 산 하나를 힘겹게 넘는구나 하는 느낌을 받았습니다. 오스만 투르크가 삼십만 명의 아르메니아인들을 학살한 사건을 두고 꼴롬비아 사람들이 학살을 잊지 않으려 도시 이름을 아르메니아로 지었다는 글을 어디선가 읽은 기억이 새롭습니다. 아르메니아 홀로코스트(Holocaust)라고도 하죠.

터미널 식당에서 슴슴한 음식으로 아침을 해결한 후 바로 살렌또를 향해 페달을 밟았죠. 거리는 약 20㎞쯤 되는데 경사가 계속되어 힘들게 페달을 밟던 중, 검정 폭스바겐 화물차가 내 앞에 서더니 한 사람이 내려 내게 어디까지 가냐고 묻습니다. 살렌또에 간다 했더니, 자기도 자전거를 타고 에꽈도르까지 갔다 왔다면서, 태워 주겠답니다. 마다할 리가 없죠. 15분 만에 입구에 닿았습니다. 고맙다며 귀이개를 선물로 주니 바로 "Amigo(친구)" 합니다.

살렌또 마을은 지금까지 본 마을들과는 전혀 다른 모습입니다. 화려하지 않으면서도 품격이 있고 잘난 체를 하지 않으면서도 잘난 구석이 있는, 뭔가 모르게 풍기는 감이 있었어요.

트레킹 하는 날입니다. 살렌또에서 유명한 차 윌리스를 타고 Cocora로 가서, 본격적으로 산행을 시작합니다. 왕복 5시간쯤 걸린다는 Argentina

살렌또 마을 입구. 무명의 예술가가 만든 구리 합창단

동화 속에서나 나올 법한 예쁘장한 살렌또 골목

봉까지 갔다가 돌아오는 루트입니다. 그저 가벼운 트레킹 정도라고 생각을 해 배낭도 매지 않았죠. 이게 큰 탈이었습니다. 초반에 산장이 있지만 2시간, 3시간을 지나도 산장 하나 나타나질 않습니다. 비가 오고 구름이 끼어 시야가 좁습니다.

결국 4시간 걷다가 포기했습니다. 3,240m까지 올랐지만 정상 까지는 1.5㎞를 더 올라야 하는데 경사도 경사려니와 체력도 떨어지고 주변엔 아무도 없습니다. 이슬비도 내려 자칫 고립될 수도 있겠다 싶어 미련 없이 돌아섰습니다. 이럴 땐 포기하고 왔던 길을 되돌아가는 게 가장 현명합니다.

Cocora에 도착하니, 오후 2시 20분. 짐을 싸 바로 떠납니다. 3㎞ 떨어진 강마을에서 늦은 점심을 먹고 아르메니아로 갑니다. 살렌또 마을 뒤로 산 연봉이 한참 위로 올라가 있습니다. 마을이 해발 2,000m쯤 되니

해발 3,240m까지 오르다

저 산들은 아마도 4,000m쯤 되지 않을까 싶습니다. 구름도 저 높은 봉을 넘는데 힘에 겨운지 겨우 산허리에 머물러 있습니다.

'그래, 풍경 좋은 살렌또 마을에서 잠시 쉬었다 가렴. 사람들에게도 인사하고 높은 데서 낮은 데를 보는 재미도 있을 테니 넘어진 김에 쉬었다 가.'

한 친구가 오더니 또렷한 말투와 점잖은 목소리로 천천히 또박또박 말을 합니다. 날 도와주려는 진실한 마음이 느껴집니다. 터미널 인근에 싸고 좋은 호텔들이 있다며 그리로 가 보라기에 무조건 터미널을 향해 달렸습니다.

중심가에서 운동화와 남방셔츠를 한 개씩 사고는 종업원에게 하루 둘러볼 만한 곳을 알려 달라 했더니, 나를 데리고 관광 안내소에 가서 지도 한 장을 얻어 주고 커피 전문점으로 데리고 가 에스프레소를 사 줍니다. 더욱이 자기 친구를 불러 내가 둘러볼 만한 곳을 알려 주라 합니다. 외국인 여행자를 대하는 이들 아르메니아 사람들의 진심이 고스란히 전해집니다.

잘 꾸몄다는 Parque de la vida와 Museo Olo Quimbaya를 추천해 줍니다. 어떻게 하면 자기 나라를 방문한 외국인을 만족시킬까를 두 사람이 진심으로 고민하는 모습을 보고 배운 점이 많았습니다. 친절이라면 이게 바로 진짜 친절이 아닐까요?

아르메니아에서도 유명한 음식점이자 커피 전문집에서 식사 후, 낀디오산(産) 커피도 한 병 샀습니다. 낀디오는 아르메니아, 살렌또, 몬떼네그로, 뻬레이라 등 비교적 잘 알려진 도시를 끼고 있는 광범위한 커피 생산지이기도 해요.

볼만한 낌바야 황금 박물관. 결국 들어가질 못했습니다

박물관엘 갔더니 월요일 휴무랍니다. 외국인이란 장점을 십분 발휘해 보았습니다. 때론 되지도 않는 읍소도 해 봄직 합니다. "난 내일 아르메니아를 떠나! 죽을 때까지 여기 다시 올 수가 없으니 특별히 들어가게 해 줘."(손짓 발짓, 단어 하나하나 다 합하면 이런 의미입니다) 경비원 친구가 안으로 들어가 내 말을 전한 듯했지만 결국 내 의도는 실패했습니다. 기다리며 비만 쫄딱 맞았어요.

세상에서 제일 긴 와이파이 비밀번호!

Santiago de Cali를 향해 출발합니다. 깔리는 세계 20대 범죄 도시로 알려져 있어 걱정이 많습니다만, 그래도 가서 부닥쳐야죠. 페달을 밟기 시작하는데 추적추적 비가 옵니다. 비가 멎자 자전거는 들입다 속도를 내기 시작합니다. 아르메니아가 높은 지대여서인지 도로가 계속 내려가는 형국입니다.

Sancochazo라는 식당에서 점심을 먹는데 종업원이 얼마나 정성을 다해 대해 주던지 감동이었죠. 날이 더워 시원한 리몬 주스를 좀 달라 했더니 흔쾌히 한 통을 채워 줍니다. 소소한 일이지만 진심이 없으면 이뤄지지 않는 일입니다. 매번 이런 일들에 감사하고 있습니다.

La Buga라는 도시에 다다랐습니다. 보통 도로 옆에 도시가 형성되는데 반해 La Buga는 큰 도로에서 10여 분 떨어진 곳에 형성되어 있습니다. 물어물어 찾아간 호텔(여인숙 수준)에 짐을 풀었습니다. 그런데 이 숙소 정말 재미있습니다. 와이파이 패스워드가 세상에서 제일 긴 듯합니다. 무려 26자! 이 숙소에 한국인은 처음이라 합니다. 부인은 날더러 재

바실리까 성당

키 찬(성룡)을 닮았다며 좋아합니다.

숙소를 나서 바실리까 성당을 둘러봅니다. 규모가 꽤 크더군요. 리모델링을 했는지 깨끗하고 화려하지만 고전미는 찾을 수 없었어요. 다만, 표지석이나 안내문이 이 성당의 옛 이야기들을 전해 줍니다. 1492년 처음 건축을 시작했고 1892년과 1992년에 각각 증·개축을 했네요. 성당 앞 광장도 보기 드물게 넓습니다. 광장에 사진 기사들이 있는 걸 보니 이곳 부가의 명소가 맞나 봅니다.

자전거에 매달을 꼴롬비아 국기를 사기 위해 인근 Sapatillas Tobi 재래시장으로 갑니다. 서너 군데를 돌아다니다 드디어 국기 하나를 찾았습니다. Tobias Ariverd라는 상인이 깃대에 맞게 손을 보고 직접 달아 줍

상인 Tobias Ariverd가 꼴롬비아 국기를 달아 주었습니다

니다. 주변 상인들뿐만 아니라 여러 사람들이 내 행위에 관심을 가지고 쳐다보며 묻습니다. "De donde viene?"(어디서 왔나요?) "Vine de Corea del Sur."(대한민국에서 왔어요)

살사의 본고장, 깔리

주위가 어둑해지고 나서야 깔리(Cali)에 도착할 수 있었는데, 주위를 두리번거리는 날 보고 한 젊은 친구가 주소를 보더니 집 앞까지 안내를 해 주더군요. 매번 이렇게 정성을 다해 주는 도움을 받습니다. 미리 약속한 한국 문화원(Centro Cultural coreano 우리무리 대표 최경희, 남편 알렉산드로)으로 가서 잠시 봉사 활동을 하고 있는 일훈을 만나 돼지고기에 상추에

깔리에 있는 우리무리 한국문화원. 최경희 씨와 알렉산드로 부부가 운영하는 사설 문화원입니다

만두에 소주를 한 잔씩 나눴습니다. 게다가 김치까지! 알렉산드로가 김치를 담갔다고 하는데 맛이 일품입니다.

최경희 씨는 이곳에서 한국어와 태권도 등을 전파하는 한국 문화의 전도사입니다만 개인적으로 일을 하다 보니 한국어 교재 부족 등 어려움을 겪고 있어 도움이 절실히 필요한 상황입니다.

숙소에 짐을 풀고 인근에 볼거리를 찾아다녔습니다. 숙소를 나서자마자 그라피티가 여기저기 보입니다. 꼴롬비아에서부터 에꽈도르까지 수없이 많이 보았습니다만 볼 때마다 새롭습니다.

산꼭대기에 있는 Cristo Rey 상을 보러 갑니다. 23m 높이로 세계에서 다섯 번째로 크다 하는데, 도심에서도 뚜렷하게 볼 수 있습니다. 예수상 입구엔 경사면 흙을 파내 양각으로 동물 문양을 표현했는데 아주 독특했

빈 벽면이 있으면 저렇게 그라피티를 그립니다

습니다. 흙이다 보니 무너진 부분이 많았지만 발상이 참신했습니다.

토요일에 펼쳐지는 길거리 장터엔 오만 잡동사니 물건들이 다 있습니다. 쓸데없는 물건이라고 생각할 수 있지만, 여기 사람들에겐 그렇지 않습니다. 고쳐서 쓰고, 일부 부속품을 갈아 끼고 하면서 그 물건의 효용가치를 극대화시킵니다.

Zoologico de Cali(동물원)에 가 3시간 관람했는데요, 그간 못 보던 여러 동물들이 많습니다. 특히, 주둥이가 자기 몸보다 큰 Tucan Pechiblanco 이란 새가 인상적이었습니다. 주둥이가 무거워 날아다닐 때 고개를 숙이고 다닐까? 입이 크면 음식도 많이 먹을 텐데 주로 뭘 먹을까? 이런 상상도 재미있습니다.

구암비아노족이 사는 실비아

뽀빠얀(Popayan)을 향해 출발합니다. 일요일이라서 그런지 자전거 타는 사람들이 많네요. 한 무리를 만났는데 다짜고짜 사진을 함께 찍자 합니다. 유니폼이 같은 걸 보니 자전거 동호회입니다. 그중 Carlos Holmes 라는 친구가 유독 내게 관심을 보입니다. 2시간 이상을 함께 가며 그 친구가 날 안내해 주는데요, 앞장서서 끊임없이 뒤를 돌아보며 나의 안전을 확인해 줍니다. 고마움에 귀이개를 선물하고, 가지고 간 엽서에 그 친구 이름을 써 주었습니다.

2시간 반 동안의 짧은 만남이었지만 서로 공감대를 형성하였습니다. 긴 포옹으로 서로 어깨를 다독여 준 후 한 장씩 사진을 찍고 헤어집니다. 몇 번이고 뒤를 돌아보며 아쉬움을 표시합니다. '올메스, 행복하기를.'

내게 진정 어린 우정을 보여 준 올메스. 늘 행복하게 자전거 타기를 기원했습니다

삐엔다모(Piendamo) 마을에서 하루 쉬고 내일 아침 일찍 인디헤나 원주민인 Guambiano족을 만나러 갑니다. 이들은 꽤나 많이 알려져 있는데요, 머리엔 창이 좁은 검은 모자를 쓰고 파란색 망토를 걸치며, 검정 치마를 입고 있습니다. 세계적으로 잘 알려져 있어 외국인들이 많이 찾아옵니다. 매주 화요일에 장이 서고 이들 원주민들이 그들만의 독특한 의상을 입고, 직접 재배한 농산물들을 팝니다.

일찌감치 실비아를 찾았습니다. 30분 간격으로 승합차가 출발합니다. 요금은 4천 페소, 원주민인 구암비아노족들은 그들만의 독특한 의상을 입고 다녀 금방 눈에 띕니다. 어린아이부터 어른까지 똑같은 의상을 입고 있고 키가 작습니다. 실례를 무릅쓰고 사진 찍어도 되겠느냐 했더니 별 상관없다는 표정입니다. 간혹 나이 든 원주민들은, 사진 찍을 경우 혼이 빠져나간다며 싫어한단 얘기를 TV에서 본 기억이 납니다.

내 키가 170cm 못 미치는데도 그들은 내가 구부릴 만큼 작습니다. 오른쪽이 루시아

하나 더! 키 작은 인디헤나 원주민 '구암비아노족'이 사는 실비아 찾아가기

깔리(Cali)에서 25번 국도를 타고 남쪽으로 내려가면 고개에 자리 잡은 삐엔다모(Piendamo) 마을이 있다. 이 지역 터미널에서 30분 간격으로 실비아(Silvia)행 셔틀버스가 운행한다. 매주 화요일마다 장이 서고 장에는 구암비아노족들이 재배한 농산물을 파는데 장관이다.

장사하고 있는, 인상이 좋은 여인한테 가서 사진 찍고 싶다 했더니 흔쾌히 응해 줍니다. 그녀의 이름은 Lucia. 내일 큰 장이 선다고 하는데 오늘 원주민들을 많이 만나 굳이 또 올 필요가 있겠나 싶었어요.

하얀 도시 뽀빠얀과 화산 뿌라쎄

숙소로 돌아와 바로 출발하는데 폭우가 쏟아집니다. 점심 겸 터미널 앞 포장마차 음식점에서 엠빠나다와 닭다리 튀김을 먹고 있는데 10살쯤 되어 보이는 녀석이 내게 '이민호'를 말하더니 자기는 코리아에 대해 안다 합니다. 한류가 여기 꼴롬비아 남쪽 조그만 마을에서도 유행을 하나 봅니다. 한국인을 보더니 흥분이 되는지 얼굴이 벌겋게 상기되더군요.

헤어지고 난 후 비가 멎어 자전거를 타고 언덕을 오르는데 도로 건너편에서 누가 날 자꾸 부르더군요. 확인해 보니 아까 그 꼬마예요. 가족이 길거리에서 음식 장사를 합니다. 누나라는 애가 한국어를 곧잘 합니다. 한국 여배우들 사진을 보여 주며 자기도 안다고 합니다. TV 드라마

둘은 남매지간이에요

를 보며 한국말을 배운다 하니 참 기특하지 않을 수 없습니다.

1에서부터 20까지 숫자를 한국어로 써 달라 해서 해 줬죠. 여자아이는 16세 알레한드라, 남자아이는 10살 알리. 애들에게 귀이개와 신라면 하나씩을 선물로 주었습니다. 비가 그치고 출발하려니 알레한드라가 내게 빵 봉지를 건네며 "먹어" 합니다.

뽀빠얀 중심가에 가서 여기 기웃 저기 기웃하니 한 젊은 친구가 "이쪽은 비싸니 저렴한 Trail 호텔로 가라"고 알려 주네요. 알고 보니 내가 가려고 작정했던 숙소였어요. 여행자들을 위해 갖가지 정보를 많이 제공하는 배낭 여행자 전문 호텔.

뽀빠얀은 '하얀 도시'라는 의미이며 해발 1,750m로 낮엔 무척 덥습니다. 이름에 걸맞게 건물들이 온통 흰색입니다. Santuario de Belen 교회

건물들이 모두 흰색 일색입니다

도 보았고요, Museo de Histoia Natural에 들어가니 중년의 여직원이 한 눈에 날 알아봅니다. "Coreano(한국 사람)?"

　내일 산행할 Volcan Purace를 가기 위해 터미널에 가 시간을 확인합니다. 입구인 Cruce de la Mina까지는 2시간쯤 걸린다 하니 아침 5시 첫차를 예매했죠.

　꼭두새벽에 일어나 버스를 타고 산 입구 마을에 도착한 시간은 7시가 채 되지 않은 시각. 산장 해발 높이는 3,400m. 한 시간을 기다리니 어디서 시골 농부 같은 인상의 마을 사람이 장화를 신고 왔습니다. 가이드 차림하고는 거리가 먼 전형적인 시골 사람입니다. 이름은 Aristides. 국립공원에서 지정한 직업적인 가이드가 아닌 그냥 산길을 잘 아는 동네 사람이 가이드 역할을 하며 수입을 챙깁니다.

'바하'라는 이름을 가진 풀

하나 더! '뿌라쎄 화산(Volcan Purace)' 산행하기

뽀빠얀(Popayan) 터미널에서 승차권을 미리 예매한다. 목적지는 크루쎄 데 라 미나(Cruce de la Mina). 새벽 5시 첫차를 타고 산장까지 가서 뿌라쎄산을 오르고 싶다 하면 가이드가 온다. 고소증세가 오니 주의. 간식과 방풍 옷 필수. 가이드 비용 30,000페소.

12시 반쯤 해발 4,650m 정상에 도착했는데 난생 처음 겪는 엄청난 속도의 강풍과 가스와 안개로 화산 분화구는커녕 정상에 5분도 있지 못하고 내려와야 했습니다. 바람이 조금만 더 셌더라면 몸이 날아가 허공을 가를 정도였으니까요.

가이드가 친절하게도 버스 타는 곳까지 날 태워 주었습니다. 원체 말이 없는 친구라 헤어지면서도 웃음으로 인사를 대신합니다.

호수 마을인 La Cocha와 녹색 호수

〈호스텔 트레일〉은 원체 세계 각국 친구들이 많이 오는 곳이라 여행자에게 꼭 필요한 정보들이 많습니다. 나도 그 정보를 보고 혼자 찾아가 산행을 했고요. 뽀빠얀 중심가에 있어 쉽게 찾을 수 있고, 현지인들에게 물어도 잘 알려 줍니다.

오늘 가야 할 띰비오까지는 20여 ㎞라서 두 시간 이내면 충분히 도착합니다만 조금 일찍 가서 상황을 둘러보는 게 좋다고 판단해 11시쯤 출발했습니다. El hato라는 작은 마을에서, 커피콩을 따고 난 다음 저울에 무게를 다는 흔치 않은 장면을 보았습니다. 무게에 따라 하루 임금을 계산하려는 모양입니다. 사진을 찍으려니 포즈까지 취해 줍니다.

오직 노동으로 모든 문제를 해결합니다

다음 날, 일찍 아침을 먹고 짚라인 하는 곳으로 가던 중, 길이 몇 군데로 갈라집니다. 마침, 오토바이를 세차하고 있던 한 친구에게 액티비티 장소를 물으니 금요일과 토요일엔 하질 않는다면서 자기 집으로 들어오랍니다. 긴가민가하며 들어갔더니 자기 어머니를 소개해 주며 커피와 빵을 내줍니다. 이 친구 이름은 Richard. 어디서 왔느냐 어디로 가냐 끝없이 질문을 합니다. 대한민국에 관심이 많은지 녹음까지 하네요.

동네로 나가 교회도 보여 주고, 성직자들에게 인사도 시켜 주고, 심지어 경찰 행사에까지 가더니 날 소개해 주네요. 하여튼 오지랖 넓은 친구입니다. 오늘 자기 집에서 자고 가도 된다며 날 초대합니다. 잠깐 생각하다가, 고맙지만 일정 때문에 오늘 Pasto까지 가야 한다 했죠. 짐을 싸서 나올 테니 교회 앞에서 기다려 달라 했습니다.

숙소에 가던 중 또 펑크가 나는 바람에 한 시간쯤 걸려 펑크를 때우고 교회에 가니 친구가 여전히 날 기다리고 있습니다. 전후 사정을 이야기한 후 점심을 먹으며 못다 한 이야기를 나누었습니다. "언젠가 다시 올 수 있을 거야." 친구와 아쉬움을 남기며 난 버스를 탔습니다. 메일 주소를 주고받으며 인연의 끈을 엮었습니다.

버스에서 내리니 한 아주머니가 내게 쪽지에 뭔가를 써 줍니다. 이뻬알레스에 있는 산뚜아리오 데 라스 라하스 교회인데요, 반드시 가 보라고 추천해 줍니다.

터미널 앞 숙소에 짐을 풀었습니다. 아침에 일어나니 한기가 느껴집니다. Pasto는 해발 2,600m에 위치합니다. 목초지라는 뜻을 가지고 있어서인지 도시 주변에 목초지가 많네요.

Richard와 헤어지며 한 컷! 띰비오 광장에서

La Cocha라는 이색적인 마을을 둘러봅니다. 호수 주변으로 마을이 형성되어 볼거리가 많습니다. 며칠씩 쉬고 가기에도 아주 좋은 마을이라는 생각이 듭니다. 그저 며칠씩 먹고 자며 육체와 정신을 온전히 쉬게할 수 있는 휴식지 말입니다.

집집마다 빛깔이 완전히 형형색색 저마다 자랑을 합니다. 갈대, 호수, 그리고 처음 보는 배의 형태가 절묘한 조화를 이루며 여러 폭의 풍경화를 그려 냅니다. 맛있는 송어 요리로 점심을 먹었습니다. 다시 오고 싶은 곳입니다.

다음 날, 산행 준비 후 일찌감치 터미널로 갑니다. 여기서는 소규모 마을들을 가는데 모두 승합차를 이용하는데요, 스타렉스 아니면 카니발입니다. 기사들도 좋은 차라며 엄지를 곧추세웁니다. Tuquerres까지 가기까지 도로 경사가 심하고 해발 3,000m 되는 지역이라서 자전거로는

저 배를 타고 호수를 한 바퀴 둘러보는 투어가 대부분입니다

가기가 곤란합니다.

높은 지역에서 밭농사를 짓는 데에는 그저 놀라울 뿐. 도저히 일할 수 없는 경사임에도 사람들이 농사를 짓습니다. 멀리서 보면 아름다운 풍경이지만 저 산비탈을 밭으로 만드는 데 얼마나 많은 땀을 흘렸을까를 생각하면 마음이 짠합니다.

택시 기사가 아닌 동네 토박이인 듯한 아저씨가 내게 말을 겁니다. 산 입구까지 가는데 4만 페소부터 시작해 아무렇지도 않다는 듯 만 오천 페소까지 내려갑니다. 산 입구까진 15㎞입니다. 금방 갑니다. 돌아오는 시간을 자기가 대충 정하더니 그때까지 기다리겠답니다.

산 정상에 오르니 안개와 바람이 심합니다. 호수는 정상에서 700m 아래에 있는데 역시 보이질 않습니다. 호수 주변을 어슬렁거리며 여기저기 사진을 찍고 있던 중, 날이 개기 시작합니다. 곧이어 환상적인 호수의 모습이 드러납니다. 물속에서 공기 방울이 올라오는 걸로 보아 진짜 유황이 흘러나온 물 빛깔입니다. 물에서 유황 냄새도 납니다. 어떤 여성이 수영복 차림으로 호수에 몸을 담급니다. 돌구멍 속에서는 뜨거운 유황이 노랑 빛깔을 띠며 끊임없이 올라옵니다. 유황 호수 Laguna Verde 강추 합니다.

Verde 호수

땅속에서 뜨거운 열기로 올라오는 유황. 코를 들이대면 질식할 수도 있겠더라고요

하나 더! '유황 호수인 라구나 베르데(Laguna Verde)' 산행하기

뚜케레스에서 산 입구까지 태워 준 기사

빠스또(Pasto) 터미널에서 뚜께레스(Tuquerres)행 첫차(승합차)를 타고 내려 다시 산 입구까지 택시를 탄다. 비포장 15㎞쯤 된다. 택시 요금은 부르는 게 값이므로 후려쳐도 된다. 기사는 내게 4만 페소를 요구했다가 결국 만 오천 페소로 왕복을 했다.

이삐알레스의 숨은 보석 라스 라하스 교회

드디어 꼴롬비아의 마지막 여행지인 이삐알레스로 갑니다. 한 시간 반쯤 끌고 가니 도로 꼭대기. 비가 옵니다. 추위를 느끼긴 처음입니다. 커피한 잔을 마신 후 해발을 물으니 3,000m랍니다. 꼴롬비아에는 높은 고개에 세워 놓을 법도 한 해발 표지판이 하나도 없습니다. 표지판은 자전거 여행자에게 여러모로 쓸모가 있을 텐데 말이죠.

여기서부터 25㎞를 내리 달렸습니다. 이렇게 긴 내리막은 처음 겪습니다. 신나기도 할 텐데 지금까지 경험상 결코 신날 일이 아닙니다. 내리막이 있으면 반드시 오르막이 있기 마련입니다. 결론부터 말하자면 총 14시간을 탔는데 8시간을 끌었습니다.

엄청난 높이의 Humeadora 폭포

도로 표지판에 이삐알레스와 에꽈도르 뚤깐 표지판이 보입니다. 남미를 관통하는 기다란 도로인 빤아메리카노 고속도로가 에꽈도르를 지나 뻬루로 이어집니다.

어둠이 대지에 가라앉을 무렵 호텔을 찾는데 개를 데리고 산책 중인 아주머니가 괜찮은 호텔이라며 알려 줍니다. 그러면서 '셀룰라르(휴대폰) 조심하라'며 한마디 더 해 주네요. 여기서도 휴대폰 조심!

자전거를 타고 7㎞ 떨어진 교회를 찾아갑니다. 전망대에서 본 계곡에 세워진 교회는 성령이 충만하겠다는 느낌이 들었습니다. 며칠 전 Pasto에서 내게 쪽지를 써 준 아주머니를 만났습니다. 남편과 함께 놀러 왔답니다. 참 반가웠습니다.

산뚜아리오 데 라스 라하스 교회. 꼴롬비아의 또 다른 명물

오늘을 마지막으로 그간 두 달 하고도 20일 동안 있었던 꼴롬비아를 떠납니다. 지금까지 거쳐 온 마을과 사람, 이야기가 영화 필름처럼 차르르 흐릅니다. 이제 내일 아침 드디어 국경을 넘어 에꽈도르로 진입합니다. 정성을 다해 내게 도움을 준 꼴롬비아 사람들, 언젠가 꼭 다시 오리라 Adios, Hasta luego!

Part 2
||||||||||||||||

적도를 품은
만년설의 나라
에 꽈 도 르

bike travel

무이 보니또! 세계에서 가장 아름다운 납골당

꼴롬비아 출입국 사무소 앞에 가니, 제일 먼저 날 반겨 주는 사람은 환전상입니다. 페소를 달러로 바꾸는데요, 가지고 있던 36,000페소를 주니 달랑 12달러 50센트를 줍니다. 요즘엔 달러상도 국가의 관리를 받는 듯, 함부로 후려치지 않는다고 스스로 말을 합니다. 옷에도 환전상 표시가 있습니다.

출국을 마치고 경계인 다리를 건넙니다. 입국 확인도 간단합니다. 내가 먼저 "꼭 오고 싶었던 나라다."고 했더니 직원이 "에꽈도르 입국을 환영한다."고 하네요.

첫 도시인 Tulcan으로 진입합니다. 도시에 관한 무언가를 확인하거나 알아보려면, 광장에 가면 됩니다. 잠시 비를 피하며 현지인에게 이 지

저 다리만 건너면 에꽈도르 땅. 다리 아래엔 산 후안강이 흐릅니다

관상용 나무를 다듬어 저런 모양을 만들었죠. 납골당이 아니라 세상에서 제일 아름다운 정원 맞습니다

역엔 어떤 무슨 볼거리가 있느냐고 물었더니, 대뜸 "세계에서 가장 아름다운 Jardin(정원)인 Cementerio에 가 보라, 두 블록 떨어진 곳에 있다." 합니다.

뚤깐에 이런 보물이 숨어 있는 줄 몰랐습니다. 우리로 말하자면 납골당 공원쯤 되는데요, 관상용 수목을 활용해 얼마나 예술적으로 꾸몄는지 그 발상이 놀랍고 참신했습니다. 여기 말고 어디서 또 이런 정원을 볼 수 있을까요!

Cementerio를 둘러보고 난 후, 입구에서 잠시 생각 중, 정장 차림의 미남이 내게 말을 걸더니 자기 사무실로 올라가자 합니다. 알고 보니 이 공원 관리 책임자였습니다. 이름은 Vinicio Vivas. 아마추어 사이클 선수입니다. 자기가 대회에 나가 우승한 사진과 아들이 대회에서 우승한 사진을 보여 주는데, 자전거에 대한 남다른 애정을 가졌습니다.

남미에서 가장 큰 규모의 가축·공예품 시장

버스를 터고 오따발로에서 내려 바로 시내로 들어갔습니다. Flores 라는 호텔에 짐을 풀자마자 매주 토요일 전통 시장이 열린다는 Plaza de Poncho를 찾았죠.

비교적 맛있어 보이는 Tortilla de papa를 저녁으로 먹었는데, 이거 맛있습니다. 한 식탁에서 함께 식사를 하던 Carlos라는 분이 말을 걸어옵니다. 오따발로에서 호텔을 운영하고 있으며 자신은 원주민 인디헤나인 께추아족이라고 하더군요. 내게 께추아어를 몇 개 알려 주었는데 외우기가 어렵습니다.

이튿날, 전통 공예 시장에 가 보았습니다. 상설시장이며 토요일엔 인근에 훨씬 큰 규모로 장이 열린다 합니다. 이곳 사람들의 의식(衣食)들을 잘 엿볼 수 있을 겁니다. 여행사를 통해 내일 열차 투어를 신청했습니다.

축구를 하고 있던 꼬마들에게 사진 찍어 주겠다고 하니 저렇게 포즈를

산업 혁명 후 생긴 공장제 기계공업의 현장을 보는 듯

'오따발로~이바라~살리나스' 구간을 왕복하는 열차 투어는 San Roque 역에서 출발합니다. Salinas까지 가서 몇 군데 투어 후 다시 돌아오는 일 정인데 하루 종일 소요됩니다. 열차 안에서 이국적 낭만을 맘껏 즐겼습니다. 에꽈도르 특유의 안데스 산맥들과 초원, 사탕수수 밭, 협곡….

열차는 세 칸인데요, 여행사별로 칸을 할당하나 봅니다. 내가 있던 칸에는 나와 캐나다 사람, 나머지는 인근 이바라시(市) 사람들입니다. 이분들은 시간만 나면 춤과 노래로 흥겨운 시간을 만들어 갑니다. 나와 캐나다 사람에게도 함께 춤을 추자 했는데, 흥이 영 일지 않아 정중하게 거절했습니다.

1924년부터 운영되었던 방직 공장을 방문했는데요, 공장과 기계 규모 에 놀랐습니다. 산업 혁명 후 공장제 기계공업의 진수를 보는 듯했습니다. 방문을 마치고 돌아가는 길에 공장 내부를 설명해 주던 직원이 내게 하는 말 "나도 한국에 10개월 있었어요. 김치찌개 맛있어요." 한국을 잘 아는 사람을 만날 줄이야! 반갑게 인사하고 헤어졌습니다.

　Salinas에선 지역 원주민들이 춤을 추며 반겨 줍니다. 특히, 여성들은 물이 든 병을 머리에 올려놓고 몸만 움직이면서 물병이 떨어지지 않게 하는 기술을 발휘합니다. 쉽지 않은 자세인데 자연스럽습니다. 저렇게 하려고 얼마나 많은 연습을 했을까요? 이들에겐 열차의 드나듦이 곧 자신들의 의식(衣食)과 진배없습니다. 삶을 꾸려 가는 수단이 핍진(乏盡)하지만 최선을 다해 자신들의 삶의 영위해 갑니다.

　남미에서 규모가 제일 크다는 토요시장이 열리는 날입니다. 전통 공예 시장은 여기 시내 광장에서, 기축 시장은 1㎞ 떨어진 곳에서 열립니다. 가축 시장엔 소, 돼지, 말, 닭, 염소, 기니피그 등이 대부분입니다.

　뽄초 광장 주변의 골목이란 골목을 죄다 점거한 공예 시장을 구경했습니다. 이틀 전보다 규모가 엄청나게 커졌습니다. 전 세계 공예품이 이곳에 다 모인 듯 없는 물건이 없습니다.

머리에 얹은 병이 꿈쩍도 안 합니다

부부. 사진을 찍겠다 하니 부끄러운 듯

금슬이 아주 좋아 보이는 노부부에게 양해를 구하고 사진을 찍었습니다. 전형적인 인디헤나 원주민입니다. 찍고 나니 농담을 던지시네요. "원 달러". 표정은 더 없이 행복해 보입니다.

해발 3,800m에 있는 Laguna Cuicocho에 갔습니다. 물 빛깔이 정말 서슬 푸르다 할 정도입니다. '물감을 풀어놓은 듯하다'라는 표현은 맞질 않습니다. 푸르면서도 저 깊은 속을 알 수 없는 오싹함이 겹쳐져 무섭단 느낌도 드네요. 물오리가 대가리를 처박으며 물속으로 들어가더니 풀을 물고 나옵니다.

책에 소개된 음식점을 찾아갔습니다. 〈미 오따발리또〉라는 레스토랑 인데요, 역시 틀리지 않습니다. 한 상 푸짐하게 먹은 값은 12달러. 요즘 하는 말로 가성비가 좋습니다.

끼또로 가는 길

수도인 끼또를 향해 남하합니다. 일찍 출발하는 데 익숙해져 어느덧 습관이 되었나 봅니다. 도로는 임바부라산을 계속 에워갑니다. 산이 원체 높고 규모가 크다 보니 산자락 둘레를 에워 도는 모양새로 도로가 나 있습니다. 임바부라와 끼또가 속한 삐친차주(州) 경계에 있는 커피숍에서 커피 한 잔을 마시며 종업원과 몇 마디 말을 주고받았습니다. 임바부라, 오따발로, 이바라, 삐친차 등의 용어들이 모두 께추아어를 스페인어화한 명칭들이랍니다. 오따발로에 유난히 원주민 인디헤나들이 많은 이유를 알았습니다.

에꽈도르엔 여전히 께추아어를 쓰는 원주민들이 있다 히는데요, 언어는 한 나라와 민족의 정체성을 이루는 매우 중요한 요소입니다. 고유한 문화, 역사가 어찌 언어와 동떨어질 수 있겠습니까! 특히, 임바부라 지역을 포함한 안데스에 거주하는 이들은 거의 인디헤나들이므로 그들의 고유한 언어를 쓰는 게 지극히 당연합니다. 그 덕에 지금껏 그들의 고유 문화가 살아남았을 테니까요.

'Ibarra'라고 쓴 종이 상자 조각을 흔들면서 차가 멈추어 서기를 기다리는 여성 핀란드인과 남성 이탈리아인, 두 자전거 여행자를 만났습니다. 경사가 심하거나 험한 도로를 저런 식으로 헤쳐 나가나 봅니다. 1년 반을 자전거로 여행 중이라 하는데 남미를 남에서 북으로 이동 중이랍니다. 과부 사정은 홀아비가 안다고 자전거 여행자의 애환은 자전거 여행자가 잘 알죠. 잠깐 동안이었지만 서로의 안녕을 기원하며 헤어집니다. "Buen Viaje!"

한참을 달리고 끌고 하며 고개를 넘습니다. 승용차가 내 옆에 서더니 한 아주머니가 날더러 "이 길이 끼또로 가는 길인가요?" 묻습니다. '내가 벌써 남미 사람이 다 됐나?' 잠깐 '나는 꼬리아노다, 라고 할까?' 하다가 "맞아요, 그런데 난 꼬리아노입니다." 했습니다. 아주머니가 얼마나 겸연쩍어하던지. 자신도 우스웠을 겁니다.

길이 왜 이 모양인지 모르겠습니다. 가도 가도 끝이 없는 경사가 계속됩니다. 어느 틈엔가 나도 모르게 입에서 육두문자가 튀어나옵니다. 거의 4시간을 끌고 올랐어요.

7시가 넘어 끼또 변두리에 도착했습니다. 경찰한테 물어 길을 확인했지만, 그림으로 좀 그려 달라 한 내 부탁을 무시합니다. 경찰이면 도로 사정을 누구보다도 더 잘 알 텐데 말입니다. 지나가는 사람들에게 십수 차례 물어봤을 겁니다.

밤이 이슥해질 무렵 오토바이를 탄 친구가, 자기를 따라오랍니다. 그러더니 곧 어두침침한 골목으로 갑니다. 갑자기 섬뜩해져 가지 않고 그 자리에 서 있으니, 다가와 자기 복장을 가리키며 "안전요원이니 안심해라." 합니다. 따라가다 보니 골목이 지름길인 듯했어요. 그 친구 덕에 무사히 한인 민박집을 찾았습니다. 친구의 선의를 의심한 점이 마음에 걸려 꾸벅 인사를 했어요. 그 친구도 내 마음을 이해해 주었으리라 믿습니다.

에꽈도르 민박 '어머니'(닉네임, 나중에 내가 '끼또 엄마'가 더 좋겠다고 했더니 좋다며 그렇게 사용하더군요)도 많이 놀라더군요. "이 늦은 시간에 혼자 자전거를 타고 위험한 끼또의 야밤을 헤치고 오다니요!" 늦었지만 어머니가 내준 저녁을 정말 맛있게 먹었습니다.

진짜 적도에서 해 본 달걀 세우기와 똑바로 걷기

첫날을 맞습니다. 무조건 '적도 00 00 00도' 표시를 한 진짜 적도엘 갑니다. 남반구와 북반구를 정확하게 반으로 가르는 적도. '에꽈도르 (Equador)'는 적도라는 뜻입니다. 흔히 알고 있는 적도탑은 실제 00 00 00 도가 아닙니다. 적도탑 공원 안에는 세계적으로 유명한 카카오를 파는 판매점도 있고 원주민 생활을 볼 수 있는 가옥도 있습니다. 볼거리가 제법 많습니다. 세트로 구경할 경우 7달러를 내면 됩니다. 적도탑엔 해발 2,438m로 표시되어 있네요.

적도탑에서 나와 왼쪽으로 담장을 끼고 가면 인띠냥 박물관 표시가 나옵니다. 이곳에 진짜 적도 기준인 '00도 00분 00초'가 존재합니다. 가이드들이 안내와 설명을 담당합니다. 달걀 세우기가 쉽다 해서 신중을 기해서 해 보았습니다. 긴 못과 짧은 못 두 개에 모두 달걀을 세우는 데 성공했습니다. 기분이 좋습니다. 적도 선을 따라 눈을 감고 팔을 벌려 걷는 체험도 해 보았고요. 물이 돌지 않고 그대로 아래로 빠져나가는 현상도 보았습니다. 신기합니다. 2000년 들어 과학의 힘을 빌려 GPS 등 첨단 장비를 동원하여 측정한 결과 지금의 이곳이 정확한 00도 00분 00 초 지점임이 확인되었고, 실제로 이곳은 인디헤나들이 제단을 쌓고 제사를 지내던 곳이었습니다, 그들이 현대 과학 문명보다 더 앞선 지혜를 가지고 있었나 봅니다.

박물관을 나와 바로 뗄레뻬리꼬라고 하는 까블레(케이블카)를 타고 2,700m에서 4,100m까지 올랐습니다. 입장료는 왕복 8.5달러. 날은 이미 어둑어둑 컴컴해지기 시작합니다. 야경이 보기에 좋다 하지만 7시 반엔 내려가야 한답니다. 4천 미터 이상 되니 밤엔 아주 춥습니다.

하나 더! 진짜 적도

적도탑에서 나와 왼쪽으로 담장을 끼고 100m쯤 걷다 보면 진짜 적도가 표지가 있는 인띠냥 박물관 입구가 나옵니다. 4달러를 내면 가이드가 동행하며 시범을 보이고 설명해 줍니다.

진짜 적도 표지판

식민 시대 지은 교회가 천지에!

오늘은 끼또의 구시가지를 찾아갑니다. 대성당, 대통령궁, 지은 지 남미에서 가장 오래되었다는 산프란씨스꼬 성당, 남미에서 가장 아름답

대성당과 광장

다는 라 꼼빠니아 예수회 교회, 세계에서 세 번째로 크다는 바실리까 성당, 산또 도밍고 성당 등 볼거리가 풍부합니다.

대성당 안에서 제일 볼만한 그림을 제대로 보질 못했습니다. 대제단 뒤에 에꽈도르 최고의 조각가 까쓰빠라까의 대표작인 〈라 사빠나 산따〉 그림이 있는데 전체 내부 수리를 하는 모양입니다. 아쉽습니다.

대통령궁 방문은 의외였습니다. 비교적 간단한 수속 절차(난 여권 복사본을 가지고 다니는데 복사본도 아무런 지장 없이 통과!)로 궁에 들어가니 직원의 친절한 안내와 상세한 설명으로 2시간 이상 내부를 둘러보았습니다. 20명을 한 그룹으로 묶어 직원들이 인솔하며 내각 회의실이나 역대 대통령 사진실 등을 일일이 보여 주고 설명해 줍니다.

대통령궁이다 보니 세계 각국의 진귀한 물건들이 많습니다. 끼또를 방문할 경우 꼭 들어가 보세요. 라 꼼빠니아 예수회 교회와 대통령궁 사

대통령궁 안 전시품. 화려함의 극치를 보여주는 도자기

이 길에 조그만 초소 비슷한 건물에 여권을 제시하면 접수해 주는데, 그 시간에 줄을 서서 입장하면 됩니다.

전속 사진사가 분수를 배경으로 사진을 찍어 주었는데요, 오늘 날짜와 함께 '대통령궁 방문'이라는 글이 새겨진 사진을 받고 보니 얼마나 기분이 좋던지, 감동받았습니다. 이곳에 급 호감이 갑니다.

구시가지 도처에 산재한 성당과 교회를 찾아다니며 카메라에 담았습니다. 가톨릭 신자라면 한 번쯤 순례 형식을 빌려 일일이 찾아봄도 좋을 듯합니다. 특히, 라 꼼빠니아 예수회 교회는 원주민들에게 천국의 위대함을 보여 주기 위해 1587년 예수회가 지은 성당으로, 마룻바닥을 제외한 모든 부분에 금박을 입혀 화려하기 이를 데 없습니다.

남미에서 가장 아름답다는 라 꼼빠니아 예수회 교회 내부

　끼또 엄마가 제육볶음에 상추, 오이, 양념장 등 한국에서 먹는 경우와 하등 다르지 않게 저녁 식단을 마련해 주어 걸신이 들린 듯 여느 때보다 더 많이 먹었습니다. 하여간 아침과 저녁을 두 끼를 한식으로 하니 입맛이 되살아납니다.

　일찌감치 뗄레삐리꼬에 갔습니다. 아침부터 뜨겁게 태양이 내리쬐고 있습니다. 해발 2,700m에서 4,100m까지 오르는데 잠깐입니다. 일부 구간은 거의 70도쯤 될 정도로 가파릅니다. 내린 다음 트레킹도 할 수 있는데요, 정상은 해발 4,696m인 Cumbre Rucu인데 왕복 2시간쯤 오르다가 내려왔습니다. 맘만 먹으면 하루쯤 시간을 내 정상까지 다녀오면 좋겠단 생각을 했지만, 한편으론 앞으로 이보다 훨씬 높은 꼬또빡시(5,800m)산과 에꽈도르 최고봉 침보라소(6,319m)산을 오를 계획이라 접었습니다.

해발 4,100m에 있는 아름다운 교회. 뒤에 보이는 봉우리가 해발 4,696m인 Cumbre Rucu

마리아상과 과야사민 미술관

오후엔 유명한 빠네시요(Panesillo) 언덕에 있는 성 마리아상을 보았습니다. 1979년 끼또의 세계문화유산 도시 지정을 기념해 국가에서 조성을 했고, 스페인 예술가 아구스띤이 세웠습니다. 높이 43m로 7천 개의 알루미늄 판을 하나하나 이어 붙여 만들었는데 꽤 섬세합니다. 얼굴은 동쪽으로 살짝 돌린 형상인데요, 마치 모나리자처럼 온화하고 품격이 있는 미소를 띠고 있습니다.

내부에는 조그만 마리아상이 있는데 이 미소를 본떠 얼굴형을 다듬은 듯합니다. 또한 이 상의 조립 과정을 사진으로 전시해 놓았습니다. 발쪽엔 쇠사슬에 묶인 뱀이 있고 마리아상이 뱀을 밟으며 이 쇠사슬을 잡고 있는 형국입니다.

빠네시요 언덕에 있는 마리아상. 표정이 온화합니다

빠네시요는 'Pan'의 애칭이며, 독립전쟁 당시 주민들이 빵을 만들어 지원해 준 데서 유래됐어요. 또 구도심에서 보면 야트막한 언덕이 빵과 흡사합니다. 원래 잉까의 신전이 있었는데, 스페인 정복자들이 신전을 허물어 그 돌로 식민도시 건설에 사용했습니다. 잉까인들은 뱀을 신성시했는데, 가톨릭 국가에선 사탄이자 마귀인 뱀을 짓밟음으로써 승리함을 의미합니다.

언덕을 내려가면서 주변이 우범지대라 가끔 강도가 나타난다고 해서 걱정이 되긴 했지만 아무 일도 없었습니다. 오히려 옛 시가지 사진을 더 찍을 정도로 여유가 있었어요.

끼또 아빠와 잠시 이야기를 나눴습니다. 여행의 백미는 스토리이며, 밋밋한 여행은 재미가 별로 없으니 의도적으로라도 재미있는 얘깃거리

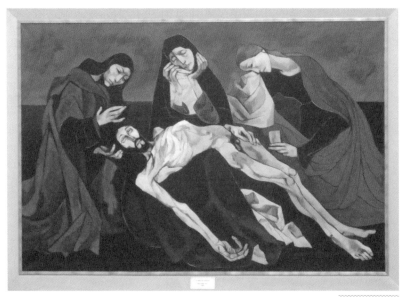

과야사민, 삐에따

를 만드는 게 좋다는 의견이었는데, 일리가 있습니다.

　과야사민 미술관을 찾아갑니다. 과야사민은 1999년 타계했지만 생존 시 그의 비중은 상당했던 듯합니다. 사진 속에는 과야사민과 삐델 까스뜨로 등 세계 지도자들의 얼굴이 많이 보입니다. 과야사민의 미술은 참 독특합니다. 보떼로도 그렇듯 그림에 특색이 많습니다. 삐까소 그림처럼 입체적인 형식에 등장인물들의 표정이 모두 고통, 번민, 절망, 슬픔, 탄식으로 가득합니다. 자국 사람들의 궁핍한 삶을 반영한 의미일까요? 아니면 인간 본연의 모습을 표현했을까요?

　1919년 메스띠조 어머니와 원주민 아버지 사이에 태어난 과야사민은 젊은 시절 우연히 구경 간 집회에서 가장 친했던 친구가 경고도 없이 발사된 총탄에 의해 바로 옆에서 사망하는 모습을 목도하게 됩니다. 그는 이때 느낀 폭력과 부조리, 잔혹성에 대해 가진 감정을 평생 안고 갔습니다. 그리하여 고통, 슬픔, 공포가 어떻게 서로에게 작용하는지 그림으로 사람들에게 알렸습니다.

당시 세계 역사 중 큰 흐름이었던 스페인 내전, 멕시코 혁명, 나치당의 출현 그리고 히로시마와 나가사키의 원자폭탄 투하, CIA의 활동, 베트남전 등이 그의 작품 세계에 녹아드는 토양이 되었다죠.

1976년 과야사민은 자신의 이름으로 된 재단을 세우고 그의 모든 작품과 소유 예술품들을 모국(母國)에 바치기로 했습니다. 1996년 과야사민은 시금은 과야사민 미술관으로 알려진 '인민의 신전' 공사를 위해 자신의 저택 개조에 들어가지만, 아쉽게도 완공을 보지 못한 채 1999년 영면합니다. 이 '인민의 신전'에 그는 한마디를 남깁니다.

"나는 발이 없는 아이를 보기 전까지 신발이 없다고 울었다." [1]

과야사민이 살던 집이 미술관 바로 위에 있는데요, 집 안을 박물관으로 꾸며 놓았는데 미술관보다 더 볼만합니다. 과야사민이 연필로 스케치한 그림 등 꽤 많이 전시를 해 놓았습니다. 끼또에 가면 꼭 들러 보시라 추천합니다.

마지막 날입니다. 어제 온 친구들과 함께 이른 아침 식사를 했습니다. 어제 아침 길거리에서 폰을 날치기당한 유학생 친구는 어제 일에 대해 끙하지 않고 활기찹니다. 잊는 게 상수입니다. 얼른 잊고 여행에 충

---

1) 대구일보, '김승근 기자의 배낭 메고 보는 세계', 2016. 4. 17.

정원에서 본 미술관 본관

실하면 좋겠습니다.

모든 준비를 마치고 떠날 채비를 합니다. 끼또 엄마가 나와 끼또 아빠의 사진을 찍어 줍니다. 그리고 아쉬운 이별의 시간을 갖습니다. '두 분, 그간 맛있는 한식을 챙겨 주셔서 에너지를 빵빵하게 충전했습니다. 후에 다시 올게요. 건강하고 행복하시길 바랍니다!'

화산 활동 중인 꼬또빡시산을 오르다

오늘 목적지는 라따꾼가! 에꽈도르에서 두 번째로 높은 꼬또빡시 산을 안고 있는 도시입니다. 라따꾼가는 꼬또빡시주의 주도(州都)입니다. 하여 산 이름도 꼬또빡시!

시내 둘러보기는 무조건 광장 중심입니다. 광장만 찾으면 볼거리 반

산또 도밍고 교회 앞. 사진 찍고 싶다 했더니 포즈를 취해 줍니다

시장 안은 과일 천국!

이상을 찾은 셈입니다. 제일 먼저 시장엘 갔고 이후 대성당, 관청, 공원을 방문했습니다. 그런데 산 프란씨스꼬 교회, 산 아구스띤 교회, 바실리까 성당 등 도시와 상관없이 어딜 가나 같은 이름들이 존재합니다. 잘 이해가 가질 않는 대목입니다. 하나의 교회라면 독특한 특징과 나름의 전통이 있을진대, 이름이 어찌 이리 똑같은지!

시내에 있는 여행사를 찾아 내일 꼬또빡시산(5,897m) 산행을 예약했습니다. 내가 코리아에서 왔다 하니 대표라는 사람이, 아이스크림을 한국말로 뭐라 하는지 써 달라고 해 고딕체로 두 겹으로 잘 써 줬습니다. 비용이라도 좀 깎아 주리라 믿고 정성을 다했지만 국물 한 방울 없습니다. 두 사람이면 45달러라는데 혼자라고 70달러를 내랍니다. 좀 야박하죠?

아침 일찍 시작한 꼬또빡시 산행은 두 시쯤 끝났습니다. 산 입구에서 절차를 밟고 인원을 확인한 후 해발 4,000m에 있는 주차장까지 차로 오릅니다. 이후 천천히 고소에 적응하며 산장까지 걸어 오릅니다. 날이 그리 좋질 않아 산 정상을 보질 못했습니다. 참고로 이 산은 2015년 화산 폭발로 정상 등반이 불가능하고 산장(해발 4,864m)까지만 허용합니다.

특별한 액티비티를 원한다면 산행 후 이어지는 라이딩 투어를 추천합니다. 차를 타고 일정한 높이까지 오른 후 자전거를 타고 내려가는 투어인데 정말 해 볼 만합니다.

꼬또빡시산. 해발 5,800m. 2015년 화산 폭발로 정상 등반이 불가능합니다

액티비티 천국, 바뇨스

'온천'이라는 의미의 바뇨스(Baños)로 출발합니다. 대부분 내리막이라 자전거 타기에 좋습니다. 암바또 앞 삼거리에서 왼쪽으로 길을 잡아 바로 아마조나 쪽으로 들입다 달립니다.

사라까라 마을에서 자전거 여행자를 만났는데요, 으레 오랜 친구인 듯 매우 반갑습니다. 뉴질랜드 온 팀으로, 나와 비슷한 여정입니다. 하여 리오밤바에서 만나기로 하고 헤어졌습니다.

살리사까 마을의 상점에서 물을 사 마시고 있는데 키 작은 원주민이 손에 연 날리는 얼레 같은 물건을 들고 손을 끊임없이 빙빙 돌리며 실을 만들고 있습니다. 사진을 찍겠다고 하니 피하지 않고 응해 줍니다. 이름은 마리아.

끊임없이 실을 감는 마리아

한국 친구들이 많이 찾는다는 디 마띠아스 오스텔에 자리를 잡았습니다. 바뇨스는 에꽈도르에서도 제일 안전한 곳이라 그런지 외국인 친구들이 많습니다. 늦은 저녁에도 불야성을 이루고 여행사도 한 집 건너마다 있습니다. 액티비티 천국이라 하는데 괜한 소리가 아니었습니다. 짚라인, 산악자전거 타기, 말 타기, 폭포 투어, 번지 점프, 화산 오르기 등 다 있습니다.

아침에 온천장엘 갔습니다. 주로 나이 많은 사람들이 이용하네요. 이름은 Tenemos de Virgen입니다. 온천 옆에 큰 규모로 건물을 새로 짓습니다.

우리나라 친구들도 좋아하는 '세상 끝 그네'를 타러 시내에서 버스를 타고 해발 2,500미터 이상을 올라갑니다. 그네 타는 곳의 실제 이름은 Casa del Arbol(나무집)입니다.

1달러를 내고 타는 '세상 끝 그네'

　숙소에서 그간의 여정에 대해 생각해 보았습니다. 난 왜 1년이란 적잖은 기간을 휴직하고, 젊은 친구들도 쉽지 않다는 남미 자전거 여행을 강행했을까? 거창하게 내 여행에 대해 개념화시킬 생각은 없습니다.

　내가 보는 여행은, 그저 자신이 생각했고, 또 이를 실제로 행하는 일입니다. 그러면서 여정 중에 겪은 경험이나 체험을 통해 자신이 생각하고 의도한 바와 다름을 느끼고 그 다름의 경계를 좁혀 가면서 내면의 자신과 끊임없는 대화를 이어 가는 과정이라고 봅니다. 그 과정을 통해 내 자신도 이 세계를 살아가는 존재임을 구체적으로 인식하면서 삶의 지평을 넓혀 가는 거죠.

　4년만 지나면 예순이 되는 나이에, 흘러가는 시간에 그저 내 몸을 맡

긴 채 평범한 일상을 살 수도 있지만 그럴 순 없다. 내 심장은 여전히 뛰고 내 시선은 일상의 울타리를 넘는다. 꼰도르가 날고 만년설이 뒤덮인 저 안데스를 자전거를 타고 넘는 상상에 내 모세혈관이 쿵쾅거리는 이 열정을 어찌 식힐 수 있을까!

자전거 여행을 하기엔 적잖은 나이에도 불구하고 남미 여행을 하겠다는 내 결심의 이유입니다. 그간 주변을 둘러보거나 나만의 시간을 가진 경우가 없었습니다. 여행을 하겠다고 결심한 후 준비했던 나와, 지금 그 준비를 실천하는 내가 온전하게 한 공간에서 만나는 이 만남이 내겐 정말 소중한 시간이자 결코 다시 찾아오지 않는 단 한 번의 기회이기에 선택한 여행입니다.

비가 오는 아침입니다. 오늘은 아마조나(에꽈도르에도 아마존 지역이 존재) 지역으로 들어가는 초입인 Puyo에 다녀오려 무작정 터미널로 갔습니다. 잠깐 동안이지만 여기저기 돌아다녀 보니 자기보다 큰 배낭을 진 외국 젊은 친구들이 이따금 두어 명씩 보이네요. 그들도 아마 나와 같은 생각일 겁니다. 그런 모습이 좋습니다. 나와 다른 환경에서 사는 사람들의 모습을 보며 그들과 얘기하고 즐기고 나누며 자기가 가진 인식의 폭을 넓히는 일이야말로 여행이 주는 미덕입니다.

바뇨스에서 보내는 마지막 날. 폭포(Cascada)를 보러 갑니다. Pailon del Diablo(악마의 소용돌이) 폭포는 떨어지는 물의 양뿐만 아니라 위력도 엄청나 보는 이들로 하여금 두려움을 갖게 만듭니다. 짚라인도 속도와 높이가 보통이 아닙니다.

쏟아져 떨어지는 물의 양이 엄청납니다

번지점프 하는 다리에서 사진을 찍던 중, 호주에서 왔다는 시스카와 만나 이런저런 얘기도 하고, 뚱그라우아 화산 사진도 함께 찍었습니다. 디자인 일을 하다가 그만두고 남미 여행을 왔다 합니다. 돌아가면 무일 푼으로 다시 시작해야 한다는데 이번 여행이 그녀의 디자인 일에 도움 이 되어 일을 다시 시작하면 좋겠습니다.

에꽈도르 최고봉 침보라소 등반

리오밤바 터미널에 다다르자마자 에꽈도르에서 가장 높은 침보라소 산을 등반할 수 있는 가이드를 찾으려 여행사에 들러, 손짓 발짓해 가면 서 설명했습니다. 여행사 직원의 친절한 안내로 전문 등반업체 여성과 통화할 수 있었는데, 750불을 달라네요. 그만한 돈이 없다 했더니 다른 가이드를 소개해 주었고, 가 보니 자전거 액티비티 전문 가이드였습니다. 그가 또다시 침보라소산만 전문으로 등반하는 가이드를 소개해 주었습니다. 찾아가기 힘들까 봐 종이에 자세하게 약도를 그려 줍니다.

가정집에 꾸민 등반업체인데, 설산 등반 장비들이 빼꼭히 차 있습니다. 장비, 식사, 잠자리, 간식까지 350달러. 그 자리에서 계약했습니다.

산에 오른다는 설렘으로 일찍 일어났습니다. 식사를 마친 후 바로 업체로 갔습니다. 내게 맞는 장비를 고르고, 마지막으로 피켈을 선택한 후 산으로 갑니다. 산 초입 관리 사무소에서 입산 신고를 한 후 산장 (4,800m)에 짐을 풀었습니다. 정상 등반을 위한 숙소로 벌써 많은 산악인들이 진을 치고 있습니다. 위쪽 무인산장에 혼자 오르며 고소 적응을 했는데, 역시 조금 빠르게 움직이니 바로 어지럼증이 생기고 호흡이 가빠옵니다.

해발 4,800m에 있는 산장. 침보라소산 등반을 위한 전초 기지입니다

잠을 자고 일어났더니 두통이 심합니다. 물을 많이 마셨음에도 전혀 차도가 없어 가이드인 세군도에게 말했더니 문제가 없다고 안심하라 합니다. 그러더니 약을 하나 얻어 오네요.

세군도가 출발 준비를 하라며 잠을 깨웁니다. 약의 효과가 좋습니다. 아프던 머리가 맑습니다. 빠짐없이 장비를 착용하고 드디어 출발! 밤 10시 40분. 칠흑 같은 어둠 속에서 하늘엔 은하수가, 땅엔 헤드램프 불빛이 반짝입니다. 빛의 향연이 하늘과 땅에서 이루어집니다. 하늘 별빛이 저 흰 산에 희미하게 나 있는 길을 비추어 줍니다.

5,100m 쯤부터 고소 증세가 시작되기에, 자주 물을 마시고 더 천천히 운행하는데도 어지럼증이 가시질 않습니다. 가이드에게 끊임없이 쉬자고 요청해 멈췄다가 오르다가를 반복합니다. 세군도는 계속 뒤를 돌아보며 괜찮으냐며 내 상태를 확인합니다. 짐작컨대, 아무래도 내가 정상까지 가지 못하겠다 싶었겠죠. 뒤에서 오던 친구들이 나를 앞지르며 점점 더 간격을 넓혀 가고 있습니다.

경사가 45도쯤 되는 곳에서부터는 세군도와 내가 안자일렌을 해 일심동체가 되어 계속 오르는데, 점점 더 힘들어집니다. 꼭대기는 보이지 않고 그저 흰 눈만, 앞사람들의 발자국만 보며 오르는데 한 발 한 발 떼기가 얼마나 힘들던지. "여기 몇 미터?", "응 5,300미터", "여기 몇 미터?", "응 5,400미터", "여기 몇 미터?", "응 5,500미터"

동쪽에선 어느덧 여명이 밝아 옵니다. 그렇지만 정상은 보이질 않고, 속은 메스껍고 어지럼증이 가시질 않아 몇 차례 '포기하고 내려갈까'를 생각했습니다. 하지만, 죽기 전에 다시 오지 못할 텐데 예서 멈출 수는 없죠. 한국인의 근성과 끈기를 보이자고 마음을 단단히 먹고 한 발 한

침보라소 제2봉. 저 뒤에 보이는 둥근 봉우리가 정상입니다

발 오르다 보니 드디어 정상으로 향하는 마지막 고개에 올라섰습니다. 제2봉입니다. 여기서부터 정상까지는 거의 평지. 도착 시간 아침 6시 35분.

잠시 쉬고 다시 가나 싶었는데 세군도가 "규정상 정상에서 8시 전에 하산해야 한다. 그렇지 않으면 햇볕으로 눈이 녹아 위험하다. 여기서 정상까지 갔다 오면 8시가 넘어 안 된다." 합니다. 두말하지 않고 그가 하자는 대로 했죠. 여기까지 올라오는데 그의 도움이 컸고 또 내 상태가 그리 좋지 않았습니다. 사진 몇 컷 찍고 바로 하산했습니다. 바람이 얼마나 심하게 불던지 잠시라도 있을 수가 없는 상황이었죠. 오르는 데 8시간 걸렸습니다.

하산은 그야말로 거의 뛰다시피 했는데요, 내려오는데도 다소 어지럼증이 있습니다. 3시간이 채 되지 않아 산장에 무사히 도착했어요. 아침 겸 점심을 산장에서 해결한 후 등반 기록증을 받았습니다. 세군도가 기록증에 사인을 해 줍니다. 내 등반 기록은 6,280m.

오늘 일정은 내일 열차 여행 준비. 이른바 '악마의 코'라 불리는 Nariz de Diablo 열차 투어입니다. 예약은 리오밤바역에서 했는데요, 역 안 벽엔 열차로 가볼만한 관광지를 표시해 놓았는데, 제법 많습니다. 여기저기 기웃거리다 보면 얻어걸리는 게 있기 마련입니다.

악마의 코

일찌감치 아침 식사를 마치고 알라우시(Alausi) 마을로 갔습니다. 버스 타고 가는 동안, 나도 내일 이 길을 통해 과야낄로 가야 하기에 보다 자세히 살폈습니다. 오르내리막이 꽤 많지만 도전해 볼 만한 도로입니다. 주변 풍광이 뛰어나 그리 지루하지 않을 듯합니다.

알라우시역에서부터 열차를 타고 악마의 코를 다녀오는 투어를 했습니다. 한국인이라 해도 믿을 만한 외모를 가진 여승무원의 유창한 영어를 한 귀로 들으며 열심히 주변 풍광을 둘러보았습니다. 잘 알려진 열차 투어여서인지 거의 외국인 일색입니다. 뛰어난 풍광이 보이면 모두들 창가로 가 사진 찍기에 여념이 없습니다. 이쪽저쪽으로 자리를 옮기며 좋은 풍경을 먼저 찍으려는 사람들의 움직임이 재미있습니다.

악마의 코는 1830년대 에메랄드 등 각종 광물을 캐기 위해 안데스 자락에 선로를 내면서 만들어진 이름으로, 산세의 모양이 악마의 코를 닮았다 해서 붙었습니다. 3,000미터 협곡에 공사를 하면서 수많은 인부가 목숨을 잃었답니다.

악마의 코. 산을 빙 둘러 선로를 만들었습니다

　알라우시 마을은 작습니다. 하지만, 이 악마의 코 열차 운행으로 외
국인의 방문이 끊이지 않습니다. 리오밤바를 여행할 경우 꼭 타 봐야 할
상품입니다. 강추 합니다.

쁠라따섬에서 본 푸른발부비와 프라가따

　리오밤바에서 과야낄까지 버스로 5시간, 200㎞가 넘습니다. 리오밤
바에서 빠야땅가 구간 산군이 정말 환상적입니다. 안데스의 진면목을
보는 듯합니다.

　　3천 미터 산을 에워가는 도로는 터널 하나 지나지 않고 산세의 흐름

에 따라 유연하게 곡선을 그리며 산허리를 따라갑니다. 큰 원을 그리며 혹은 갑자기 비틀거나 어떤 때엔 직선으로, 결코 멈추지 않고 사람과 자연, 자연과 사람을 이어 줍니다. 안데스가 주는 너른 자연과 풍경은 보는 이들을 매료시키기에 충분하고도 남습니다.

과야낄 버스 터미널 규모가 거의 공항 수준입니다. 엄청나게 많은 버스들과 사람들로 정신이 하나도 없습니다. 에콰도르에서 두 번째 큰 도시인데 태평양에 연해서인지 끼또보다 인구가 더 많습니다.

우리나라 젊은 부부가 이곳에 정착해 한국식 음식점을 운영한단 사실을 미리 알았고, 전화를 걸어 찾아가겠다고 했습니다. 길을 가다가 모르면 무조건 아무나 붙잡고 물어보는 게 상책입니다. 2시간쯤 걸려 한인식당 Dawa에 도착했습니다.

한국식 된장찌개로 점심 겸 저녁을 먹었는데 수북한 밥공기를 두 그릇이나 비웠습니다. 배낭 여행자에겐 다소 부담스러울 수 있는 비용일 테지만, 한국식과 똑같은 재료와 맛을 이역만리(異域萬里) 과야낄에서 맛본다면 결코 비싼 비용이 아닙니다. 재료들을 한국에서 끼또로, 끼또에서 과야낄로 가져온다고 하네요. 과야낄을 경유하는 여행자들은 한 번쯤 이곳에서 제대로 된 한식을 먹고 여행함도 좋겠습니다.

과야낄 한인 식당 주소 - *Guayacanes 123 Acacias Urdesa*(전화 4-454-9206, 모바일 097-919-9564, 099-269-7268)

식사 후 부탁을 했습니다. "지금 당장 뿌에르또 로뻬스를 가야 하니 자전거 좀 봐 주세요, 이틀 후에 다시 올게요." 흔쾌히 허락을 해 줍니다. 식당을 나와 터미널로 가니, 버스 회사 사무실은 굳게 닫혀 있었습니다. 터미널 인근 숙소에서 하루를 보낼 수밖에 없었습니다.

이튿날 11시 넘어서 터미널에 내렸습니다. 정말 한적한 어촌 마을입니다. 일 년간 남미 배낭여행 중인 한국인 부부를 만났습니다. 주방이 있고 직접 지어 먹을 수 있는 곳을 찾아 짐을 풀라는 조언도 해 줍니다. 잠시였지만 여행지에 대해 두루 얘기를 나누고 헤어졌습니다.

모또 딱시를 타고(1달러) 시내로 들어오니 터미널 분위기완 사뭇 다릅니다. 여기도 여행지여서 호텔과 여행사들이 즐비합니다. 특히, 바닷속 풍경이 좋은 듯 스킨스쿠버 여행사가 많네요. 여기저기 숙소를 알아보고 정한 곳은 하루 8달러. 지배인은, 도미토리에 함께 있는 다른 친구들에게 8달러라고 얘길 하지 말라 합니다. 뭐, 내가 어디 예쁜 구석이 있어 그렇게 했겠어요? 다 장삿속이지.

어촌이어서 역시 물 좋은 생선이 많습니다. 바로 구운 생선에 점심을 먹는데, 생물이어서 정말 맛이 좋습니다. 인근에 있는 여행사 몇 군데를 다니며 내일 쁠라따섬 투어를 신청하는데, 처음에 40달러, 다시 35달러, 또다시 33달러. 여기서도 역시 내게 이런 말을 합니다. 다른 친구들에게 절대 말하지 말라며 검지를 입에 갖다 댑니다. 따지고 보면, 투어 하는 친구들은 모두 33달러를 내는 셈이죠.

작은 어촌 마을이어서 1시간 이내면 다 돌아다닐 수 있어요. 이상하게도 풍경이 낯설지 않고 어디에선가 본 듯한 느낌입니다. 그렇습니다. 꼴롬비아 북쪽 따강가라는 마을과 흡사합니다. 왼쪽 산자락에 전망대가 있고 앞쪽으로 산이 툭 튀어나와 마을 앞 바다가 둥근 모양을 형성해 안정된 구조입니다. 바다가 잔잔해 해수욕하기 좋고 해변 또한 완만해 한참을 들어가도 깊지 않습니다. 참 신기합니다. 3천 킬로미터 이상 떨어진 두 곳이 어찌 이토록 같은 구조를 가지고 있는지!

해변에서 피리로 〈엘 꼰도르 빠사〉를 한번 불어댔죠. 그런데 어느 한 사람 관심을 보이지 않습니다. 남의 이목을 끌려면 아직도 멀었나 봅니다.

섬은 꽤 먼 거리에 있습니다. 고속으로 달리는데도 1시간 걸립니다. 그만큼 오염되지 않아 섬에서 사는 동식물에겐 그야말로 천국이죠. 국가에서도 보호하는 무인도입니다. 이곳에 그토록 보고 싶은 푸른발부비가 살고 있다니 섬에 닿자마자 설렙니다.

언덕에 올라, 드디어 푸른발부비를 보았습니다. 녀석들은 떼로 몰려 있지 않고 한두 마리씩 여기저기 보입니다. TV에서만 보았던 녀석들을 직접 보다니! 사람들이 가까이 가도 그다지 두려운 기색을 보이지 않고 눈만 멀뚱멀뚱 시선을 마주칩니다. 얼마나 귀엽던지 머리라도 만져 주고 싶은데, 가이드는 가까이 가지 말라고 합니다.

조금 더 올라가니 이번에는 주둥이 아래 빨간 풍선 주머니를 달고 다니는 프라가따가 떼로 몰려 있습니다. 모두 나뭇가지 위에서 휴식을 취합니다. 이 녀석들 또한 참 신기합니다. 풍선을 부니 주둥이 아래에 빨강 주머니가 생깁니다. 풍선이 꺼지면 주둥이 아래에 늘어진 주름이 보기에 좀 그렇습니다.

트레킹을 마친 후 배를 타고 적당한 곳에서 스노클링을 하는데요, 바닷속 또한 일품입니다. 바닥까지 보이며 알록달록한 고기들이 노니는 모습이 보입니다. 가까이 있는 녀석들에게 손짓이라도 할 양이면 바로 도망칩니다. 항구로 돌아가면서, 이곳에서 자주 보이는 혹등고래를 보

암수 같아 보입니다. 내외하는 걸까요?

프라가따

려 눈을 희번덕였고, 아쉽게도 전체 모습을 보질 못했지만, 물 밖으로
내미는 꼬리를 제대로 보았습니다.

섬 투어는 하루짜리입니다. 제2의 갈라빠고스라고 부른다는데, 사정
상 갈라빠고스는 나중에 아내와 다시 가 보겠다는 다짐 때문에 이 섬을
선택했는데요, 볼만합니다. 성수기 때는 아마도 40달러쯤 하지 않을까
싶습니다. 한적한 어촌을 경험해 보고 싶다면 제격입니다.

시몬 볼리바르와 산 마르띤의 역사적 만남, 과야낄

다음 날 첫차를 타고 과야낄로 갔습니다. 산떼나리오 광장에 내려,
이른바 이구아나 공원을 물어 찾아갑니다. 알고 보니 볼리바르 공원을
다른 말로 이구아나 공원이라 하네요. 일부러 키우는지 아니면 자생하
는지 모를 만큼 이구아나가 많습니다. 배추 이파리를 잘 먹네요.

이구아나 공원

왼쪽은 시몬 볼리바르 오른쪽 산 마르띤. 이른바 남미 해방의 두 주역

과야낄은 역사적인 장소입니다. 남미 독립을 이끌던 두 사람 시몬 볼리바르와 산 마르띤이 1822년 7월 이곳에서 만나 남미 독립 후 대륙을 어떻게 끌고 갈지를 깊이 있게 논의했습니다. 두 사람은 배석 없이 단독 회담을 했는데요, 산 마르띤은 사회혁명을 우려하여 왕실을 유지한 채 스페인과 협상을 통한 독립을 원한 데 반해 민주혁명을 대변하고 있는 볼리바르는 자유와 평등이 지배하는 새로운 공화국 건설을 주장했습니다. 결국 이 역사적인 만남은 아무런 소득 없이 처음이자 마지막 회담이 되었고, 산 마르띤은 리마에서 '보호자'의 직위에서 사퇴하고는 다시 배를 타고 칠레 산띠아고를 거쳐 유럽으로 떠났습니다.

과야낄에도 꾸바 아바나처럼 Malecon(파도를 막기 위한 방파제)이 있습니다. 바다를 따라 수 킬로미터 조성해 놓았는데, 공원과 병행해서 만들었어요. 이 공원을 따라 산따아나 언덕까지 가서 등대 전망대에 올라 시내를 둘러봅니다. 이곳이 과야낄 명소인 듯합니다. 오르고 내리는 주변에 카페, 음식점, 기념품 판매점 등이 즐비하게 늘어서 있습니다.

서너 시간을 시내에서 보내고 다와 한식집으로 가, 짐을 챙겨 꾸엥까로 향합니다. 오후 5시가 넘었고, 두란이라는 조그만 마을이 있어 그곳에서 하루 쉬고 갈 생각이었는데, 막상 가다 보니 쉴 만한 곳이 없었습니다.

7시가 넘으니 도로는 칠흑 같은 어둠에 빠집니다. 마을이라곤 띄엄띄엄 한 가구씩 보일 뿐입니다. 간이음식점에 멈춰 사정 얘기를 하니 여기서 자고 가도 된다 합니다. 대나무로 얼기설기 엮은 공간 한편에 침대와 모기장이 있습니다. 바깥엔 모아 놓은 물을 떠 몸에다 붓는 원시적인 샤워장도 있네요. 지금 찬밥 더운밥 가릴 때가 아닙니다. 마을 사람들의 마음 씀씀이가 다정합니다.

파나마모자의 본고장 꾸엥까

이튿날 일찍 일어나 출발 채비를 한 후, 고맙다는 뜻으로 반팔 티셔츠 2장과 모자 1개를 선물로 주었습니다. 이제부터 에꽈도르에서 제일 살기 좋다는 꾸엥까를 향해 씽씽 달립니다. 모종도 보고 벼 익은 모습도 보입니다. 우리 농촌과 별반 다르지 않습니다.

오르막이 시작되는 마을에서 정차해 마을 사람에게 물으니, 버스가 다닌다 합니다. 끌고 갈까 생각하다가 해발 4천 미터까지 올라야 하는 부담감 때문에 히치하이킹을 해 보고자 시도했지만 어느 누구도 응해 주질 않아요. 다행히 1시간 후에 버스가 왔고 자전거 짐을 실을 수 있었죠.

1시간 50분을 가니 정상입니다. 해발 4,050미터입니다. 세워 달라 했더니 정류장까지 가야 한다며 해발 3,850m Cajas 국립공원 입구에서 내려 줍니다. 짐을 정리하는데 도로 건너편에서 한국말이 들립니다. 정말 반가웠어요. 이분들은 코이카 소속으로 봉사 활동을 하거나 인근에 살고 있답니다.

코이카 봉사단원 한 분이, 꾸엥까엔 한국인이 운영하는 옷가게도 있으니 내일 찾아가 보라 하시네요. 이 먼 곳에도 한국인이 살고 있다니 놀랍습니다.

계속 내리막길입니다. 비가 오고 바람이 세게 붑니다. 대수롭지 않게 생각했는데 갑자기 오한(惡寒)이 와서 무조건 음식점으로 피했습니다. 내 상황을 아는지 주인이 벽난로에다가 나무를 넣으며 불을 피워줍니다. 이곳은 해발이 높고 물이 차 자연스럽게 송어 양식장이 성행입니다. 송어 한 마리 구워 달라고 해 먹었습니다. 따뜻한 술도 한 잔 주네요. 몸을 녹이란 뜻이겠죠. 처음 보는 낯선 외국인에게 보이는 정성이 지극합니다.

중심가에 고급 호텔이 보이기에 무조건 들어가, 자전거 여행자이니 비교적 저렴한 숙소를 좀 알려 달라 했죠. 지도에 약도까지 그려 주며 친절하게 알려 준 덕분에 가성비 좋은 숙소를 얻었습니다. 중심가는 확실히 달라 보입니다. 옛 시가지 모두 유네스코 세계 문화유산에 등록되었습니다.

숙소를 나서서 新대성당을 먼저 둘러보는데 규모가 굉장히 큽니다만, 설계를 잘못해 종탑이 미완성으로 남아 있습니다. 어쩌다 저런 큰 잘못을! 맞은편엔 200년 전 세웠다는 조그만 舊대성당이 전시관으로 활용되고 있었습니다.

성당 종탑이 없습니다

시내 중심가에서 〈또와〉라는 숙녀복 상점을 운영하시는 이 선생님을 찾았습니다. 나를 반갑게 맞이해 주시더니 바로 앞 커피숍에 가서 자신의 삶의 궤적을 얘기합니다. 나이가 들면 누구에게나 수많은 이야기들과 사연들이 있습니다.

인생에서 많은 우여곡절을 겪으셨답니다. 부인이 20년 전에 암으로 세상을 떠났고 지금은 현지인과 재혼하여 두 딸을 키우고 있습니다. 요즘은 중국인들이 판을 치는 바람에 의류 장사도 매우 어렵답니다.

대성당 바로 옆에 있는 유명 음식점에 가 잘한다는 세비체를 점심으로 먹었습니다. 익힌 생선 조각과 새우살, 토마토, 양파, 리몬 즙 등이 들어 있는데 내 입맛에 잘 맞습니다. 식사 후 중심가 주변을 돌아다니며 볼거리를 카메라에 담습니다.

파나마모자를 만드는 공장도 보았는데요, 이 모자의 본고장이 여기

아무에게나 잘 어울릴 듯한 파나마모자들. 사고 싶었지만 오랫동안 제대로 가지고 다닐지 의심이 들어 결국 못…

입니다. 파나마에서 팔린다고 해서 그런 명칭이 붙었죠. 내일은 2시간 쯤 소요되는 잉까삐르까에 가 유적과 유명한 '잉까의 얼굴'을 보러 갑니다.

잘생긴 잉까의 얼굴을 보다

터미널에 가 잉까삐르까로 가는 버스를 탑니다. 일종의 제단인데요, 하늘에 제사를 지내며 비를 내려 달라 했을 테고, 또 해의 기울기를 통해 시간을 측정했겠죠. 벽돌을 쌓아 만든 제단이라 군데군데 허물어진 곳이 많았습니다. 기본적인 구조나 틀은 여전히 선명하게 남아 있습니다.

잉까 시대의 길도 흔적이 남아 있습니다. 잉까인들은 차스끼(Chasqui)라는 이른바 파발꾼들이 소식이나 물자를 펴 날랐습니다. 일정한 구간

이곳 잉까삐르까도 예전 잉까 제국의 한 영역이었죠

으로 나눠 엄청나게 빠른 속도로 달려, 다음 차스끼에게 소식을 인계하는 방식으로 전달을 했답니다. 이들이 쉬는 공식적인 공간을 이른바 Tambo라고 하며, 우리로 치자면 조선 시대 원(院)과 비슷합니다.

말린 사람 머리가 있다는 뿌마뿡고(Pumapungo) 박물관엘 갔더니 지금 내부 수리 중이고 이 주 후에나 볼 수 있다 하네요. 가는 날이 장날이라더니 참 공교롭습니다. 그땐 벌써 다른 곳에 가 있을 텐데….

마지막 날입니다. 떠나기 전 이 선생님께 인사하려 매장엘 갔더니 나가셨다 합니다. 아쉽습니다. 작별의 인사를 제대로 하지 못했는데. 쪽지에 몇 자 글을 써 인사를 대신했습니다. '바쁘신 시간에도 시간 내주셔서 고맙습니다. 커피, 점심, 당신 이야기, 꾸엥까 정보 주심에 대단히 감사합니다. 건강하고 행복하게 사시길 바랍니다.'

잉까의 얼굴. 오똑한 콧날에 짙은 눈썹이 사색의 표정입니다. 뻬루 우앙까벨리까에서도 비슷한 잉까의 얼굴을 봤죠.

하나 더! 꾸엥까 맛집

꾸엥까 대성당 바로 옆 카페 겸 레스토랑인 Raymipampa. 이 음식점에서 가장 맛있는 세비체를 꼭 드시기를. 매콤새콤한 맛이 여행자의 객창감을 달래 주는 데 그만입니다.

세련되어 보이는 Goza라는 음식점에 가 파스타로 저녁을 먹으며 꾸엥까에서의 마지막 일정을 마칩니다. 추억 속에 오래 남을 듯합니다.

팀과 만났다가 다시 헤어지다

또 다음 목적지를 향해 떠납니다. 우기가 지났음에도 비가 옵니다. 한참을 끌고 고개에 닿으니 언제 그랬냐는 듯 쨍쨍. 신나게 내달립니다. 도로 한편에 앉아 빵과 음료수를 먹고 있는데 아래에서 자전거 여행자가 올라옵니다. 바뇨스 가는 길에 잠시 만났던 뉴질랜드 사람 팀입니다. 얼마나 반갑던지 끌어안고 포옹 했죠. 리오밤바에서 만나기로 했었지만, 뭐 일정이 그리 쉽게 맞춰지나요? 잠깐 그간 다닌 곳을 위주로 서로 얘길 나눴죠.

이런저런 얘길 나누다 보니 일정이 서로 비슷합니다. 그래서 같이 갈수 있는 데까지 가자고 했죠. 4시 넘어 운행을 멈추고 야영을 하자는 팀

만나자마자 헤어진 팀. 아쉽게도 여행 내내 못 만났습니다

의 말에 나도 고개를 끄덕였죠. 비교적 높은 고개를 넘으니 내리막이 정말 장난이 아닙니다, 오르막의 열 배는 될 듯합니다. 하지만 그만큼 올라가야 할 고개가 멀리 보입니다.

팀이 먼저 빠른 속도로 내려갔고, 난 주변 경관이 좋아 사진을 찍으며 시간을 조금 늦췄죠. 이후 계속 내려가는데 팀이 보이질 않습니다. 분명히 어디쯤에서 멈춰 나를 보고 손을 흔들며 이제 그만 쉬자 할 텐데 말입니다. 시간이 아직 일러서 더 갔나 싶어 레온 다리까지 갔습니다. 마을에서 한참 떨어져 있습니다. 적어도 거기에 있을 줄 알았으나 팀은 보이질 않습니다.

불현듯, 팀이 분명히 그 마을에 들어가 나를 기다리고 있으리라는 생각이 들더군요. 그러나 그 마을까지 가려면 적어도 2시간 이상 자전거를 끌고 올라야 합니다. 그 경사에 도저히 자전거를 끌고 오를 자신이 없었습니다. 다리 앞에서 쉬고 있던 차량이 보여 인근 오냐 마을까지 태워 달라 했더니 흔쾌히 오케이 합니다. 덕분에 큰 고개를 15분 만에 넘었습니다. 자전거차를 끌고 갈 경우 두 시간 이상 족히 걸리는 거리입니다. 팀이 날 어떻게 생각했을까요? 다 내 판단 착오입니다.

오냐라는 마을에 갔더니 숙소가 없습니다. 로하에서 만날 수 있으리란 막연한 기대로 버스에 올랐습니다. 밤 9시 반쯤 시내 중심가에 짐을 풀었습니다. 얼마나 피곤했던지 바로 잠자리에 들었습니다. 아쉽게도 여행 내내 결국 그를 만나질 못했습니다.

세계 최장수 마을 빌까밤바

로하 중심가를 둘러봅니다. 관광 안내소에 가 지도 한 장을 얻어 돌아다닙니다. 여기서도 마찬가지로 볼리바르 광장, 산또 도밍고 서당, 세바스띠안 교회, 로하 박물관 등을 둘러봅니다. 특별히 로하 중심가로 들어오는 데에 성문이 하나 있는데 밤에 보면 정말 환상적입니다. 시내 전망대 역할을 하는 곳이자, 소형 박물관과 미술관도 있습니다. 사람들이 많이 찾아오네요.

터미널에 가 내일 빌까밤바 가는 버스 시간을 확인했습니다. 세계 최장수 마을이라는 명성이 왜 붙게 되었는지, 그들의 어떤 삶을 통해 장수를 누리고 있는지 겉으로나마 보고 싶었습니다.

빌까밤바에 내리자마자 먼저 산행을 합니다. 해발 2,000m '만당고'라

로하 상징문

는 산이 있는데 정상 바위 모양이 흡사 주택같이 생긴 특이한 형태를 가지고 있습니다. 현지인에게 물었더니 1시간 걸린답니다. 시간 개념이 조금 모호한 이 나라 사람들의 얘기를 곧이곧대로 듣지 않았습니다. 왕복 3시간쯤 걸린다 생각했죠. 산행 후 마을을 둘러보려면 시간이 촉박합니다. 하여 마구 뛰어 올랐습니다. 그간 자전거를 탄 효과가 있긴 하나 봅니다. 더욱이 조그만 가방 하나뿐이라 몸은 그야말로 깃털처럼 가볍습니다.

산 정상엔 아무도 없습니다. 사진발이 좋은 풍경입니다. 사진을 찍고 내려오는데 외국인들이 산을 올라옵니다. 반갑게 인사 후 서로 사진을 찍어 줍니다.

점심을 쎄씨나로 먹었습니다. 기대보단 그리 맛있는 음식이 아니네

만당고산. 바위 아래로 등산로가 계속됩니다

동화 속에서나 나올 법한 빌까밤바 교회

요. 하여튼 로하 전통 음식을 먹어 보았단 경험으로 만족합니다. 마을을 탐사합니다. 성당을 중심으로 음식점이나 상품 가게들이 즐비합니다. 거의 외국인이 운영합니다.

들던 대로 은퇴 후 이곳에 오는 외국인들이 많다는 얘기가 사실입니다. 이곳에 오기만 하면 오래 살까요? 이곳의 기후와 풍토, 현지인들의 식생활, 삶의 행태 등 여러 요소들이 조화를 이루어 장수하는 비결을 만들지 않겠습니까!

이곳에 좋은 약수가 있다 하는데 결국 찾질 못했습니다. 반나절을 돌아다녔지만 세계 최장수 마을이란 유명세를 모르겠습니다. 건강한 노인들을 볼 수 있으면 좋았으련만.

에꽈도르의 마지막 도시

로하를 떠나 260여 ㎞쯤 떨어진 뻬루로 향합니다. 하루 만에 갈 수는 없지만, 안데스를 동서로 횡단하는 경우이므로 태평양 쪽이 가까울수록 길은 평탄합니다. 계속 이슬비가 내리고 강풍이 붑니다.

Catamayo에 있는 음식점에서 간단한 Ariveja라는 국으로 요기를 했는데, 이른 감이 있지만 아예 점심까지 먹었습니다. Seco de chivo라고 갈비찜+쌀+유까+채소를 두루 섞은 음식입니다. 자전거를 탄 지 30분 만에 4시간 반을 또 끌었습니다. 남미 도로 사정을 너무 모른 채 덤벼들지 않았나 싶습니다. 아직 두 나라밖에 거치지 않았지만 앞으로 더하면 더했지 덜하진 않을 겁니다.

애면글면 자전거를 끌며 오후 5시 반, 벨라끄루즈(Velacruz)라는 수십 가구가 사는 조그만 마을에 이르렀습니다. 가게 주인아저씨에게 주변에 호텔이 있느냐 물었더니 여긴 없고 20㎞를 더 가야 한답니다.

조그만 성당 옆 운동장 한편에서 오늘 하루 야영을 해도 되겠느냐 했더니 별 문제 없답니다. 운동장에서 족구와 배구를 합한 운동을 하는 동네 사람들도 나의 등장에 무관심합니다. 다행입니다. 이곳은 뻬루로 가는 길목인 Macara, Machala, Huaquillas로 가는 삼거리 분기점입니다. 어디로 갈지를 결정하지 못한 채 하룻밤을 보냅니다.

어디로 방향을 틀지를 고민하다가 우아끼쟈스로 잡았습니다. 좀 더 시골 속살을 보는 게 좋겠다고 판단했죠. Olmedo 입구를 지나 차구아르빰바(Chaguarpamba)를 지납니다. 주로 원주민들이 사는 마을입니다. Balsas까지 또 긴 고갯길입니다.

한참을 끌고 오르는데 화물차가 한 대 앞에 서더니 자전거를 실어 주겠다고 합니다. 운전자는 젊은 친구인 아마데르. 아마도 에꽈도르의 마지막 고갯길이 아닐까 싶어 흔쾌히 화물차에 실었습니다. 조금 올라가더니, 자기네가 한다는 양계장을 보여 주더군요. 우리나라 양계장보다 더 열악한 환경이어서 놀랐습니다. 쓰레기 더미 안에서, 사각형 감옥 안에서 닭들이 죽음을 기다리며 모이를 먹고 있습니다.

해발 3천 미터에서 내리막이 60㎞! 동에서 서로 안데스를 넘는 길입니다. 정말 신나게 달렸습니다. 평지로 내려오니 몹시 더워 이마에서 흘러내린 땀방울이 눈을 적셔 눈을 뜰 수가 없을 정도. 평지라 해도 오르내리막이 끊임없이 이어집니다.

Avanzada를 지나 Arenillas를 거쳐 드디어 Huaquillas에 도착했습니다. 에꽈도르와 뻬루의 접경 지역이어서인지 제법 큰 도시입니다. 안데스를

우아끼쟈스의 상징 평화 기념물

횡단하여 태평양 쪽으로 무려 151㎞를 달렸습니다.

에꽈도르는 좋은 자연환경을 가지고 있습니다. 사람들은 저 먹고 살기에 바빠 남들에게 그리 관심이 없을 듯도 하지만 그래도 바삐 사는 사람들입니다. 일찍 일어나 늦게까지 일하고 하루하루 최선을 다하는 사람들. 에꽈도르여 adios, Hasta luego!

Part 3

남미 여행
일 번 지
뻬 루

bike travel

보아뱀을 보여 준 뚬베스 친구

에꽈도르 출국과 뻬루 입국을 한 공간 안에서 처리해 줍니다. 스페인 침략 전 두 나라는 잉까라는 거대한 제국의 한 형제였습니다. 5분도 채 걸리지 않고 수속을 마쳤죠.

여직원에게 뻬루 최북단 도시 Tumbes 안내도를 받아 땅을 밟습니다. 차도 없고 집도 없는 도로를 한참 달리는데 오토바이 탄 친구들이 날 부릅니다. "foto, foto." 순간 별의별 생각을 다 했습니다만, 백주대낮이어서 나쁜 일이 생기겠냐 싶어 자전거를 세웠더니, 내게 큰 뱀을 들어 보여 줍니다. 머리에 상처를 입은 걸로 봐 로드킬을 당한 듯했습니다. 보아 뱀이라네요. 내게 보여 주려 날 불렀습니다. 함께 보아 뱀 사진을 찍었습니다.

숙소를 잡아 짐을 푼 후, 시내를 둘러봅니다. barboria(이발소)가 보여, 마침 머리 깎을 때도 돼 들어갔습니다. 대기하고 있는데 한 친구가 나를

이 친구 이름은 Joalzubo

보더니 아는 체를 합니다. "자전거 여행하는 한국인 친구 아니냐?" 생각해 보니 낮에 나를 불러 뱀을 보여 준 친구입니다. 또 한 친구는 이발소 직원이었습니다. 얼마나 반갑던지! 머리를 깎고 나서 함께 사진을 찍고 페북 친구를 맺었지요. 보드카도 한 잔 줍니다. 머리 깎아 주고 보드카까지! 색다른 경험입니다.

호텔 직원이 저녁을 사 주다니!

일찌감치 숙소를 나와 태평양을 오른쪽으로 끼고 달립니다. 도로는 평평하고 시원하게 뚫려 있습니다. 태평양을 끼고 내려가는 도로는 여전히 빤아메리까노. 대형차들이 많아 위험할 듯도 하지만 다들 비켜 갑니다.

Acapulco를 지나 Punta Sol이라는 휴양지에서 하루를 쉽니다. 구름 한 점이 없어 해가 원형을 잃지 않고 붉게 물든 바닷속으로 풍덩 빠집니다.

석양을 보며 느끼는 감회는 누구나 제각각일 겁니다. 붉은 해가 바닷속으로 가라앉는 장면을 자기가 가진 특별한 상황들에 견주어 보기 때문이죠. 나 또한 그렇습니다. 이번 여행을 혼자 선택하여 아내의 동의를 얻었지만, 여전히 내 머릿속은 복잡합니다. 1년 간 여행하겠단 내 뜻을 선뜻 받아들여 준 경우도 그렇고, 아낼 혼자 놔두고 떠난 내 마음도 그리 편하지 않았거든요. 물론 다시 돌아갈 수는 없는 노릇이어서, 제대로 여행하고 돌아가는 길만이 아내에게 제대로 보답하는 경우겠지요.

해 뜨기 전 일찌감치 출발했습니다. 1시간 반을 달려 Mancora 마을에서 아침 겸 점심을 든든히 먹고 출발하려는데 왠지 어깨가 허전합니다.

천진난만하게 노는 아이들. '그리운 마을 아까뿔꼬'라는 뜻

아뿔싸! 배낭을 메지 않고 한 시간 반을 신나게 달려 왔어요. 어쩐지 몸이 가볍고 부담이 없더라니!

젖 먹던 힘까지 가져와 정말 무지막지하게 빠른 속도로 달렸습니다. 배낭은 의자 한편에 점잖게 놓여 있었죠. 하루 동안 써야 할 운동량을 오전에 다 소모한 탓에 피로가 느껴집니다. 이젠 습관이 됨직도 하건만 여전히 감이 떨어집니다.

9시가 다 된 시각에 간신히 숙소를 잡았고, 운 좋게도 호텔 직원이 함께 식사하자고 해 저녁을 얻어먹었습니다. 호텔 직원에게 저녁을 얻어먹기는 처음이네요.

시빤(Sipan) 유적 둘러보기

일찍 기상해 오늘 일정을 그렸습니다. Piura라는 큰 도시를 건너뛰어 치끌라요로 갑니다. Chiclrayo까지는 300㎞쯤 되고 대략 6시간쯤 걸려 도착을 했죠.

오늘은 여행을 시작한 지 90일째 되는 날입니다. 그간 여행하면서 참 수많은 일들을 겪었습니다. 아무래도 혼자이기에 겪는 어려움이 대부분 이었지만 그 어려움은 다음 목적지를 가는 데 아주 유용한 경험이었습니다. 이 덕분에 앞으로 운행에 큰 힘을 얻게 되었죠. 자신감도 생겼고요.

지금껏 달린 거리는 대략 3,140㎞. 남미 끄트머리인 우수아이아까지는 대략 12,000㎞를 가야 한다고 생각하니 이제 고작 4분의 1만을 달린 셈입니다.

이 기간 동안 느끼고 얻은 점은 무엇일까? 자전거 여행하는 친구들을 여럿 만났고, 현지인들의 친절과 호의에 한결 편하고 쉽게 여행을 했다는 점을 우선 꼽을 수 있겠습니다. 상투적인 얘기지만, 사람 사는 세상은 어디나 비슷합니다. 무엇보다도 내 자신의 변화를 스스로 느끼는 점도 빼놓을 수 없습니다. 사물과 현상을 더 이상 내 위주로만 보지 않고 내재된 의미도 들여다볼 수 있는 안목이 조금씩 생기고 있습니다. 나로선 아주 바람직한 현상입니다.

그렇지만 매일 똑같은 일이 반복되기에, 조금 나태해지고 으레 그러려니 하는 태도가 드러납니다. 일상에 매몰되는구나 싶기도 했는데, 경계해야 할 일입니다. 앞으로도 6개월 이상을 자전거에 의지해 길을 떠나야 하는 나로서는 긴장을 늦추지는 말되 나태해지면 안 됩니다.

Sipan(Huaca Rajoda), piramides de Tucume, Museo Tumbas de Sipan

Sipan 유적에서 나온 유골, 도자기, 금속 공예품. 있는 그대로 전시해 놓으니 현장감이 살아 있습니다

등 세 곳을 투어 했습니다. 잉까 이전의 문명을 둘러보는 과거 여행입
니다. 뻬루의 북부 태평양 연안에 자리 잡은 모체 문명은 B.C. 100년
~A.D. 800년까지 존재했습니다. A.D. 550~600년 사이 모체강 유역
의 쎄로 블랑꼬(하얀 언덕) 지역이 붕괴된 후 모체 문명의 중심지가 북쪽
으로 19㎞ 떨어진 Sipan 지역으로 이동합니다. 모체인들은 화려하고 섬
세한 도자기와 금속 세공법을 발달시켰습니다.[1]

금속 장식들도 참 많습니다. 꼴롬비아 황금 박물관에서 본 금 장식들
과 비슷한 점이 많습니다. 이상하게도 Museo Tumbas de Reales Sipan에
서는 사진을 찍지 못하게 합니다.

---

1) 신화에서 역사로 라틴 아메리카, 최명호, 이른아침, 195쪽

아내에게 전화했습니다. 요즘 내가 의욕이 없다 했더니 장문의 글을 보내 주었습니다. 아내는 역시 내 문제의 최고 해결사입니다. '일 년을 후회 없이 잘 채워 가라, 그리고 지금 느끼는 무력감도 기록해 두어 훗날 뒤돌아보는 시간을 가져라.' 합니다. 아내의 조언에 내 여행은 더 유의미해집니다.

까하마르까로 가는 길이 이렇게 힘들 줄이야!

Cajamarca로 가는 첫날! 3일을 예상하고 페달을 밟습니다. 태평양을 뒤로하고 안데스 깊숙이 들어가는 여정입니다.

Patato를 지나는데 오토바이를 탄 세 명의 친구들이 날 불러 세우고는 사진을 함께 찍자 하더니 밥을 사 주네요. 덕분에 점심을 해결했습니다. 12시쯤 출발을 하는데, 속도계가 보이질 않아요. 아침 출발할 때 분명히 확인을 했는데. 저절로 떨어질 리가 없는데 시계인 줄 알고 누가 떼어 간 모양입니다.

Chongoyape와 Cumbil을 지나 본격적으로 안데스로 들어갑니다. 도로는 산허리를 깎아 만들었고 끊임없이 오르막입니다. 최근에 산사태가 일어난 듯 흙더미를 치운 흔적이 여기저기 보입니다. 산이 온통 깎일 만큼 엄청난 규모입니다. 무섭습니다. 위를 보면 집채만 한 바위들이 경사면에 위태롭게 걸려 있습니다. 하나라도 내 앞에 떨어질 경우 끝장입니다.

날은 어두워지는데 Cata16까진 아직도 요원합니다. 체력이 소진되어 끌 힘조차 없어 기다리다 6시 반쯤 버스를 만났습니다. 두 시간을 타고 가 Santa Cruz에 도착했습니다. 해발 이천 미터쯤 되니 몸이 떨릴 정도

저런 도로가 끊임없이 이어집니다

로 춥습니다. 저녁 식사 후 곧바로 잠자리에 들었습니다.

아침에 마을을 벗어나는 데 어려움을 겪었습니다. 크지 않은 마을임에도 길들이 얽히고설켜 조금 애를 먹었습니다. 큰 고개를 넘으니 계속 내리막입니다. 하여튼 내리막이 나오면 신납니다.

작은 마을들을 지나면서 사람들과 인사를 나누곤 했는데요, 시골 마을일수록 사람들이 내 눈과 마주치며 눈웃음으로 인사를 합니다. 이웃 사람처럼 대해 주는 그들의 태도에 참 정이 많은 사람들이구나 싶었어요.

Chancay Baños에서 잠시 쉬었는데요. 마을 높이를 물으니 해발 1,367m라 합니다. 제대로 아는 분 같습니다. 전망이 아주 좋다며 산꼭대기를 가보라 하는데, 낯선 이방인에게 뭐라도 정보를 주려 하는 마음 씀씀이에 웃음으로 대답을 대신합니다. 음식점 아저씨는 Cajamarca까지 5시간이 걸린다 하는데 솔직히 믿기지 않습니다.

식사를 하며 생각합니다. '여행은 느긋함이 본질 아니던가!' 지금껏 자전거 여행을 하며 시간에 쫓기지 않았는지, 어디까지가 몇 ㎞이니 언제까지 그곳에 가야 한다는 강박 관념이 날 재촉하지 않았나 싶습니다. 난 그 재촉에 대항하지 못하고 시키는 대로 하진 않았을까. 보고 생각하며 느끼고 만나고 대화하면서, 자신을 뒤돌아볼 수 있는 시간을 가지며 느긋하게 다니는 여행이야말로 참다운 여행이리라. 앞으로 더 천천히 여유롭게!

Tayapampa 마을을 지납니다. 조그만 구멍가게에서 잉까 콜라를 사마시며 뭔가 끼적이고 있는데 꼬마들이 내 주변으로 몰려듭니다. 아이들이 흘긋흘긋 내 눈치를 보며 가까이 왔다가는 다시 도망을 갑니다. 때묻지 않은 동심들입니다.

학교 선생님(Ireue Dioz Montaya)이 내게 오더니 학교에 가서 함께 사진을

사진 찍히기 부끄러운 아이들

오른쪽이 몬따야 선생님

찍자 합니다. 20여 명의 아이들과 함께 사진을 찍은 후 선생님께 손톱 깎기 두 개를 선물로 주었습니다.

El Alto(꼭대기)에 도착했습니다. 4시간을 끌고 올라왔습니다. 자전거를 끌고 오르는 일도 이젠 이골이 났나 봅니다. 힘들긴 하지만 피곤하진 않습니다. 이제부터 어디까지인지 모르지만 계속 내리막입니다.

학교를 파해 집으로 가는 듯 두 여학생이 얘길 나누며 도로 길 어깨를 정답게 걷고 있습니다. 무슨 얘기를 나눌까요? 내 시선을 감지했는지 날 보며 "Buenas Tardes" 합니다. 인사성이 밝은 애들입니다. 나도 응했습니다. 시골길엔 이처럼 한 편의 아름다운 풍경이 존재합니다.

Choto에 있는 Hotel Terrza에 짐을 풀었습니다. 오늘도 거리를 잘못 판단했습니다. Santa Cruz에서 하루만에 Cajamarca까지 갈 수 있으리라 생각했는데 큰 오산입니다. 4시간 동안 자전거를 끌었는데 고작 10㎞

남짓 갔습니다. 험하기론 꼴롬비아 메데진~나리뇨 구간 못잖습니다.

Cajamarca까지 가는 여정이 이렇게 힘들 줄 정말 몰랐어요. 내일도 예측을 할 수 없습니다. 도로 사정이 어떤지, 높낮이는 또 어떻게 전개될지는 가 봐야 압니다. 다만, 오늘 여기서 멈추길 잘했습니다. 하루 먼저 간다고 하루 늦게 간다고 뭐 달라질 게 없습니다. 괜히 나만 힘들어지니까요!

잉까의 수로와 온천, 납골당인 오뚜스꼬

조그만 마을을 통과하는데 송아지만 한 개가 우렁우렁한 목소리로 달려듭니다. 그간 개들에게 여러 차례 시달렸지만 달려든 놈들은 없었습니다. 이 녀석은 끝까지 달려들더니 뒤쪽 페니어를 물어뜯습니다. 아차차 싶었는데 이미 엎질러진 물이었죠. 개 주인이 뭐라 소리를 질렀음에도 개는 아랑곳하지 않고 덤벼들었죠. 살펴보니 다행히 찢어지진 않았습니다.

엄청나게 긴 경사가 계속 이어집니다. 이젠 자전거 끄는 일이 일상입니다. 도로 구조가 이렇게 생긴 이상 적응해야지, 육두문자를 퍼붓는다고 도로가 다시 평평해질 리 없으니 순순히 응합니다. 고개에서 내리막을 타고 내려오니 Bambamarca입니다. 이상하게 피곤하고 다리에 힘이 없어 우선 요기부터 한 후 다음 문제를 풀기로 했습니다. 배에 음식이 채워지니 힘도 나고 여유도 생기네요.

자전거를 도저히 탈 수 없을 땐 그저 남의 도움을 받는 수밖에 없습니다. 삼거리에서 10여 분 기다리니 마침 도요타 짐차가 오기에 얻어

해발 4,000m에도 마을이 형성되어 있습니다. 저 높은 곳에서도 흔한 일상이 존재하죠. 도로는 비포장입니다

탔습니다. 두 시간이 걸렸습니다. 비포장에다가 끝없는 오르막. 해발 4,000m까지 오릅니다. 만약 자전거를 끌고 갔다면 3일쯤 걸릴 거리입니다. 끌기도 힘들 만큼 경사가 심하고 비포장이 많습니다. 차 얻어 타길 잘했습니다.

스페인 침략자에 의해 잉까의 황제가 목숨을 잃은 슬픈 역사가 존재하는 곳, 까하마르까 시내를 둘러보고 나서 별 세 개짜리 hotel Cajamarca에 가 흥정을 했는데요, 자전거 여행자라 돈이 많지 않다 했더니 얼마를 원하느냐 묻습니다. 반값에 묵게 해 달라 했더니 해 주겠답니다. 다만, 아침 식사를 제공해 주지 않겠다하네요. 고급 호텔이다 보니 역시 편한 점이 많습니다.

호텔 위 계단을 오르면 조그마한 성당이 있는데 여기가 전망대 역할을 합니다. 공원도 있어 도시 전체를 조망하기에 좋습니다. 외국인은 물론

뮤마 거리의 벽화. 잉까인의 작품인 듯

현지인들도 많습니다. 계단 주변엔 잉까 문양들을 돋을새김으로 해 놓은 돌들이 군데군데 있어 흡사 그 시대로 돌아간 듯한 느낌이 드네요.

광장에 있는 여행사에 가 내일 Cumbemayo 투어를 신청했어요. 가이드가 동행합니다. 꿈베마요는 잉까인들이 식수를 사용하기 위해 해발 3,850m에서 수로를 만들어 물을 끌어다 쓴 흔적이 많은 유적지이자 주변 풍광이 뛰어난 곳입니다.

제법 큰 식당에 가 생선 요리를 주문해 먹었는데 가성비가 뛰어난 음식점입니다. 손님들이 많은 걸 보면 유명 식당 같습니다.

꿈베마요에 도착하여 3시간쯤 걸으며 가이드의 설명을 듣습니다. 이는 잉까인들이 안데스에서 발원한 물줄기를 까하마르까까지 공급하도록 만든 관개수로입니다. 주변 풍광 또한 뛰어나 보러 오는 사람들이 무척 많습니다. 바위가 막으면 바위를 쪼아 물이 계속 흐르도록 했고, 가

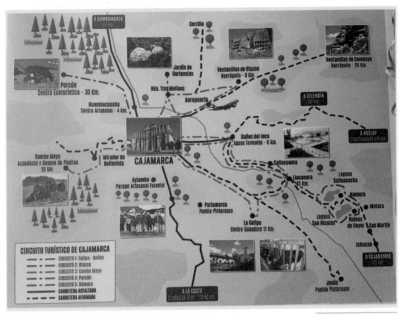

까하마르까 주변 볼거리

끔 물의 흐름을 조절하기 위해 굽이를 만들어 물길을 꺾거나 비틀었습니다. 자연환경이 열악하면 인간의 지혜는 상대적으로 더 느는가 봅니다. 돌을 다듬은 모양을 보면 참 섬세하게도 쪼았다 싶었습니다. 가공이라도 한 듯 면이 반질반질합니다. 곳곳에 문양을 만들어 의미들을 새겨 놓기도 했고요.

잉까인들이 살던 시대는 1,400~ 1,500년대인데, 그때 수로를 팠다고 해서 그리 획기적인 일을 했다고는 생각하지 않습니다. 곤란한 자연 환경을 이용해 생활에 적용하였을 뿐이죠.

비슷한 시기인 조선 시대로 가 볼까요? 당시 우리 선조들은 의식주 이외에 인류의 진보에 크게 기여하는 문화를 이룩하지 않았습니까! 측우기, 인쇄 기술, 천문학, 그리고 세계에 자랑할 한글까지! 우리나라 문화

일일이 손으로 쪼아 만든 수로

유적에 정말이지 자부심을 갖지 않을 수 없어요. 이게 다른 문화에 대한 국수적·배타적 태도라 생각하지 않습니다.

광장 옆 2층에 있는 조그마한 규모의 식당에서 점심을 먹었는데, 새로 시작한 듯해 물었더니 역시나 문을 연 지 3일째랍니다. 여기도 가성비가 훌륭합니다. 음식 15솔과 전통 음료인 치차 모라다 3솔. 오죽하면 내가 자발적으로 한국 친구들에게 소개해 주겠다고 했고 주인이 직접 주소와 이름을 써 줍니다. 꼭 소개해 줄게요. 약속!

호텔 직원에게 오뚜스꼬(Otuzco)와 잉까의 온천(Baños del Inca) 약도를 그려 달라 했습니다. 싫은 기색 없이 흔쾌히 그려 주는데, 누구라도 이를 보면 단 한 번에 찾을 수 있을 만큼 아주 자세하게 그렸어요.

오뚜스꼬는 절벽에 사각 구멍을 쪼아 그 안에 유골을 넣은 일종의 납

오른쪽 건물 2층 Shajamarca 음식점. 음식이 정말 맛있습니다

오뚜스꼬

골당입니다. 잉까인들은, 권력자의 유골은 큰 데에, 그렇지 않으면 작은 데에 넣었습니다.

온천에 갔더니 사람들로 인산인해입니다. 권력 투쟁에서 이기고 이곳 온천에 휴식하러 온 잉까의 마지막 황제인 아따우알빠는 제대로 쉬고 꾸스꼬로 돌아갔을까요?

안내문을 보니 땅에서 솟아나는 온천수 온도가 70~72로 손을 넣을 수 없을 정도네요. 온천수에 찬물을 섞어 적당한 온도로 온천을 하는데, 딱 30분만 할 수 있어요.

아침부터 호텔 밖에서 음악 소리가 크게 납니다. 뭔가 낌새가 느껴져 부리나케 나가 보았더니 엄청나게 큰 행사를 합니다. '1882년 7월 13일' 이라 쓴 큰 플래카드를 보니 도시 창립 기념일 비슷한 날 같아 보입니

잉까의 온천

다. 개선문 같은 큰 상징문에 수백 명이 모여 행사를 진행하고 있네요. 군인, 대학생, 초·중·고 학생 등 까하마르까 주민 총출동입니다. 볼만 하더군요.

시장 분위기를 유심히 살피니 한 가지 뚜렷한 특징이 보이는데요, 원주민들이 대부분 노점상을 한다는 점입니다. 보잘 데 없는 소쿠리에 채소나 음식, 아이들이나 먹을 과자 부스러기를 넣어 파는 상인들은 예외 없이 원주민들입니다. 옷차림이 아주 남루한데요, 여러 생각을 하게 만듭니다. 원주민들이야말로 산 역사이자 문화 그 자체인데도 저들은 사회 최하층을 벗어나질 못하는 듯합니다.

오후엔 볼거리들을 찾았습니다. 5솔을 내면 미술관과 박물관 등 네 군데를 볼 수 있는데요. 교회, 토기 박물관, 아따우알빠가 스페인 침략자인 프란씨스꼬 삐사로(Francisco Pizarro)에게 잡힌 이후의 상황들을 볼 수 있는 역사적 장소인 Cuarto de Rescste(몸값의 방)을 관람할 수 있습니다.

스페인 군인이었던 삐사로는 1531년 파나마에서 군대를 이끌고 잉까 정복에 나섰고, 삐우라(Piura) 강가에서 산 미겔 데 삐우라를 건설한 후 1532년 9월 드디어 뻬루[2]에 입성합니다. 이후 수천 명의 잉까인을 살해하고 잉까 황제 아따우알빠를 포로로 잡았습니다.

포로가 된 아따우알빠가 몸값으로 자신이 갇혀 있는 어른 손이 닿지 않는 높이의 방을 금으로 가득 채워 놓겠다고 제안했고 삐사로는 이를 받아들였죠. 삐사로는 가로 6.7m, 세로 5.2m, 높이 2.4m가 넘는 방을

---

2) 뻬루 지명 유래는, 스페인 원정대가 태평양 연안을 탐험하다가 한 원주민을 잡아 이 지역이 어디냐 물었을 때, 그 원주민은 자신의 이름은 Beru이고 Pelu라는 강가에 있었다고 대답한 데서 지금의 Peru라는 이름이 생겼다. 중남미 사회와 문화, 임상래 외, 부산외대출판사, 54쪽

가득 채울 만큼의 황금을 몸값으로 받고는 나중에 풀어 준다는 약속을 어겼고, 아따우알빠는 결국 교수형으로 최후를 맞았습니다.

이후 삐사로는 1533년 꾸스꼬로 진군하여 점령을 했고 약탈을 했으며 본격적으로 식민 지배를 시작하게 되었죠. 하지만, 부하였던 알마그로 와의 불화로 인해 그의 부하들에게 암살당했습니다. 리마에 가면 삐사 로의 유골이 성당에 안치되어 있는데 자전거가 리마에 닿게 되면 다시 이야기할게요.

Cuarto de Rescate. 잉까 황제가 갇혀 있던 가로 6.7m, 세로 5.2m, 높이 2.4m 방.
멀리 가로로 된 흰 나무까지 황금을 채우라는 표시

남미 여행 중 처음 만난 댐

자전거는 높은 고개를 오릅니다. 끌고 갈 정도는 아니어서 낮은 기어로 천천히 올라갑니다. 해발 3,050m 표지판이 보이고 이제부터 내리막입니다. 꼭대기에서 보는 전망이야말로 흡사 구름을 탄 기분입니다. 시야가 끝도 없이 펼쳐 있어 태평양 연안까지 보이는 듯합니다. 사진 찍으랴 감상 끼적거리랴 한참 동안 시간을 보냈습니다.

칠레떼라는 마을에서 점심을 먹습니다. 말도 안 되는 싼값에 정말 푸짐하게 음식을 내놓습니다. 사람들의 시선이 내게 쏠리는데요, 아주 작은 마을에 왜소한 체구에 짐을 잔뜩 실은 자전거를 타고 나타난 사람이 있었으니 왜 관심거리가 아니겠어요! 내게 말을 붙이지는 않았지만 마을 사람들 모두 한 번씩 날 쳐다보며 눈웃음을 주거나 궁금한 듯 자전거를 살핍니다.

바람이 앞쪽에서 불어와 운행에 차질을 빚긴 하지만 계속 내리막이라 큰 지장은 없습니다. 오히려 내 예상보다 빠르게 지나갑니다. 6시가 돼 가니 해가 노루 꼬리만 합니다. Union Agua Blanca라는 마을을 지나 뗌블라데라라는 마을에 들어가 숙소를 잡았습니다.

마을 이름에 'Agua'라는 단어로 짐작컨대 물과 관계된 지역 같습니다. 아니나 다를까, 마을에서 8㎞ 떨어진 곳에 댐이 있고 이 마을 주변에 큰 호수가 있다 합니다. 안데스에서 내려오는 물을 가둬 식수와 농업용수로 쓰지 않을까 싶었어요.

이튿날 일찍 짐을 챙기고는 숙소를 나섰습니다. 노점 식당에서 사람들이 즐겨 먹는 끼누아(Quinua)와 소야(Soya, 우유를 섞은 음료), 그리고 빵으로 아침 요기를 했죠. 이 작은 마을에도 토기 박물관이 있습니다. 그 앞에 잉까 황제들의 상(아주 조잡하긴 하지만)이 있네요. 1대인 Manco capac에서 15대 마지막 황제인 Atahualpa까지 오른쪽에서 왼쪽으로 죽 도열하고 있는데요, 아주 조그만 마을임에도 자신들의 역사를 보존하고 있습니다.

모체 문명 유적지

Marisqueria Rosa라는 음식점이 보입니다. 아시겠지만 전문점일 경우 단어 끝에다가 'ria'를 붙입니다. 가령, 커피전문점이면 Cafeteria, 빵집이면 Panaderia, 철물점이면 Ferreteria, 피자전문점이면 Pizzaria, 플라스틱 제품점이면 Plastiqueria 이런 식입니다. 하여 이 집은 해산물 전문점이란 얘깁니다. 민물 새우를 튀겨서 내왔는데, 짭조름한 맛에 식감이 살아나 맛있게 먹었습니다.

뗌블라데라를 지나 자전거는 평평한 도로를 신나게 달립니다. Paijan이란 지역에 도착해서 확인하니 호텔이 하나밖에 없다 합니다. 그만큼 작은 마을이란 뜻인데 이 호텔 직원 녀석 때문에 완전히 하루를 망쳤습니다. 화장실에 물이 나오질 않아 녀석에게 따졌더니 500cc 물병 1개를 가지고 식당엘 가더니 수도꼭지에서 물을 받아 내게 주질 않겠어요! 참 어처구니가 없어 따지려 하는데 언어가 돼야 말이죠! 용변을 왕창 보고 물을 내리지 않은 채 떠나 버릴까 하는 반발심이 일었지만 웃고 넘겼어요.

뜨루히요로 방향을 잡아 열심히 진행하던 중, Brujo Complex라는 유적지 표지판을 보았고, 분명히 볼만한 유적지겠다 싶어 핸들을 잡아 돌렸습니다. 정서 방향으로 사탕수수밭을 양쪽에 두고 달리는데, 선선한

모체 유적지 내부

맞바람이 불어옵니다. 이 바람이 우리나라 대한민국에서 불어오는 바람
이려니 생각하니 한결 반갑고 정겹습니다. 이 바람에 내 소식을 전합니
다. 서쪽으로 계속 가면 내 조국 우리나라에 닿겠죠. 그러면 누구든 바
람에 실린 내 소식을 전해 들을 수 있을 테죠.

Brujo Complex에는 모체 신전이란 표시로 보아 앞서 치끌라요에서 본
모체 문명과 같아 보입니다.

 # 치모르 제국이 세운 찬찬 문명

해변을 거쳐 뜨루히요로 가는데 어제와 같이 맞바람 때문에 생고생을
했습니다. 페달을 밟아도 바람의 영향으로 자전거가 앞으로 나가질 않

습니다. 다행히 7시 전에 가까운 Huanchaco라는 해변 도시에 도착했습니다. 파도타기로 알려진 해변이어서인지 파도타기를 즐기는 친구들이 많습니다.

해넘이가 장관이어서 노을 사진을 찍고 있던 중, 한 외국인 친구가 내게 묻습니다. "숙소를 찾느냐?" 그렇다 했더니 가까운 데 도미토리 숙소가 있는데 20솔이라기에 바로 찾아갔죠. 현지인이 아닌 외국인이 운영하는 숙소였고, 깔끔해 맘에 들었습니다.

오전 내내 남은 여행을 구상하며 쉬었고, 오후엔 이곳 Huanchaco에서 가까운 Chanchan 유적을 보았습니다. 치모르(Chimor) 문명은 잉까 이전 1150년~1470년까지 존재했습니다. Chanchan은 이 치모르 제국의 수도로서 당시엔 3만 6,000명에서 7만 명 정도 인구가 살고 있었다고 추정합니다. 학자들은 치모르 문명을 모체 문명의 후예로 보고 있습니다. 이들은 잉까에게 정복을 당했습니다.

수준 높은 직조와 도자기 기술, 금속 세공 기술을 보유했고 전통적으로 발전한 관개 시설을 이용해 주변 사막 지역을 농토로 바꿔 나갔습니다. 가장 눈에 띄는 구조는 바로 건축물인데요, 모체 문명에서 유래한 벽돌 건축법이 치모르 문명에서 절정을 이루었다 함이 학자들의 공통된 의견이었죠.[3] 세계문화유산에 등재되어 있습니다.

당시의 건물터와 내부 구조 등 흔적을 볼 수 있었는데요, 여기 또한 바닷가라 바람의 영향을 막으려는 듯 벽 두께가 1m 이상 되었습니다. 당시엔 조그만 소도시 규모로 자급자족하는 생활을 한 듯합니다. 티켓

---

3) 신화에서 역사로 라틴 아메리카, 최명호, 이른아침, 224쪽

찬찬 유적

한 장으로 인근 유적을 네 군데 볼 수 있습니다.

숙소로 돌아오며 생각해 보니 오늘이 여행을 시작한 지 딱 100일 되는 날이네요. 돌이켜 보니 이동하는 데에만 급급하지 않았나, 먹고 자는 일에만 치중하지 않았을까, 현지인들과 우정을 매개로 한 접촉이 부족하진 않았나 싶습니다. 피상적인 여행이 될 수도 있겠구나 싶은 생각이 들기도 했죠. 거리와 시간이 내 여행의 중심이 될 순 없습니다. 하여 지금은 더 많은 만남, 끊임없는 나와의 대화, 그리고 깊이 있게 들여다보기가 필요한 시점입니다.

트레킹의 천국 와라즈로!

일찍 일어나 떠날 채비를 합니다. 오늘은 꼭 자전거 점검을 받으려 합니다. 페달을 밟으면 어딘가 고장이 난 듯 찌그르르 소리가 나 몹시 신경이 쓰입니다.

숙소를 나와 해변으로 가던 중, 대단한 젊은이들을 만났습니다. 아르헨띠나 친구들인데, 고물상에나 있어야 할 차를 끌고 여기까지 왔다 합니다. 조그만 차 안에 모든 짐을 싣고 마음 내키는 대로 다니나 봅니다. 서로 행운을 빌며 안전한 여행을 기원했죠.

규모가 작은 Museo Chan Chan을 둘러보았습니다. 한 시간쯤 부지런히 달리니 뜨루히요에 다다릅니다. 시내 Tottus에 가서 한국산 라면을 3종류나 샀습니다.

저 차에 4명이 타고 아르헨띠나에서 이곳까지 끌고 왔습니다

자전거 수리점을 찾아갑니다. 오후 4시쯤 찾은 곳은 Bici Centro Bike, 주인은 Miguel Angel Medina Olivares. 젊은 친군데 성실해 보입니다. 몇 차례 손을 보다가 자기가 직접 타 봅니다. 그러더니 페달에 문제가 있다 하네요. 페달을 분리하여 일일이 손을 보고 윤활유를 넣고 다시 조립합니다. 페달을 밟아 보니 그간 내 신경을 건드렸던 소리가 온데간데 없이 사라졌습니다. 체인은 아직 이상이 없다고 하네요. 자전거는 역시 전문가가 손을 봐야 합니다.

하도 배가 고파 인근에 유명하다는 햄버거 집에서 하나를 사 먹었는데 맛이 기가 막히더군요. 사람들이 줄을 서서 기다리며 사 먹는 이유를 알겠습니다.

일상이 달리는 일이다 보니 일찌감치 일어나는 일이 습관이 되었습니다. 빤아메리까노 도로를 한참 달리고 있는데 승용차가 내 앞에 멈춥니다. 운전자가 내게 오더니 공기 펌프를 전해 줍니다. 자전거에 달려 있어야 할 펌프가 왜 저 사람 손에 있는지 확인해 보니 펌프가 떨어져 나갔습니다.

자전거는 태평양을 오른쪽으로 끼고 남쪽을 향해 전진합니다. 페달

하나 더! Jugueria San Agustin

뜨루히요 시내 광장에서 가까운 햄버거집. 햄버거와 주스 등을 파는 집인데 크고 맛있는 햄버거를 먹으려는 사람들로 늘 붐비는 곳입니다. 결코 후회하지 않을 만큼 맛있고 큼지막합니다.

주소: Av. Husares de Junin 291, Trujillo

에선 일체 잡소리가 없고 부드럽게 돌아갑니다. 어제 손을 봐준 Miguel Angel에게 마음의 감사를 표했죠. '고마워, 잘 고쳐 줘서. 페이스북을 통해 종종 소식을 전해 줄 터이니 자주 봐줘.'

Santa라는 자그마한 마을에 도착, 숙소를 잡았습니다. 오늘은 그저 빠아메리까노 도로를 달린 일이 전부입니다. Chao(헤어질 때 하는 인사)라는 명칭의 마을에서부터는 4시간 이상을 모래산만 보고 달렸습니다. 거의 사막 수준이었죠.

Chimbote 시내로 진입하는데 특유의 바다 내음이 물씬 풍깁니다. 바닷가 큰 도시라 하룻밤을 묵고 갈까를 고민하다가 버스 운행 시간이라도 확인해 보자 싶었습니다. 트레킹의 천국 와라즈(Huaraz)로 가기 위해 남미 여행자들이 이구동성으로 얘기하는 Cruz del Sur 버스를 타려 했으나 노선이 없다 합니다. Movil Tours도 괜찮은 버스다 싶어 창구에 가 물으니 자전거를 실을 수 없답니다. 결국 Yungay 버스를 선택했어요.

막상 자전거를 실으려 하니 큰 버스가 아닌 중형버스입니다. 게다가 그 버스는 짐칸도 없어 차 지붕 위에 물건을 싣습니다. 하도 어이가 없어 취소하고 다른 차를 타겠다고 했더니 다른 차도 마찬가지로 차 지붕 위에 짐을 싣는답니다. 로마에 가면 로마법을 따르라는 말이 있듯 허허 웃음으로 그 상황을 받아들였습니다. 인부가 자전거를 싣고 나서 슬그머니 내게 오더니 짐 값으로 20솔을 내라 합니다. 모르쇠 하려다가 힘들게 일하는 모습을 그냥 지나칠 수 없습니다.

버스는 약 5시간 동안 끊임없이 산길을 오르고, 어느 순간 눈앞에 하얀 설산이 펼쳐집니다. 머리 꼭대기에 하얀 눈을 덮은 설산이 남에서 북으로 파노라마로 펼쳐져 있습니다.

빠라마운뜨와 69호수 트레킹

버스는 해발 3,090m 와라즈에 멈춰 섭니다. 서늘한 기운이 느껴집니다. 미리 알아 두었던 Akilpo 숙소에 갔더니 방이 없다 하네요. 우리나라 친구들을 4명이나 만납니다. 한국말을 들으니 매우 반갑습니다. 내일 Paramount 트레킹을 간다 하기에 남이 장에 가니 나도 간다고 Paramount 트레킹을 신청했습니다. 준비물을 물으니 한국어로 된 유인물을 줍니다. 한국인이 많이 찾는 곳이니만큼 당연한 서비스라고 생각합니다.

새벽녘, Akilpo 호텔 앞에서 트레킹을 위해 출발합니다. Caraz 마을 시장에서 아침 식사를 합니다. 덮밥을 먹고 고산병에 좋다는 꼬까 차를 마십니다. 승합차는 산허리를 에워 빙빙 돌며 산꼭대기까지 갈 기세입니다. 드디어 해발 4,200m Paron 호수 앞에 가더니 이내 멈춥니다. 이곳은

배경이 흡사 파라마운트 영화사 로고와 같아!

Huandoy 국립공원. 사방이 5천 미터급 흰 산으로 둘러싸여 있습니다.

트레킹을 시작하는데 300m 이상 너덜겅(돌이 많이 깔린 비탈)을 어렵게 오릅니다. 아무래도 해발 4천 미터가 넘다 보니 조금 빠르게 움직이면 바로 산소 부족 현상으로 호흡이 가빠지거든요. 각자 가져온 음식으로 허기를 채웁니다.

호수 뒤 배경은 누가 봐도 빠라마운뜨 영화사를 연상할 수 있을 정도 네요. 호수를 왼쪽에 끼고 오른쪽으로 올라서 그냥 다시 내려오는 코스라 조금은 단조롭습니다.

평생 잊지 못할 산따끄루즈 트레킹

Akilpo 직원인 에스떼반(한국 친구들이 많이 찾는 숙소이자 투어 진행을 하다 보니 이 친구가 한국말을 조금 하고, 상세히 설명을 잘해 줍니다)에게, 산따끄루즈 트레킹을 하고 싶으니 여행사를 추천해 달라 했습니다.

장비도 많고 그럴싸하게 보이는 Galaxsia 트레킹 전문 여행사에 3박 4일짜리 트레킹을 신청했습니다. 에스떼반에게 얘기했더니 그리 좋은 여행사는 아니라네요. 어쩔 수 없지만, 침낭, 스토브, 라면 몇 봉지 가져가면 그럭저럭 재미있게 트레킹 할 수 있겠다 싶었습니다.

일정이 바뀌는 바람에, 한국 친구들이 잘 가는 69호수(69번째로 발견했다 해서 붙은 이름)를 먼저 하기로 하곤 신청을 했죠. 내일 4,600m까지 오르는 호수 트레킹을 하고 모레 바로 산따끄루즈 트레킹을 합니다. 체력에 웬만큼 자신이 있지만 4일을 계속 움직여야 하는데 조금 걱정이 앞서네요. 하지만, 튼튼한 두 다리와 투지가 있으니 뭐 그까이꺼, 갑니다.

하나 더! 친절한 에스떼반 씨

와라즈엔 Akilpo라는 숙소가 있는데요, 늘 외국 여행자들로 북적입니다. 직원인 에스떼반은 와라즈 여행사들의 장단점을 잘 알고 있습니다. 산따끄루즈 등 여러 투어를 신청할 때 이 친구에게 도움을 청하면 친절하게 안내해 줍니다.

69호수 입구엔 여기저기 여행사를 통해 온 사람들이 북적이는 게 이 호수의 명성을 짐작케 합니다. 3시간 못 미처 걸으니 호수가 나타납니다. 그 위엔 흰 눈을 이고 있는 산봉우리, 그 봉우리에서 눈이 녹아 흘러내린 물이 모여 호수를 이룹니다. 뭐라 형언할 수 없는 웅장한 파노라마가 펼쳐진 아름다운 호수, 더욱이 시리도록 파란 저 물 속엔 비취빛 물방울만 먹고 사는 어여쁘기 그지없는 인어가 살고 있으리라. 자연이 주는 아름다움과 경이로움을 한순간에 느끼는 곳, 모든 상념들이 사라지고 오직 맑은 물과 만년설, 산에 몰입되게 만드는 곳, 69호수로 여러분을 초대합니다.

또다시 트레킹 길에 나섭니다. 여명이 밝기도 전에 일어나 차에 오릅니다. 15명 남짓 되는 이들과 3박 4일간 최고 높이 4,750m까지 오르며 동료애를 주고받게 될 겁니다.

우연하게도 한국인 친구 2명과 동행을 하게 되었습니다. 정진성과 송주란 두 사람이었는데 몹시 다정해 보였습니다. 진성이 정성을 다해 주란을 챙겨 주는 모습이 보기 좋습니다.

융가이(Yungay)라는 지역에 오니 산 정상이 둥그스름합니다. 온통 눈으

현실 세계가 아닌 듯

해발 4,767m 고개에서

로 뒤덮여 있는데 웅장합니다. 처음 보는 산임에도 융가이란 이름에 왠지 마음이 많이 끌리네요. 침보라소산을 오를 때의 느낌입니다.

국립공원이라서 그런지 입장권 가격이 꽤 높습니다. 일인당 65솔. 해발 4,767m를 지나 한참 내려갑니다. 해발 3,300m인 Vaqueria 마을에서 출발 준비를 마칩니다. 3박 4일간 식량, 텐트, 침낭, 취사도구 등을 모두 말과 나귀 등에 싣습니다. 포터와 주방장이 모두 3명, 가이드 2명, 총 5명이 진행을 하네요. 나귀와 말이 10마리쯤.

구아리빰빠(Guaripampa, 'pampa'는 대평원이란 의미)라는 마을을 지나고 국립공원 관리사무소 분소쯤 되는 Puesto de Control Huaripampa에서 입장권을 확인하고 방문자 기록부에 기록도 합니다.

오늘 쉬어 갈 캠핑장에 도착. 우리 일행 말고도 여기저기 텐트촌이 형성됩니다. 포터 두 사람만 열심히 텐트 치랴, 음식 준비하랴 분주한데,

Guaripampa 마을 아이들. 학교를 파해 집으로 돌아옵니다

포터들을 돕는 게 낫겠다 싶어 나도 텐트 치는 일을 도왔습니다.

식사 준비를 하는 동안 일행은 큰 텐트 안에서 잡담을 하며 한가한 시간을 보냅니다. 촛불 하나가 텐트 안을 은은히 밝혀 주는데 분위기가 그럴싸합니다. 휴대용 형광등을 가져와 텐트 천장에 달았고, 이어 피리로 〈엘 꼰도르 빠사〉와 〈아리랑〉을 불렀습니다. 비록 서툴렀지만, 친구들이 박수를 쳐 주며 환호합니다.

새드윅이라는 친구가 나가더니 조그만 하모니카를 가져와 역시 두 곡을 부릅니다. 텐트 안에 갑자기 음악이 흐르고 분위기는 더 한층 고조됩니다. 낯선 곳에서 낯선 사람들과 만나, 대자연을 즐기고 이야기를 나누며 음악을 함께하는 이런 풍경이 어디 흔한 일이겠어요? 웃음소리가 끊이질 않습니다. 옆 텐트 주방에선 음식 익어 가는 냄새가 바람을 타고 솔솔 풍겨 옵니다.

밤하늘에 은하수가 흐르는데요, 흰 줄기 옅은 구름층에 무수히 많은 별들이 빛을 발합니다. 황홀합니다. 광활한 우주의 질서를 한눈에 보는 특권을 맘껏 누립니다.

정진성은 이렇게 표현하네요. "사막은 이보다 3배 정도 더 많습니다. 모래를 한 줌 집어 흩뿌려 놓으면 모두 다 별이 될 정도로 많아요." 언젠가 사막에 가면 모래를 한 줌 뿌려 봐야겠어요. 이 감동을 다시 한 번 느낄 수 있도록 말이죠. 첫날 밤 은하수와 함께 시간이 흐릅니다.

트레킹을 하면서 앞만 보고 가기보단 이따금 뒤를 돌아보면, 뜻밖에 기가 막힌 장면들을 볼 수 있습니다. 앞에서 보는 자연과 돌아보는 자연의 느낌이 확연이 다릅니다. 같은 산봉우리라도 돌아보면 다르게 보입니다. 자연이 만들어 내는 여러 결들을 두루 볼 수 있습니다.

인생도 마찬가지입니다. 앞만 보고 갈 일이 아닙니다. 뒤를 돌아볼 필요가 있습니다. 그러면 뭔가 보입니다. 나 자신과 주변 상황들을 뒤돌아보며 후회나 반성, 혹은 아쉬움을 느끼기도 하지만, 그럼으로써 한 템포 늦추며 자신을 객관화할 수 있는 시간을 갖게 되지요. 자신을 보다 성숙하게 하는 좋은 습관입니다.

산은 내게 말합니다. 오르지만 말고 가끔 뒤를 돌아보라고, 그러면 오를 때 못 보던 장엄함과 아름다움을 볼 수 있다고, 인간의 생도 이와 마찬가지라고. 산은 또 말합니다. 다 오르면 주변을 보고 싶어도 결코 볼 수 없으므로 긴 호흡으로 주위를 둘러보고 뒤를 바라보라고, 그러면 아름다운 뒷모습을 볼 수 있을 거라고.

오늘은 해발 3,800m에서 4,750m까지 오르는 제일 힘든 여정입니다. 고소에 힘들어하는 친구들이 한둘씩 나타납니다. 가다 쉬다를 반복하다 보니 어느덧 구름이 서서히 걷히면서 설산이 그 모습을 드러냅니다. 웅장하고 장엄한 위용을 가졌습니다. 그저 입만 벌리고 감탄하는 수밖에 없습니다.

내리막길엔 또 비취빛 호수가 보는 재미를 더해 줍니다. 오늘은 2시 반쯤 운행을 멈춥니다. 포터들이 일찍 도착해 미리 텐트를 설치해 놓고 있는데, 오늘은 미국에서 온 친구들이 일을 돕습니다.

주방에서 저녁을 준비하는 동안, 주방친구들에게 조그만 즐거움이나마 주려는 마음에서 피리로 〈아리랑〉과 〈엘 꼰도르 빠사〉를 불러 주었습니다. 다들 웃으며 마음의 문을 엽니다. 내게 질문도 하고 웃기도 하고 피리 잘 부네 칭찬도 하고. 이렇게 이틀째 시간이 흘러갑니다.

이들이 음식을 하는 과정을 고스란히 지켜볼 수 있었는데요, 특히,

우니온 고개(해발 4,750m)에서 본 고봉준령들

왼쪽부터 정진성, 송주란, 나

포터 두 명은 고생이 이만저만이 아닙니다. 짐 꾸려 나귀에 싣고, 캠핑장에 와 텐트 치고, 식사 준비하는데 궂은일 다 하고 식사 후 계곡 찬물에 설거지하느라 손이 부르터 있습니다.

산따끄루즈 트레킹을 하려는 친구들이 있다면 해 주고 싶은 말이 있습니다. 장갑이나 목도리, 혹은 등산 양말, 긴팔 기능성 웃옷이 이들에게 가장 필요한 물품이며 최고의 선물임에 틀림없으니 생각이 있다면 가져와서 선물로 주라고.

셋째 날, 해발 5,800미터급인 알빠마요 산군(山群) 주변을 거슬러 올라가 아르와이 호수를 보고 내려오는 일정입니다. 아쉽게도 알빠마요 봉우리가 내내 구름에 가려져 있네요.

두 시쯤 그란데(Grande) 호수에 도착, 일행들 모두 호수 앞에 앉아 골똘히 뭔가를 생각하고 있습니다. 모르긴 몰라도, 다들 이번 트레킹의 의미를 나름대로 해석을 하고 있지 않을까 추측합니다. 자신이 겪은 경험과 처음 만난 사람들과 나눈 대화, 그리고 풍경. 이런 소재들을 조합해 한 편의 이야기를 만들고 있으리라.

야영하는 마지막 날이라 그런지, 하늘도 은하수를 열어 무수히 많은 별들을 쏟아냅니다. 반짝이는 별들이 이별의 아쉬움을 빛으로 노래하네요. 반짝반짝 잘 자라 한국 친구들, 반짝반짝 너희들과 함께한 오늘 밤을 영원히 잊지 않을게.

진성이가 참신한 아이디어를 하나 줍니다. 자기는 곧 한국으로 돌아가므로, 내가 편지를 써 자기에게 전해 주면 그 편지를 내 아내에게 깜짝 선물로 전해 주는 이벤트를 하자는 얘기였는데 흔쾌히 동의했습니다. 아내를 놀라게 해 주는 동시에 감동의 편지를 한 통 써 보내는 이벤

자연의 신비로밖에 볼 수 없습니다

트! 즐겁고 유쾌합니다. 이렇게 또 내일을 기약하며 잠을 청합니다.

트레킹 마지막 날 일찌감치 일어나 아내에게 편지를 썼습니다. 이 편지가 진성이의 손을 통해 아내에게 전달될 때, 아내의 느낌과 표정이 어떤는지 자못 궁금합니다.

'여보, 놀랐지! 지금 뻬루 산악지대에 있어. 내일 하산하면 리마로 떠나. 당신이 이 엽서를 읽을 때쯤이면 이끼또스 아마존 투어를 마치고 다시 리마로 돌아왔거나, 아니면 꾸스꼬에 가 있을 수도 있어. 그야말로, 당신과 이별 아닌 생이별을 한 지 벌써 5개월이 다 되어 가네. 자주 통화하면서 당신에 대한 그리움을 조금이나마 해소하지만, 여전히 보고 싶은 마음은 어쩔 수가 없네. 여보, 보고 싶다.

떨어져 있다 보니 당신에 대한 생각을 많이 하게 돼! 우리가 우리 맘

대로 돌아다니거나 우리 뜻대로 어떤 일을 도모할 수 있는 시간이 우리에게 얼마나 남아 있을까를 생각해 보면, 당신과 함께할 수 있는 시간이 얼마나 소중하고 필요한지를 잘 알게 되었어. 이 여행은 날 변화시키는 중이고, 또 당신에 대한 그리움의 농도를 더욱 짙게 해 준 뜻깊은 시간들이야. 부모님과 형제들 잘 챙겨 주는 당신에게 정말 고맙단 말을 전할게. 늘 가족에 대한 관심과 사랑을 보여 주는 내 아내 에게 사랑한단 말을 전하며. 여보, 진심으로 사랑해!'

– 2017년 7월 28일 저녁 즈음에, 멀리 떨어져 있지만 늘 당신 옆에 있고 싶어 하는 철딱서니 없는 천둥벌거숭이 남편 최인섭이 부치다

아침 식사로 모처럼 달걀 프라이를 해 주네요. 빵과 쏘시지, 그리고 커피도 곁들여 든든하게 먹고 목적지인 까사빰빠에 도착했습니다. 이곳은 들머리가 되기도 하고 날머리가 되기도 합니다. 다들 맥주 한 잔씩 하며 자축합니다. 나도 병나발을 불며 3박 4일간 트레킹 완주를 자축했습니다.

Akilpo로 돌아와 주방장, 가이드인 닐똥에게 티셔츠 5장을 전해 주었죠. 이들이 한국인에 대한 좋은 인식과 감정을 가지면 좋겠습니다.

직원인 Vengi가 내게 말합니다. "네가 체크아웃을 하지 않고 갔으니 39솔을 더 내야 돼." 맞습니다. 새벽에 나가다 보니 그만 해야 할 절차를 놓쳤죠. 인정했고 벌금을 내겠다고 했죠.

한국인에 호의를 가지고 있던 에스떼반에게 먼저 티셔츠를 한 장 주었습니다. 입이 귀에 걸리며 정말 내게 주는 거냐를 되묻습니다. 이들에겐 아직 선물을 주고받는 일이 보편화되지 않아 보입니다. 벤기에게도 휴대폰 방수팩을 주었더니, 바로 내 손과 어깨를 부여잡고 'Amigo(친

구)'를 외칩니다. 선물은 선물이고 벌금은 벌금이니만큼 돈을 내려고 하니 됐다 합니다.

어제 쓴 편지를 엽서에 옮겨 적은 후, 사진 두 장을 함께 진성이에게 전달했습니다. 함께 저녁 식사를 마친 후, 그네들은 끄루즈 델 수르 버스를 타고 리마로 갑니다. 기특한 젊은 친구들로, 생각도 아주 깊습니다. 25일간 여행을 하는데 한 국가에 집중한다 합니다. 그래서 뻬루를 선택했다고요.

잉까 이전 문명, 까랄(Caral) 유적을 둘러보다

이제 또 다음 여정을 시작해야 합니다. 자전거도 달려야 하는 운명이듯 여행자도 한곳에 머물 수는 없습니다. 필연처럼. 일찌감치 일어나 준비를 마치고 에스떼반과 벵기 두 사람과 깊은 포옹을 한 뒤, 2~3년 뒤에 다시 오겠다 했습니다. 거리로 나서니 오늘 뻬루 독립 기념일 행사 준비로 많은 사람들이 부산합니다.

Recuay 마을에서 진행된 독립 기념일 행사를 1시간가량 지켜보았습니다. 작은 마을인데 온 동네 사람들이 다 모였나 봅니다. 아이부터 어른까지 마치 축제인 듯합니다. 보기 드문 광경을 보는 호사를 누립니다.

Huaraz를 떠납니다. 융가이를 중심으로 펼쳐진 웅장한 산군, 그 속에서 온전히 일주일을 지냈습니다. 오랫동안 잊지 못할 트레킹. 추억의 한편에 고이 간직할 겁니다.

어둠이 서서히 몰려오는데 목적지는 나타나지 않습니다. 10시간 이상을 꾸준히 페달을 밟다 보니 온몸에 피로가 몰려오고 3,800m 지점부터

장차 뻬루 애국자가 될 아이들

는 호흡도 가빠집니다. 평지가 계속되고 한 굽이를 지나니 멀리서 불빛
이 보입니다. 오늘의 목적지인 Conococha(cocha는 께추아어로 '호수'라는 뜻)
에 닿았습니다. 해발 4,100m. 음식점 겸 숙소를 운영하는 데에서 하루
를 묵습니다.

4,000m대 아침 추위가 보통이 아닙니다. 영하 2~3도쯤 될 듯합니
다. 마을 아래 큰 호수가 있어 한기를 내뿜어 더 춥습니다. 남미에서 겨
울을 제대로 느낍니다. 마을 사람들 옷차림은 그야말로 우리네 한겨울
과 같습니다. 마을엔, 의외로 Quezo(치즈) 가게가 많습니다. 마을 풍경
이 그림 같아 눈과 카메라에 많이 담고 출발합니다.

삼거리서부터 내리막입니다. Cajacay라는 마을에서 과일 몇 종류를 5
솔 주고 샀습니다. 매번 느끼지만 과일 종류가 많고 당도가 높아 먹기도

해발 4,100m 꼬노꼬차 마을

좋습니다. 더욱이 값도 싸, 꿩 먹고 알 먹고 털 뽑아 부채 만들고 그야
말로 일석삼조입니다. 가게 주인인 Oscar Ibarra와 잠시 뻬루 독립에 관
한 얘길 나누면서 잠깐이지만 서로의 간격을 좁혔습니다. 행복을 빌며
헤어집니다.

Conococha에서 Raquia까지의 풍광은 그야말로 환상적입니다. 구불
구불 S자 모양이 끝없이 이어지고 경사도 그리 심하지 않아 이른바 다운
힐 재미가 최고입니다.

자전거 세계 여행 3년차인 일본인 료 쿠보타를 만났습니다. 잠시 서
로 둘러본 곳에 대해 이야기를 주고받습니다. 이 친구는 지금 북아메리
카~남아메리카 종주를 하고 있다 하네요. 함께 사진을 찍지도 못하고
헤어지는 바람에 아쉬웠어요.

도로는 아래로 끝임없이 내려갑니다

3년차 자전거 여행 중인 료 쿠보타. 고수의 포스가 느껴집니다

Chasquitambo 마을에서 이르니 덥습니다. 해발 4천 미터에서 천오백 미터까지 내려왔으니 그럴 만도 합니다. 끝에 '~tambo'라는 이름이 들어간 마을을 처음 봅니다. 잉까 시대 파발꾼이었던 차스끼(Chasqui)들이 쉬는 공간, 이들은 일정한 구간으로 나눠 그 구간을 빠른 속도로 달려 다음 차스끼에게 소식이나 물자를 인계했죠. 이곳이 바로 예전에 그들이 쉬어 갔던 공용 숙소였습니다.

Shaura 마을을 지납니다. 멀리서 보니 붉은색이 끝없이 이어져 있기에 가 보니 고추였습니다. 엄청난 양의 고추가 마을 여기저기서 말려지고 있습니다, 주변을 보니 고추가 자랄 만한 곳이 없는데 이렇게 많은 고추를 어디서 수확했는지 궁금합니다. 아니면 햇빛이 잘 드는 마을이어서, 다른 곳에서 생산해 이곳으로 가져오는지도 모릅니다. 옥수수는 더 많습니다.

이게 죄다 옥수수!

빠아메리까노 도로를 만나 더 신나게 달립니다. 제법 규모가 큰 Barranca 시내에서 적당한 숙소를 잡아 하루를 묵습니다. 식사 후 슈퍼에 들러 뻬루 특산품인 뻬스꼬 사우루를 한 병 사 숙소에서 몇 잔 마셨어요. 이 술은 포도로 만든 뻬루 특유의 독한 술 뻬스꼬(42도)에 과일즙과 설탕 등을 넣어 버무린 일종의 칵테일인데요, 도수가 낮고 달착지근해 마시기 좋습니다.

일찌감치 리마를 향해 열심히 페달을 밟던 중, Caral 유적지 판이 보여 그쪽으로 핸들을 틀어 갑니다. 가는 길이 비포장이어서 속도가 잘 나지 않고 힘만 많이 듭니다. 관광차들이 들락거리는 걸 보니 예사롭지 않아 보이긴 했어요.

길은 점점 더 나빠집니다. 물길을 건너고, 흙먼지 뒤집어쓰며 비포장을 덜컹거리면서 거의 3시간 만에 도착했어요. Caral은 아메리카 최초

까랄 유적지. 제단입니다

의 도시 문명입니다. 1948년 최초로 발굴이 이루어졌고, 1997년 뻬루의 고고학자인 루스 샤디가 이곳에서 5,000년 이상 된 피라미드를 발견했을 뿐만 아니라 원형 경기장과 기타 주거지 유적이 있는 전형적인 도시를 발굴하였습니다. 까랄 문명은 여전히 연구 중이라 추후 라틴 아메리카의 문명사가 전혀 다른 방향으로 풀릴 수도 있다 하니 그 귀추가 주목됩니다.[4]

관람을 마치고 다시 리마 방향으로 핸들을 돌려 열심히 달립니다. 날은 어둑해지는데 막상 쉴 만한 마을이 나오질 않네요. 7시가 넘으니 Medio Mundo(세상의 절반?) 마을이 나타납니다. 가게에 들어가 물 한 병을 사 먹으며, 소녀에게 Medio Mundo의 뜻을 물으니 웃습니다.

사막에 있는 집에서 하룻밤을!

7월 마지막 날입니다. 노점에서 하는 아침 식사는 값도 싸고 양도 많아 경제적입니다. 계란 프라이가 들어간 빵, 또르띠야 빵, 뻬루아노들이 즐겨 마시는 따끈한 아침 음료인 끼누아를 배불리 먹었습니다.

오늘은 적어도 Chancay까지 가야 함에도 태평양에서 불어오는 바람이 자전거의 진행을 방해하고 또 피곤도 몰려옵니다. 해가 질 무렵, 도로 주변이 모두 사막인 곳에 자전거를 잠시 세우고 잠잘 곳을 걱정하고 있던 중에, 한 사람이 건너편 사막 언덕에서 도로를 건너오며 내게 아는 체를 합니다. 주변에 호텔 여부를 물으니 너무 멀어 못 간다 하면서 자

---

4) 신화에서 역사로 라틴 아메리카, 최명호, 이른아침, 175쪽

기 집에서 자고 가라 합니다.

그의 이름은 Alfonso. 사막에 그의 집이 있습니다. 막상 들어가 보니 사람이 살 수 있을까 싶을 정도로 열악합니다. 나무로 얼기설기 덧대어 벽을 만들었는데 그 사이로 사막 모래가 들어옵니다. 전기가 들어오지 않아 배터리로 불을 밝힙니다.

제나이다 뻬레즈 루비오 아주머니가 저녁을 내주는데 불어오는 바람에 섞인 잔모래와 함께 음식을 먹습니다. 그래도 즐겁습니다. 이들의 표정 또한 밝고 맑습니다. 이들이 하는 일은 대도시로 나가는 닭을 잡는 일. 모두 같은 기독교도인입니다. 루비오 아주머니가 서울중앙만민교회 목사 사진을 보여 주며 이분 도움을 많이 받았답니다.

아이들은 내게 한국에 대해 여러 가지를 묻습니다. 답을 해 주면 고맙단 얘기를 잊지 않습니다. 아이들이 해맑고 그늘이 없습니다. 소파에 누워 잠을 청하며 이런 생각을 합니다. 얼마나 소유했는지 여부와 상관없이 이들은 정말 행복한 사람들이리라.

8월 초하루 흐린 날입니다. 6시 전에 일어나 티셔츠 두 장과 손톱깎이를 감사의 선물로 주었죠. 12살짜리 헬렌과 루비오 아주머니가 티셔츠를 입으며 즐거워합니다. 알폰소 씨 가족들과 포옹을 하며 아쉬움을 달랩니다. 비록 하루가 채 되지 않았지만 깊은 인상을 받은 시간이었습니다. 알폰소 씨와는 굳은 악수를 하며 다음을 기약했죠. 그들과의 인연은, 내게 사람이 살아가는 데 필요한 요소들이 뭔지를 깨닫게 해 준 뜻 깊은 만남이었습니다.

부지런히 페달을 밟으니 11시에 Chancay에 다다르네요. Museo de Chancay와 미술 전시관에 들러 관람했습니다. Chancay도 잉까 이전 시

왼쪽이 알폰소 씨, 오른쪽이 루비아 아주머니. 큰딸이 찍어 주었죠. 가운데 흰 줄은 배터리와 전등을 이어 주는 선

대인 1,100년~1438년까지 하나의 문명으로 존재했습니다. 관람 후, 독특한 향이 나는 유명한 Chancay 빵을 샀습니다.

바다를 끼고 빤아메리까노 도로를 계속 따라갑니다. 바다 옆이 모래산인데 도로가 그 한가운데를 지나고 있습니다. 정말 보기 힘든 장면들이 1시간 이상 계속됩니다. 자전거 핸들을 잘못 틀어 구르기라도 할 경우 바로 바다로 직행하는 구조입니다. 실제로 '악마의 커브'라 불리는 이 구간에서는 추락 사고가 많이 발생한다고 합니다. 오늘도 리마 가기는 틀렸습니다. 해가 지고 어둑해질 무렵, Puente Piedra(돌다리) 지역에서 하루를 묵습니다.

한 번 구를 경우 곧장 바닷속으로! 보기보다 경사가 심하고 굉장히 깁니다. 200m 족히 됩니다

볼거리 즐비한 리마

아내가 보내 준 리마 한인 숙소 191의 약도 하나만을 의지한 채, 숙소를 나서 노점에서 아침을 해결합니다. 거의 아침마다 5솔의 행복을 맘껏 누리고 있습니다. 달걀 프라이나 아보카도가 들어간 빵과 끼누아는 아침 주린 배를 채워 주기에 충분합니다. 페달을 밟자마자 리마의 외곽이 시작되는 듯 차들이 엄청나게 많습니다.

도로 상황이 안 좋습니다. 왜 그리 경적을 눌러 대는지 모르겠습니다. 소음입니다. 또 내 자전거 옆으로 차들이 머리를 바투 들이대며 날 도로 밖으로 몰아내려 안달입니다.

11시쯤 리마에 도착했습니다. 찾아간 곳을 확인해 보니 숙소가 아닌 Punto Azul이라고 맛이 좋기로 유명한 음식 체인점이었어요. 아내는 블로그를 보고 한인 숙소인 줄 알고 캡처를 해 내게 보내 주었죠. 다시 북쪽으로 한참을 올라가며 아내가 보내 준 글을 생각합니다.

'진정한 여행의 발견은 새로운 풍경을 보는 것이 아니라 새로운 눈을 갖는 것이다. – 마르셀 프루스트'

그렇습니다. 내가 지금껏 4개월간 여행을 통해 낯선 세계에 대한 새로운 눈을 갖게 되었다는 관점의 변화, 바로 이것이었습니다. 아내는 뚜렷하게 방점을 찍어 주며 확실한 정의를 내려 주었네요.

리마 시내를 관통하는 자동차 전용도로인 Paseo de la Publica로 길을 잡아 달리다가 한 음식점에 들어가 주소를 보여 주며 찾아 달라 했더니 자기 일인 듯 그림까지 그려 줍니다. 그 그림을 보며 드디어 리마 남쪽 신도시 미라플로레스 Samuel Marquez 191번지 한인 숙소를 찾아 짐을 풀고는, 인근 Punto Azul(파란 점) 음식점에 가 해산물 파스타와 치차 모라다로 모처럼 근사한 식사를 했습니다.

여유로운 아침, 느지막하게 리마 중심가로 향합니다. 중심을 오가는 버스를 타고 jiron de la Union에서 내려 길을 건너면 리마의 중심인 Plaza de Armas가 나옵니다. 광장에 도착하니, 무슨 일이 생겼는지 대성당 문이 굳게 닫혀 있고 주변엔 경찰이 통제를 하고 있습니다.

12시부터 시작된 대통령궁 근위대 교대식을 관람했는데요, 어느 정도 거리를 둔 철 울타리 너머로 보긴 했지만 절제된 동작과 군인 특유의 움직임이 아주 인상적이었습니다. 〈엘 꼰도르 빠사〉 음악이 흘러나올 땐 나도 모르게 휘파람을 따라 부르기도 했어요. 교대식이 끝나자 구경하

대성당과 아르마스 광장

던 모든 이들이 큰 박수로 답해 줍니다.

지은 지 남미에서 가장 오래된 대성당에 들어가 삐사로 유골을 넣은 관과 그의 해골 사진을 보았습니다. 남미 침략자였던 그의 영욕은 기구했죠. 갈등을 빚었던 2인자였던 부하 알마그로를 제거했지만 결국 알마그로의 추종자들에게 암살당했습니다. 리마 부왕이 된 지 몇 년 지나지 않은 때였죠.

현지인들이 잘 간다는 음식점 '마추삑추'에서 식사를 했는데요, 비교적 싼값에 맛은 일품! 식사 후, 남미 산또 도밍고 교회와 수도원에 입장해 관람했습니다. 한국에서 온 신부님들 투어에 슬그머니 합류해 한국말로 설명을 들었어요.

고장 난 폰을 고치기 위해 여러 상점을 찾았지만 모두 허사. 실낱같은 희망을 가지고 물어물어 삼성을 찾아갔습니다. 다행히 삼성 주재원이 있어 폰의 이상을 자세히 알려 주었더니, 현지 기술자를 데려와 일일이 통역해 주며 폰의 이상을 설명해 줍니다. 다른 폰에다 정보도 다 옮겨 줘 폰을 사용하는 데 이상이 없도록 세심하게 챙겨 주고는, 한국에 특급으로 요청해 부품을 빨리 확보할 수 있게끔 하겠답니다. 리마에서 경험하는 삼성 서비스의 진수입니다. 송명근 주재원인데요, 카톡 친구를 맺어 수리 과정을 내게 알려 주겠답니다. 고객의 속마음까지 읽어 주는데 감동받았습니다.

산 프란씨스꼬 수도원을 찾았는데 마침, 장례식을 치르네요. 신부가 주도하고 연주대가 추모 음악을 들려주는 성대한 의식입니다. 수도원 외관은 정교하고 섬세하게 돌을 다듬어 쌓았습니다. 7년 동안 지었다 하는데 지하엔 카타콤이 있고 무려 7만 명의 유골이 있습니다. 〈최후의 만찬〉 그림에 독특한 음식이 하나 있는데, 예수님 앞 접시에 담긴 음식이 꾸이(기니피그)입니다. 꾸이는 안데스에 사는 사람들이 부족한 단백질을 보충하기 위해 오래전부터 요리해 먹은 음식입니다.

종교재판박물관엘 갔는데, 문이 닫혀 있습니다. 스페인 침략자들은 잉까인들에게 가톨릭으로 개종을 강요했고, 그렇지 않을 경우 참혹하게 고문하고 처형했습니다. 사람의 사지를 말에 묶고 말에게 채찍을 가해 동서남북으로 달리게 했죠. 가톨릭 전파라는 미명하게 무수히 많은 사람들을 재판에 회부한 흔적들을 보고 싶었는데 아쉽습니다.

일요일, 국립 인류학 박물관을 둘러보는 데에만 꼬박 두 시간 걸렸습니다. 국가에서 관리하는 박물관이니만큼 체계적으로 배치해 놓았는데요, 잉까 이전 시대인 Chavin, Paracas, Pukara, Huari, Chimu,

지하 까따꼼에 있는 유골. 도대체 몇 명의 유골인지?

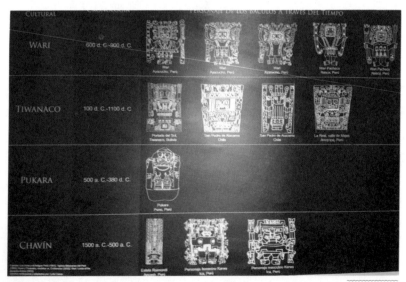

각 문명별 상징

Lambayeque, Chancay, 마지막에 Inca로 구분하였습니다. 시기별로 지역별로 구분해 놓았고, 또 문양이나 토기의 구분이 뚜렷해 잉까 이전 시대 상징들을 볼 수 있었습니다.

국립 인류학 박물관 인근에 있는 세계에서 제일 크다는 개인 박물관인 라르꼬 박물관에 입장했습니다. 여기서 아메리카 원주민의 이동 경로를 확인했는데요, 유럽과 아시아 지역에서 베링 해협을 거쳐 북미와 중남미로 이동하는 경로를 화살표로 표시해 놓은 커다란 그림을 보았습니다.

아메리카 원주민의 유래에 대해서는 대체로 미국 인류학자들의 주장이 많이 알려져 있습니다. 바이칼호에서 발원한 몽고족 혹은 아시아계 유목민족이 당시에 연결되어 있던 베링 해협을 따라 아시아에서 아메리카 대륙으로 이동했다는 설이죠. 기원전 13,000년~기원전 8,000년 사이에 마치 대륙 간 다리를 건너듯 어렵지 않게 이주했으리라는 주장인데요, 여전히 정설은 없습니다.[5]

특별히 성행위를 하는 토기나 도자기들을 많이 전시해 놓았는데, 기원전 100년~기원후 800년까지 존재했던 모체 문명의 대표적 유물들이죠. 그중 에로틱한 도자기는 대부분 모체 문명의 유적입니다. 그만큼 성적으로 개방된 사회였음을 의미하지 않을까[6] 생각합니다.

---

5) 신화에서 역사로 라틴 아메리카, 최명호 지음, 이른아침, 18쪽
6) 신화에서 역사로 라틴 아메리카, 최명호 지음, 이른아침, 199쪽

성행위하는 모양의 토기들

　식민지 시대 건축물 중 가장 아름답다는 또레 따글레 궁전도 보았습니다. 지금은 외교부 건물로 사용하는데 출입을 못하게 합니다. 화려하더군요.

　자전거를 손볼 때가 되었기에, 숙소에 와 확인해 보니 가까운 곳에 믿을 만한 자전거점이 있습니다. 전체 점검하고 체인도 교체하며 속도계를 새로 부착하기로 했습니다.

　리마의 신도시인 미라플로레스에 가, 유명한 라르 꼬마르 상점도 둘러보고 〈사랑의 공원〉에도 가 봤습니다.

　다음 날 Basilica de la Merced 교회를 본 후, 국립중앙은행 박물관을 관람했습니다. 여기서도 잉까 이전을 시대별로 체계적으로 정리해 놓아, 스페인어 설명을 잘 몰라도 특성을 이해하는 데 도움이 됐습니다.

리마 미라플로레스 신도시 쪽에 위치한 자전거점. 주소: Av Reducto 1017, Miraflores, Lima

사랑의 공원의 상징

아마존으로 가는 이끼또스행 비행기를 타려 공항엘 갑니다. Hilton Hotel 앞에서 15:05 공항버스를 탔는데요, 도로 상황이 말이 아닙니다. 우려하던 일이 생겼습니다. 공항에 도착하니 17:25. 적어도 17시 이전에 창구에 와야 한다는 직원의 말이 얼마나 서운하게 들리던지! 혹시라도 다른 항공사에 비행기 편이 있는지 확인하는데, 내 표현의 한계와 항공사 간 연계가 잘 되지 않는 점 등으로 인해 결국 포기하고 숙소로 돌아갔습니다. 누구 탓이라 할 수도 없지만, 돌아가면서 아마존을 포기할까를 수없이 생각했습니다.

이튿날 일찌감치 케네디 공원에 가 여행사에 문의했더니 항공권이 내일 치밖에 없다 합니다. 포기할까도 생각하다가 기왕이면 해 보고 후회하자로 마음을 고쳐먹고는 결제했습니다. 남미에서는 왕복 비행기 삯이 훨씬 더 쌉니다.

숙소에서 좋은 정보를 하나 얻었습니다. 다음 여행지인 우앙까요에서 우앙까벨리까까지 열차가 운행된답니다. 128㎞쯤 되는데 현지인들이 이용하는 열차라 하니, 꼭 타 보고 싶네요. 더욱이 '우앙까요~우앙까벨리까~아야꾸초' 구간은 이른바 안데스의 중심이라 가 볼 생각인데요, 열차가 운행된다니 더 잘되었습니다.

왈떼르와 함께한 아마존 체험기

이끼또스엔 밤 9시가 거의 다 되어 착륙했습니다. 공항에서 나오니 모또 딱시 기사들이 벌 떼같이 몰려와 호객을 합니다. Flyingdog Hoteles 에 간다 하니 맨 끝에 있던 중년 남성에게 내 몫이 돌아갑니다. 20분쯤 걸렸는데, 택시 요금은 10솔.

체크인을 마치고 짐을 정리하던 중, 수염이 덥수룩한 한 친구가 내게 말을 겁니다. 자신은 아마존 투어 전문가이고, 세계적인 여행 책인 론리 플래닛 책에도 소개되었다며 내게 보여 줍니다. Walter Soplin입니다. 사실 여부를 확인할 순 없지만, 그의 눈빛은 진실을 말해 주는 듯했습니다.

하루에 250솔에 3박 4일간 1,000솔이라 하네요. 꽤 비싸다 싶어 몇 차례 흥정 끝에 하루 200솔로 합의했죠. 하루 70달러쯤 되니 그리 큰 부담은 아닙니다.

평소 모험심이라면 남들 못잖게 흥미를 가지고 있던 터라 이참에 그와 내가 단출하게 하는 아마존 투어에 끌렸고, 그 자리에서 계약금조로 200솔을 주었습니다. 내일 아침 9시에 숙소에 와 나를 데리고 간답니다. 잠시 밖에 나갔다 들어오니 왈떼르가 말합니다. "전화기 뺏어 가니 나가지 말라, 위험하다."

이튿날 7시쯤 일어나 숙소 주변을 어슬렁거리며 생소한 풍경들과 낯선 환경을 사진에 담았습니다. 식당에서 아침 식사를 하려는데 한 친구가 나를 보며 아는 체를 합니다. 낯이 익은 친군데 이름을 모르겠어요. "초이?" 알고 보니 산타끄루즈 트레킹을 함께했던 Jordan Sawchuk입니다. 은하수가 곱게 내려앉은 날, 텐트 안에서 함께 악기를 불며 흥을 돋웠던 친구죠. 반가웠습니다. 딱 보름 만이었어요. 아마존 지역에서 다시 만나다니 정말 세상은 좁습니다. 내일 리마로 돌아가 꾸스꼬로 간다 합니다. 만나자마자 또 헤어집니다. 여행자의 숙명이라고 할까요?

첫날, 모또 딱시로 잠시 이동 후 딱시를 탔습니다. 가는 곳은 Nauta.

아마존 투어 출발 지점이라 합니다. Puerto de Nauta(나우따 항)에 닿으니 물류를 싣고 나르는 모습이 분주합니다. 가만히 따져 보니 좀 이상합니다. 대부분의 투어는 브라질 쪽으로 이동해 아마존강을 따라 투어를 하는데, 지금은 반대로 이동하고 있습니다. 앞으로 상황이 어떻게 전개될지 자못 궁금합니다.

아마존이 모두 브라질에만 있지 않습니다. 뻬루도 30%쯤 아마존 지역을 가지고 있습니다. Nauta에서 배를 타고 강을 건넙니다. 강물은 흙탕물이어서 모두 황토색입니다. 조그만 마을에서 내려 다시 정글로 들어갑니다. 폭이 좁은 샛강에 이르러 문제가 생깁니다. 배를 타고 더 들어가야 하는데 배 주인이 없다 합니다. 한참을 기다려 배를 타고 샛강을 거슬러 올라갑니다. 물길이 끊긴 곳까지 가더니, 점입가경입니다. 이젠 배를 반대편 호수까지 끌고 가야 한답니다. 어처구니가 없어 웃음밖에

나우타, 인부들이 물류를 부지런히 지어 나릅니다

나오질 않습니다. '좋게 생각하자. 이런 여행을 나 아니면 누가 해!' 5명이 배를 들고 배 밑에 굴림목을 댄 후 앞에서 끌고 뒤에서 밉니다. 그렇게 100m쯤 땀을 흘리며 배를 끌고 가니 큰 호수가 나타나네요. 호수를 건너 조그만 마을이 나타나자, 우리 둘만 내리고 다들 돌아갑니다.

왈떼르가 한 젊은 친구를 소개해 주는데요, 조리와 정글 안내 역할을 할 Juan입니다. 함께 30분쯤 걷다가 다시 샛강이 나타나는 곳에서 잠시 쉽니다. Juan이 사는 마을입니다. 넷이 배를 타고 개울을 거슬러 올라갑니다. 후안의 아들(6살)은 배에 고인 물을 퍼내는 역할을 합니다. 기특합니다.

폭이 1m도 채 되지 않은 좁은 수로를 헤치며 거슬러 올라가면서 온갖 고생을 합니다. 내려서 배를 밀기도 하고, 가로로 걸린 나뭇가지를 치우기도 하면서 간신히 로지에 도착했습니다. 후안은 바로 식사 준비를 하고, 난 짐 정리와 잠자리를 살핍니다.

밀림에 어둠이 깔리면서 호숫가 개구리들의 울음소리가 요란합니다. 본능에 따라 교대로 우는지 소리가 끊이지 않습니다. 숲속에선 풀벌레, 온갖 종류의 새들, 부엉이 같은 야행성 날짐승들의 합창이 조화를 이뤄 하나의 하모니를 이룹니다. 자연의 소리는 이처럼 여러 들짐승과 날짐승들의 합연입니다.

날이 밝았습니다. 밤새 자연의 소리를 자장가 삼아 아주 편안하고 느긋하게 잠을 잤습니다. 깊은 잠을 잔 덕에 몸도 아주 가뿐합니다. 밤에 덥고 습할 줄 알았지만 춥단 느낌마저 들었습니다. 난생 처음 듣는 특이한 새 노랫소리가 아마존에 왔음을 실감케 합니다.

오늘은 정글 캠핑을 하는 날입니다. 어제 왔던 좁은 수로로 다시 배를 타고 내려갑니다. 왈떼르가 말합니다. "이 지역은 자기가 투어로 개발한 자기만의 코스다"라고. 하지만, 이틀간 밀림 속에서 제대로 된 동물들을 못 봤습니다.

후안이 사는 마을에 도착해 잠시 쉽니다. 아이들이 생각보다 많습니다. 전기가 들어오지 않아 자가 발전을 하는데 기름을 아끼느라 전기 생산을 일찍 중단합니다. 그야말로 밤이 길죠. 아이들이 많은 이유입니다.

오후엔 낚시를 하며 즐겁고 새로운 경험을 했습니다. 악어와 비슷하지만 손바닥만 한 크기의 라가르또를 본 경험은 오래갈 듯합니다. 왈떼르가 물속을 손으로 더듬더니 녀석을 잡았습니다. 조그만 발이 얼마나 보드랍고 연한지 그 감촉을 잊을 수가 없습니다. 갓 태어난 어린아이의 발가락을 잡는 듯 했습니다. 어미는 저쪽에서 자꾸 소리를 지르며 납치당한 자기 자식을 돌려 달라 하네요. 곧 어미 품으로 보내 줬죠. 60㎝ 이상 되는 전기뱀장어도 첫 경험이었습니다. 잘못 만졌다간 전기 충격을 받아 죽을 수도 있습니다.

요 녀석이 바로 라가르또. 정말 귀엽습니다

왈떼르가 잡은 아마존 물고기 바꼬. 근사한 저녁 식단입니다

오늘 잡은 물고기 중 가장 큰 놈인 '바꼬'가 내 식단에 올랐네요. 왈떼르가 만들어 준 모기장 텐트에서 하룻밤을 보냈습니다. 작은 물것들이 어떻게 빈틈을 뚫고 안으로 들어왔는지 발목 주위가 시뻘겋습니다.

점심때쯤 로지에 도착을 했는데요, 수로의 물이 어제보다 더 많이 빠져 통과하는 데 큰 애를 먹었습니다. 샤워를 하며 몸을 살피니 허벅지 안쪽과 발등에 물린 자국이 많습니다. 물것들이 내 몸을 만찬장으로 삼아 큰 파티를 열었나 봅니다.

밖으로 나오는데 왈떼르가 날 부릅니다. 아나꼰다가 있다며 그쪽을 가리킵니다. 그러더니 아나꼰다의 목을 조인 다음, 자신의 목덜미에 걸칩니다. 3m는 족히 되지 않을까 싶습니다. 사진을 찍으라고 포즈를 취해 줍니다. 후안과 그의 아들도 한몫합니다.

돌아가는 날. 강물은 엄청나게 불어서 흡사 바다를 건너는 듯했는데요, 솔직히 무서웠습니다. 우까얄레강과 마라뇽강이 합쳐져 아마조나

아나꼰다 성질이 순한가 봅니다

강을 이루는데요, 얼마나 큰지 정말 두려웠어요. 멀리서 돌고래가 헤엄
치는 모습을 보았습니다.

나우따에 닿자마자 바로 이끼또스로 직행했습니다. 터미널에 도착하
자마자 왈떼르가 뻬루 전통 음식을 사 주네요. 사고 없이 투어를 잘했다
고 축하해 주나 봐요. 숙소 가기 전 은행에 들러 돈을 찾아, 투어 비용
을 다 계산해 주었습니다.

아마존 물고기들의 집합지, 벨렌 시장

이른 아침에 벨렌 시장엘 갔는데요, 난생 처음 보는 과일, 어류, 채소
가 한가득합니다. 아마존강에서 잡히는 온갖 물고기가 다 있습니다. 상
어처럼 생긴 놈도 있고요, 몸통을 잘라 분리해 놓은 자라도 보입니다.

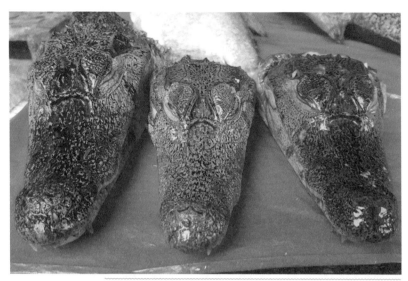

벨렌 시장에 나온 악어 머리통. 저걸 사다가 어떻게 요리를 해 먹는지 정말 궁금합니다

자라를 해체해 저렇게 내다 팝니다

굼벵이 같은 놈도 나와 있습니다.

약초로 보이는 풀 종류도 꽤 많습니다. 한 과일 상점에 가서 삐냐, 빠빠야, 베네라가, 레체를 섞어 만든 에스빠실 주스를 맛보는데요, 후안 루이스가 이 천연 과일을 뒤섞어 만든 주스를 내줍니다. 과일 특유의 향과 단맛이 혀를 자극합니다. 맛좋은 과일끼리 만나 더 좋은 효과를 내는 듯합니다. 루이스가 반 잔을 더 줍니다. 인심이 아주 후하네요.

숙소에 와 외국 친구들에게 여행사를 찾고자 도움을 요청하니 한 친구가 열심히 검색해 인근에 있는 여행사를 알려 주네요. 거기 가면 항공권을 살 수 있다 합니다. Jacky Tours를 찾아가 19일 오후 시간에 항공권을 확인했습니다. 103달러이니 괜찮은 가격입니다. 1박 2일짜리 투어 하나를 더 한 후 리마로 가면 얼추 시간이 될 듯했어요. 이끼또스를 좀 더 보고 갈 수 있습니다.

결제를 하려 카드를 찾으니 없습니다. 큰 문제가 터졌습니다. 부리나케 숙소에 가 배낭을 확인해 봐도 없습니다. 곰곰이 생각해 보니, 어제 투어 비용을 주려 은행에 가 돈을 찾고는 카드를 제대로 못 챙겼습니다. 은행으로 뛰어가 직원에게 상황을 얘기해 주었더니 여기저기 확인하네요. 하지만 없어진 카드가 되돌아올 리 없습니다. 이끼또스 인연은 여기까지인가 봅니다. 바로 리마로 돌아갈 수밖에 없습니다. 만약을 위해 카드를 하나 더 가지고 왔지만 리마 숙소에 있으니 그림의 떡입니다.

숙소 인근에 있는 레스토랑에서 생선 요리로 점심을 먹었습니다. 식사 후 은행에 다시 가 한 번 더 확인했지만 없습니다. 그나저나 걱정입니다. 분명히 누가 가져갔을 텐데 내 카드로 얼마만큼을 사용할지 염려됩니다.

안데스의 한 중심축인 우앙까요(Huancayo)

리마 숙소에 도착하니 밤 10시. 두 친구들이 식사를 하고 있습니다. 몇 차례 얘기를 주고받던 중, 한 여성이 날 아는 체합니다. 알고 보니, Cajas 국립공원에서 만났던 한국인 5명 중 한 사람이었습니다. 참, 세상 좁습니다. 나더러 살이 많이 빠져 딴 사람인 줄 알았다 합니다.

리마에서 보내는 마지막 날, 케네디 광장 부근에 가 아내 카드로 출금하는 데 성공했습니다. 다행입니다. 이제부터 아내 카드로 여행을 잘 이어 나가야 합니다. 이끼또스에서 내 카드를 가져간 사람이 22달러를 썼습니다. 두 번에 걸쳐 음식점에서 결제했네요. 그나마 다행입니다.

Oltursa 버스 회사를 찾아 Huancayo행 버스표를 예매했습니다. 한 버스에서도 좌석이 기울어지는 각도에 따라 비용이 달라 많이 기울어지면 더 비쌉니다. 짐마다 일일이 표를 붙여 줘 짐 운반에 대한 신뢰를 보여 줍니다. 리마에서 우앙까요까지 7시간 반이 소요됩니다.

기내식을 주는데 따뜻한 밥이어서 먹기 좋습니다. 버스를 타면서 기내식을 먹기는 처음! 비싼 비용의 버스일수록 서비스가 좋고, 안전을 위해 과속을 하지 않습니다. 다만, 우앙까요까지는 안데스를 통과해야 하므로 길이 온통 지그재그 형태입니다.

밤 늦은 시각에 우앙까요에 도착, Hotel Brena로 숙소를 정했습니다. 우앙까요에 대해 잠시 확인해 봅니다. 야마, 알파카 옷, Parque de la Identidad, 해발 3,259m 지점.

Parque de la Identidad는 시내에 있어 찾기 쉽습니다. 예쁘게 조성해 놓았는데요, 차돌들로 여러 형상들을 만들었는데 손이 엄청나게 많이 갔으리라 봅니다. 그리 크지 않아 둘러보기 좋았죠. 돌로 사람과 도자

Parque de la Identidad(동일성 공원?)

기 등 여러 형상들을 만들다니, 과연 잉까의 후예답습니다.

공원 관람 후, 그랜드캐니언처럼 오랜 풍화작용을 통해 기암괴석이 형성된 Torre(탑) torre로 가기 위해 언덕을 오르던 중, 그만 자전거 체인이 끊어졌습니다. 난감합니다. 이런 경우를 전혀 생각지 못했어요. 인근 마을까지 끌고 올라가 가게에 잠시 맡겨 두고 Torre torre 둘러본 후, 돌아 나오는데 꼬마 두 녀석이 내게 말합니다. "또레 또레에 대해 설명해 줄까요?" 이른바 용돈을 벌기 위한 방식입니다. 스페인어를 잘 모른다 했더니 그러면 돈을 달라 합니다.

만년설(네바다) 트레킹을 시작합니다. 산행 출발 지점인 Huaytapalla 이르니 10시 반. 잔뜩 흐린 날씨입니다. 중간 고개쯤에 오르니 가이드가 독특한 의식을 치릅니다. 코카 잎을 나눠 준 다음, 3장을 고르게 하네

또레또레. 오랫동안 비와 바람에게 쓸리며 저런 예술품이 창조됩니다

요. 그 잎을 모두 모아 놓습니다. 그런 다음 까냐라는 술을 한 잔씩 따라 줍니다. 가이드가 알려 준 대로 뭐라 말을 한 후, 땅에 조금 버리고 마십니다. 그리고는 담배를 세 모금 빨게 한 다음 필터만 남기고 잘라 내 모아 놓은 코카 잎 위에 던집니다. 담뱃불로 인해 꼬까 잎이 모두 탑니다. 의미를 잘 모르겠지만 안전하게 산을 오르는 독특한 의식 같아 보입니다.

내 차례가 왔을 때, 나도 큰 소리로 말했습니다. "Salud(건강을 위하여)". 그런데 모두들 박장대소를 하네요. 영문을 모른 채 한 번 더 했습니다. 한 번 더 폭소. 이유를 물으니 Salud가 아니라 '살룬 ~ 우아이따빠야냐(산신이여, 지켜 주소서)!'라 합니다. 발음이 어려워 벌어진 해프닝이었습니다.

오후 1시쯤 만년설 도착. 눈이 계속 쌓이면서 단단해지고, 아래쪽은 밀도가 점점 높아져 얼음이 되는데 그 얼음 빛깔이 파랗다 못해 시퍼렇습니다. 인위적인 물감으론 도저히 그려 낼 수 없는 비취빛 얼음. 얼음과 얼음 틈새로 녹은 물이 흘러내리면서 호수가 형성되고, 그 호수 빛깔 또한 얼음 빛을 그대로 닮았습니다.

다음 날 Yauyos Cochas(호수)에 갑니다. Tinco라는 마을에 차가 멈춰 섭니다. 도로 공사 작업 중이라 차들을 우회시킵니다. 승합차는 끝없이 산길을 오릅니다. 비포장에다가 급경사, 급커브. 여기저기서 위험이 도사리고 있습니다. Llapay, Laraos 마을을 지나 오늘 투어 지역인 Huancaya에 도착했습니다. 크고 작은 규모의 호수들이 많습니다. 호수물 빛깔이 그야말로 비취빛 자체입니다. 호수인 Laguna de Huallhua에서 배를 타고 폭포까지 가서 사진을 찍고 다시 돌아오는 배 체험은 가히 일품이 아닐 수 없습니다.

자연은 자신이 빚은 저 놀라운 풍경들을 과연 어디까지 우리에게 보여 줄까요? 자연의 위대함에 비해 인간은 그저 나약한 존재임을 스스로 깨우치게 하려는 뜻일까요? 입을 다물 수가 없습니다.

Huancaya의 자연 풍경에 그만 넋을 잃고 말았습니다. 더욱이, 안데스 축이라 트레킹 코스도 있습니다. 정말이지 다시 한 번 오고 싶은 곳입니다.

우앙까요에서 맛볼 수 있는 빠차망까를 먹고 싶어 오래돼 보이는 음식점에 갔습니다. 난 음식을 가리지 않으며 지역별로 특색 있는 음식이라면 대체로 그 음식을 먹는 편입니다. 그런 음식들은 지역의 문화가 고스란히 담긴 중요한 소재들입니다. 빠차망까는 우선 불을 때 돌을 달군 다음 양념한 고기와 옥수수 가루를 옥수수 잎으로 싸 돌 사이사이에 놓은 다음 그 위를 풀로 덮고 일정 시간이 지난 다음 꺼내서 먹는 음식입니다.

저 물빛의 근원은 어디일까요?

빠차망까를 만드는 과정. 저렇게 달군 돌에다가 고기와 오미타를 올려놓은 후 풀로 덮습니다

경찰관 여동생이 생기다

여행자와 자전거는 안데스 중심축을 따라 계속 이동합니다. 엊저녁에 모든 준비를 마쳤기에 일찌감치 역에 갈 수 있었어요. 자전거도 안전하게 화물칸에 실었습니다. 마을 사람들과 함께 열차를 타고 갑니다. 열차 안에서 아침 식사도, 커피도, 신문도 팝니다.

나와 마주 앉은 뻬루 친구가 신문을 보여 줍니다. 김정은 사진이 대문짝만 하게 나왔어요. 뻬루 사람들은 대한민국을 잘 모릅니다만 김정은을 모르는 사람들은 없어요. 어떤 사람들은 로꼬(정신이상자)라기도 하고, 또 어떤 사람은 미국과 대결하는 사람이라고도 하는데요, 하여간 유명인사입니다.

5시간쯤 걸려 우앙까벨리까역에서 내려 최근에 개업한 숙소에 짐을 풀었습니다. 아르마스 광장 한쪽에 있는 Turistico(관광안내소)에 갔더니 여자 경찰이 친절하게도 여기저기 볼거리를 안내해 줍니다. 한국인이라

내 맞은편에 앉은 친구가 보여 준 뻬루 신문. 김정은은 남미에서 유명인사입니다. '전 세계를 위협하는 북한'

우앙까벨리까 광장과 대성당

했더니 몹시 좋아하는 눈치입니다. 여기서도 한류가 유행하나 봅니다. 온천도 보고 온천물을 이용한 수영장도 보았습니다. 온천에서 나오는 물로 빨래를 하는 사람들이 많습니다.

오후 느지막하게 관광 안내소엘 갔더니, 안내해 준 여경 외에 한 명이 더 있습니다. 우앙까벨리까에서는 여경이 관광 안내 업무를 합니다. 한 여경이 내게 묻습니다. "오빠가 무슨 뜻이에요?" "Mas Hermano" 했더니 바로 내게 말합니다. "오빠!" 생각지도 못했는데 여자 경찰관 동생 한 명 생겼습니다.

이곳 안내소에서 내일 호수 트레킹 신청을 했습니다. 7개 호수를 보는 투어인데 2명 이상이 되어야 가능하다네요. 혼자 할 경우 두 배를 내야 한답니다. 아무도 오지 않을 경우 그냥 자전거로 몇 개 호수를 둘러볼 생각입니다.

이곳에서도 동네 서커스 공연을 하네요. 호기심이 일어 공연을 보러 갑니다. 당초 기대와 다르게 조잡스럽긴 했지만 볼만했죠. 난이도 있는 공연을 보여 준 친구에게 박수를 보냈습니다.

이튿날 여행사에 갔더니 투어 신청한 사람이 없답니다. 오후에 다시 오겠다고 한 후 여경 두 명에게 선물을 주었습니다. 한국 전통 의상 모양을 한 미니어처인데요, 좋아합니다. 두 사람과 즉석에서 페북 친구를 맺었습니다. 인근에 Baños Del Inca가 있어 찾아갑니다. 정식 명칭은 〈Parque Ecologico Villacarino〉입니다. 여기에도 잉까의 얼굴이 있네요. 꾸엥까 근처 잉까삐르까에서 본 잉까의 얼굴과 비슷합니다.

오후엔 Sacsamarca라는 곳엘 갔습니다. 자전거를 타고 비포장도로를 두 시간 이상 갔습니다. 집들을 Casa de Piedra라고 부르는데 거의 돌로 지은 특이한 마을이었죠. 관광 안내소엘 갔더니 다행히 2명이 더 신청을 했고 내일 투어는 승용차를 타고 한답니다. 가이드 2명과 여행자 3명이 승용차를 타고 투어를 하게 되는데요, 호강합니다. 광장 앞에선 시위를 하는지 음악회를 하는지 아주 흥겨운 분위기입니다.

날이 아주 맑습니다. 여행자 두 명은 우앙까요에서 왔다는 Yrma와 Dorotea. 즉석에서 두 여성과 페북 친구를 맺었어요. 둘다 약사라고 하네요. 요즘도 가끔 소식을 주고 받아요.

호수 choclococha가 정말 볼만합니다. 푸르다 못해 시퍼런 물빛이 인상적이었습니다. 야생 동물인 비꾸냐와 안데스의 여왕이란 별명을 가진 뿌야 레이몬디도 보았습니다.

관광 안내소에 가 여경 두 명과 악수를 하고 헤어졌습니다. 그녀들이 알려 준 대로 음식점엘 찾아가 저녁을 먹었는데 정말 맛있더군요. 가성비가 훌륭합니다. 이름은 Lomo fino al ajo.

해발 4,300m에 있는 호수

가성비가 아주 훌륭한 Lomo fino al ajo. 뻬루를 대표하는 음식 중 하나

아야꾸초로 가는 길목, 리르까이(Lircay)

해발이 높은 도시다 보니 아침엔 춥습니다. 비도 예상된다니 걱정입니다. 숙소 앞에서 빵과 끼누아로 아침 요기를 한 후 본격적으로 페달을 밟습니다. 포장 공사하는 분들 덕에 편하게 자전거를 탈 수 있어 보는 이마다 인사를 건넸습니다.

12시 반쯤엔 해발 4,193m에 있는 마을을 통과하는데 유난히 돌담이 많습니다. 바람이 세서 그럴 텐데 이런 곳에서 어떻게 사는지! Pacchaclla 마을은 해발 4,200m. 지금껏 본 마을 중 가장 높은 곳에 있습니다.

해발 4천 미터 이상 되는 도로를 계속 달립니다. 오후 3시가 넘으니 몹시 힘이 듭니다. 빨리 쉬고 싶습니다. 엎친 데 덮친 격으로 네 시쯤 해발 4,159m에서부터 눈과 비가 함께 쏟아지며 바람까지 가세합니다. 다행히 내리막이어서 속도가 빠르지만 바람의 영향으로 몹시 춥습니다.

갑자기 저체온증이 오지 않을까 싶을 만큼 춥고 몸이 떨립니다. 조그

채석장 직원이 찍어 주었죠. 해발 4,270m

해발 4,200m 마을에 또 집을 짓습니다

비가 오고 난 뒤라 그런지 교회 위로 저런 황홀한 그림이 그려집니다

만 마을을 만나 무작정 가게에 들어가 따뜻한 커피 한 잔을 부탁했습니다. 가게 안에 있던 공사 인부가 술을 두 잔이나 줘 받아 마셨어요. 얼마간 지나니 몸이 정상으로 돌아옵니다.

Lircay 마을에 들어서니 사람들의 시선이 내게 쏠리고 있음을 느낍니다. 소도시에 자전거를 타고 오는 외국인이라니! 따뜻한 물이 잘 나오는 Videna 숙소에 여장을 풀고는 인근 식당 히쁠레스에서 돼지고기와 중국식 스프로 저녁을 든든하게 먹었습니다. 음식점에 걸린 대형 사진에 Lircay 명소가 몇 군데 있네요. 내일 아침에 둘러본 후 아야꾸초로 갈 생각입니다.

숙소에 와 오늘 운행한 도로 높이를 잠시 생각해 봅니다. 우앙까벨리까 3,680m~4,270m~4,193m~4,226m~4,161m~4,119m~4,185m~4,159m. 안데스의 한복판을 달렸죠. Lircay는 3,324m. 내일 가야 할 곳은 또 얼마나 높을지?

우앙까요에 있는 공원처럼 모두 차돌을 이용해 공원을 조성했어요. Parque de la Identidad Anccara

남미 독립의 결정적 계기가 된 전투, 아야꾸초를 가다

아야꾸초로 가기 위해서는 해발 4,300m 고개를 넘어야 하는데 도로가 일부 유실되고 경사가 심해 자전거를 타고 넘어가기가 어렵다 합니다. 모또 딱시나 승용차에 자전거를 실을 수 있는지 흥정을 해도 모두 안 된답니다. 11시 반쯤 젊은 다니엘이 자기 모또 딱시로 Pampamale까지 가기로 하고 40솔을 주었습니다.

1시간 반 이상 걸려 어느 구간까지 올라갔는데, 아 글쎄 이 녀석이 더 높은 고개가 있다며 10솔을 주면 더 가겠다 하면서 꼼수를 부리네요. "그래, 줄게. 가자." 30분도 채 지나지 않아 2시가 다 된 시각. 녀석 왈 "기름이 떨어져 더 이상 못 가겠다. 조금만 가면 정상이다." 어처구니가 없었지만 어찌할 도리가 없잖아요. 함께 사진 한 컷 찍고 웃으며 헤어졌습니다. 기름이 떨어졌는데도 돌아가는 걸 보니 참 용한 녀석입니다.

저런 도로를 자전거를 타고 올라간다 생각하니 다리에서 힘이 쫙!

15분쯤 자전거를 끌고 언덕을 오르니 정상입니다. 해발 4,377m로 지금껏 자전거로 오른 고개 중 가장 높습니다. 이제 세 시간쯤 계속 내리막을 달리면 안데스의 마지막 중심축인 아야꾸초에 닿을 수 있습니다. 하지만 Manyacca를 거쳐 Secclla를 지난 시간은 오후 네 시 반. 목적지까진 여전히 50㎞ 이상이 남아 있어 아무래도 오늘 중으로 가긴 틀렸습니다.

Julcamarca라는 마을에서 쉬어 갑니다. 주민이 전부 합해 200명쯤 된다 하니 정말 작은 마을입니다. 공원에서 아주머니들을 만났는데요, 한 아주머니가 재미있는 농담을 합니다. "아내가 있느냐?" "한국에 있다." 그녀는 옆에 있던 다른 아주머니를 가리키며 "당신의 아내로 만들어라." 나는 웃으면서 "우리나라는 일부일처제다.", "여긴 당신네 나라가 아니라 뻬루다. 그러니 아무 상관없다." 제법 그럴싸한 제안이겠다(?) 싶어 당사자 아주머니에게 "당신은 어떻게 생각하느냐?" 의향을 물었더니, 얼굴을 붉히며 저만치 달아납니다. 한바탕 폭소가 일었죠.

가게에 갔더니 주인이 무척 반깁니다. 이틀 전에 스위스 부부가 자전거를 타고 여길 지나갔다고 하면서, 나더러 어디서 왔느냐 어디로 가냐 연신 묻습니다.

오늘은 남미에 온 지 5개월하고 절반이 지났습니다. 그간 쉴 틈이 없이 구석구석 쏘다녔어요. 느긋하게 쉬질 못했습니다. 어떤 때는 여행이 아니라 중노동이라 생각한 적도 있었죠. 여행은, 한편으론 자기와 진솔한 대화의 시간을 갖는 일입니다. 하지만 언제 나와 진지한 대화를 나눈 적이 있었는지 의문입니다. 나는 이번 여행을 통해 한 걸음 떨어져 나 자신을 좀 더 들여다보고자 했습니다. 지금껏 앞만 보며 살았습니다.

훌까마르까 환경은 열악합니다. 해발 3,400m에서 농사를 지으며 하루하루를 고단하게 사는 이들에게는 오직 자연과 환경에 맞는 삶만이 최선의 방식일 수 있습니다. 이들에게 폰이나 컴퓨터와 같은 문명의 이기보다 개선된 농기구가 문명 그 자체일 수 있습니다. 이런 곳에서 하는 소통은 일대일 대화요, 사람과 사람과의 만남 그 자체입니다. 안데스는 이렇게 사람들의 원초적인 삶을 보듬어 주고 있는데요, 사람 사는 향을 느낍니다.

아야꾸초에 다다라, 관광 안내소에 문의하니 자전거 여행자가 묵을 만한 적당한 숙소를 알려 줍니다. Hotel Florida. 숙소에 짐을 풀고 시내 구경을 시작했습니다. 오래된 교회인 San Francisco Paula에 들어갔더니 익숙한 팝송 가락이 흘러나옵니다. 잘 알려진 〈The Sound of Silence〉 음악에 개사를 했나 봅니다. 성가대 자리에서 한 친구가 기타를 치며 이 노래를 부르는데, 갑자기 눈물이 걷잡을 수 없이 흘러내립니다. 참으려하니 오히려 꺽꺽 소리까지 가세합니다. 도저히 앉아 있을 수가 없어 공원으로 뛰쳐나가 뚝뚝 눈물을 흘렸는데요, 멈추지 않고 계속 흘러나옵니다. 이유를 모르겠어요. 여행 중 처음 겪는 일입니다. 외로움? 고독? 고생? 슬픔? 잘 모르겠습니다.

대성당을 둘러보고 나니 광장은 그야말로 인산인해. 도시 사람들이 모두 광장으로 모인 듯했습니다. 한쪽 도로에 일렬로 죽 늘어선 아이스크림 판매점이 눈에 띕니다. 매주 토요일과 일요일 저녁에만 열린다는 아이스크림 장. 무유치(Muyuchi)를 사 먹었죠. 달착지근하면서도 걸쭉하니 입안에 착착 감깁니다.

수끄레 광장, 앞은 수끄레 장군상, 대성당

일요일입니다. 아내에게 어제 성당에서 울었던 얘길 했더니 단박에 이런 말을 합니다. "당신 힘들어?" 곰곰이 생각해 보니 정신적으로 많이 힘듭니다. 외로움도 한몫했고요. 여러 감정들이 섞여 눈물로 변하지 않았을까 싶었습니다.

안데스의 여왕과 와리 유적

여행사 차를 타고 처음 간 곳은 이른바 '안데스의 여왕(Queen of Andes)'이란 별칭을 가진 Puya Reimondi 서식지입니다. 나보다 다섯 배 이상 큰 이 나무는 참 독특하게 생겼습니다. 크기도 크기려니와 홀로 살고 있어 그런 별칭을 얻었나 봅니다. 아무 데나 있지도 않고요. 여왕이란 별칭답게 우아하고 고상하며 꼿꼿합니다.

안데스의 여왕이라 불리는 뿌야 레이몬디

이어 잉까인들이 호수 주변에 돌을 다듬고 조경한 흔적이 많은 Intiwatana 유적을 둘러봅니다. 꾸스꼬에만 있다는 12각돌도 있습니다. 잉까 제국은 굉장히 큰 영역이었는데 이러한 건축 기술들을 어떤 방식으로 공유했는지 몹시 궁금하지만 알 도리가 없습니다.

빠차꾸떽이란 곳엔 잉까인이 만든 건축 기초 위에 교회가 서 있습니다. 원래 Pachacutec Inca Yupangui은 잉까의 왕이었던 비라꼬차(Viracocha)의 둘째 아들이었습니다. 꾸스꼬에 가면 거대한 빠차꾸떽의 상이 있습니다. 그는 도시 체제와 정치 제도를 개혁하여 이른바 4방위 연합체로 성장할 수 있는 기틀을 마련한 사람입니다. 자전거가 꾸스꼬에 닿게 되면 더 얘기할 기회가 있을 겁니다.

스페인 침략자들은 잉까인들의 놀라운 건축기술까지 짓밟을 수는 없었나 봅니다. 정교하게 쌓은 땅속 기초를 그대로 둔 채 그 기초 위에 교회를 지었습니다. 한눈에 확연히 보입니다. '태양과 달의 제단'(Temple de Sol y la Luna)이 있고 큰 주거지가 있는 걸 보니 이쪽엔 잉까 시대에 많은 사람들이 살고 있었던 모양입니다. 피라미드도 있는데요, 정교하게 돌을 가공하려면 일일이 망치와 정으로 쪼았을 텐데 대체 저 많은 돌들을 누가 다 쪼았을까요?

사실 잉까인도 지배 세력과 피지배 계급으로 양분되어 있었습니다. 지배 세력은 잔혹할 정도로 피지배 계급을 다스렸다고 하네요. 건축 또한 이런 지배 방식으로 피지배 계급의 노동력으로 완성하지 않았을까 상상합니다.

와리(Wari) 유적을 보러 갑니다. 모든 준비를 하고 8시쯤 여행사에 가니 출발이 9시 반이랍니다. 시장에 들러 이곳 사람들의 일상을 잠시나마 볼 수 있었습니다.

제단 입구

와리 유적. 태양의 기울기를 이용하여 시간의 흐름을 측정했습니다

Wari 문명은 700년에서 900년 안데스 산맥 중앙 고원 지대를 직접 지배하거나 직접적인 영향을 미쳤습니다. 1960년대 이후 실질적인 발굴이 이루어지면서 여러 사실들이 드러났습니다. 무엇보다도 잉까 문명의 네트워크였던 '잉까 루트'를 처음으로 개발하였고요, 의사소통 기구로 알려진 매듭 문자인 끼뿌(Quipu)도 와리 문명에서 먼저 사용했다고 알려져 있습니다. 당시 와리 문명 지역 인구는 약 2만~10만 명 정도였다고 추정합니다.[7]

거주지가 있고, 돌을 정교하게 쪼아 달력과 시간의 역할을 한 곳도 있네요. 잉까 이전 시대이지만 정교한 돌 쪼는 기술이 꽤 발달한 듯합니다. 한쪽에선 여전히 뭘 발굴하는지 여러 사람들이 작업을 하고 있습니다.

---

7) 신화에서 역사로 라틴 아메리카, 최명호, 이른아침, 210쪽

와리인이 나를 치려 벼르고 있네요?

Quinua 마을 기념품점에 있는 작품들. 모두 손으로 흙을 빚어 만들었습니다. 섬세하고 아주 정교하죠?

멀리서 보아 작게 보이지만 30m 이상 됩니다

아야꾸초 인근에서 벌어졌던 스페인과의 전투 승리 기념탑(Monumento Batalla de Ayacucho)을 보았는데요. 이곳 전투에서 독립 세력이 아메리카 독립을 위한 최후의 승리를 거두었습니다. 시몬 볼리바르에게 충성스런 수끄레가 독립 운동 세력을 이끌었고 결국 상대방인 스페인 부왕 라세르나를 사로잡아 전투는 신속하고도 확실하게 끝이 났습니다. 이때가 1824년 12월 9일이었죠.

이후 스페인 지휘관들은 알또 뻬루(지금의 볼리비아)에서 몇 주 버텼지만 이후 아메리카 독립 운동에 대한 저항은 완전히 사라졌습니다. 아메리카는 실질적 독립을 성취하게 되었죠.[8] 그래서 이곳 기념탑은 그런 상징이어서인지 규모가 엄청나게 컸습니다. 넓은 벌판에 있어 한눈에 들어옵니다.

---

8) 아메리카노, 존 찰스 채스틴, 도서출판 길, 264~265쪽

해발 4,300m에 있는 미겔의 집에서 신세 지다

새로운 여정을 시작할 때면 설렘으로 늘 눈이 일찍 떠집니다. 일어나니 선선한 날씨에 기분이 상쾌합니다. 아침엔 선선하고 낮엔 덥습니다. 안데스를 넘어 태평양을 향해 갑니다. 초반부터 자전거를 끌고 오르는데 경사가 보통이 아닙니다. 오토바이를 탄 친구가 날 불러 세우더니 함께 사진을 찍자 하네요. 학교 선생입니다. 이름은 Jesus Espino. 지금도 페북을 통해 서로의 근황을 주고받습니다.

Calavasa라는 달착지근한 죽으로 아침 요기를 한 후 여전히 끌고 갑니다. 무려 5시간 동안 1,100m을 더 올라 해발 3,800m가 되어서야 내리막이 시작됩니다.

미국 지역 명칭이 연상되는 Arizona에서 점심을 먹고 계속 달립니다. 끊임없는 오르막 내리막으로 다리 근육에 피로가 몰려옵니다. 오후 4시가 넘어 더 이상 가기가 어려운데 마땅히 쉴 만한 곳이 없습니다. 지푸라기라도 잡는 심정으로 공사 현장에서 일하는 사람에게 근처에 숙소가 있는지 물었습니다. 친절하게도 자기네 임시 숙소에서 자도 된다 합니다. 알려 준 대로 가 보았지만 찾을 수가 없어, 마을 다리 앞 공터에 자리를 잡았습니다.

동네 사람들이 신기한 듯 내게 오더니 여러 가지를 묻습니다. 나도 물었죠. 삐스꼬로 가는데 제일 높은 고개가 몇 미터나 되느냐 했더니 5천 미터! 5천 미터 높이를 자전거로? 이 마을이 3천 7백 미터쯤 되니 천 3백 미터를 더 올라야 하는데 엄두가 나질 않습니다. 안데스 한복판이라더니 맞긴 맞나봅니다. 4천 미터 이상 되면 움직임에도 지장이 있습니다. 내일 일은 내일 걱정하자라며 잠자리에 들었는데요, 누군가 텐트에

와 날 찾습니다.

작업복 차림의 두 사람이 여러 가지를 캐묻습니다. 여권을 보자더니, 또 내일 어디로 가냐, 너는 5천 미터 고개를 넘을 수 없으니 다시 아야꾸초로 돌아가 버스를 타라 합니다. 난 한 술 더 떠, 그러면 당신이 나를 고개까지 태워 주면 되지 않느냐 했더니 어처구니가 없는 표정을 지으며 내일 아침에 다시 오겠다며 돌아갔습니다.

걱정 반 두려움 반 근심거리가 생깁니다. 하지만 내가 누굽니까! 대한국인입니다. 사막에 떨어뜨려도 살아 돌아옵니다. 내일 고개를 오르기 힘들면 화물차를 얻어 타든지 버스를 세워 타고 가든지 양단간에 무슨 수를 낼 겁니다.

맑은 날이지만 해발이 원체 높다 보니 춥습니다. 조그만 마을인 Niñobamba에 식당이 있어 Caldo de Gallina로 배를 채우고 페달을 밟는데 오르막이 계속됩니다. 4천 미터가 넘으니 호흡이 가빠집니다. 이때 구세주가 나타납니다. 조그만 화물차가 지나가기에 도와 달라 했더니 꼭대기까지 태워 준답니다. 25분 후 내리니 정상은 5천 미터가 아닌 4,746m. 자전거로 갈 경우 적어도 5시간 이상 걸릴 거리입니다. Jose Luis와 Jose Pedro 두 사람에게 고맙다며 열쇠고리와 손톱깎이를 선물로 주었습니다.

이제부터 내리막입니다. 정말 신나게 달립니다. 페달을 밟을 필요가 전혀 없습니다. 하지만 여전히 여긴 안데스입니다. 한참을 내려가 점심을 먹고 출발하는데 또 오르막입니다. 끝이 보이질 않아요. 해발 4,300m인 San Felipe. 앞으로 더 이상의 고개는 없겠지 싶어 신나게 달려 내려가는데, 이런! 또 오르막입니다. 4,500m~4,100m~4,300m.

해발 4,746m 한 컷. 그야말로 안데스 축입니다

종아리에 쥐가 날 정도입니다. 오후 4시가 넘으니 극심한 피로가 몰려 오네요.

Chaupi를 지나 Betania까지 갔는데 오후 5시가 넘어 해가 지려 합니 다. 정말 더 이상 못 가겠습니다. 다행히 4가구쯤 집들이 보입니다. 무 작정 들어가 사람을 찾았더니 인상 좋은 친구가 나옵니다. "한국인인데 지금 몹시 피로하다, 하룻밤 재워 달라" 했죠. Miguel이 응해 줍니다. "사용치 않는 방에 침대가 있으니 거기서 쉬어 가라. 하지만 6시 반 미 사에 참여해야 해." 마다할 순 없습니다.

미사에 참석하면서 꿔다 놓은 보릿자루처럼 눈을 감고 있는데, 아는 찬송가 곡이 흘러나옵니다. 갑자기 눈물이 쏟아지며 목소리까지 울림으 로 터져 나옵니다. 억지로 참았지만 소리까진 막을 수가 없었어요. 미사 가 끝난 후 곡을 틀어 준 친구가 웃으며 내 어깨를 토닥여 주는데요, '혼 자서 오랫동안 여행한 사람의 심정을 이해한다.'라는 뜻으로 읽혔습니다.

내게 제공해 준 잠자리. Miguel의 막내아들이 신기한 듯 계속 날 봅니다

미사가 끝난 후 함께 식사를 합니다. 내게도 큰 접시에 훈훈한 기운이 담긴 음식을 주네요. 반찬 없는 밥이지만 정말 꿀맛이었죠(밥+감자+당근+육수 버무린 닭고기). 식사 후 Miguel의 부인에게 '한국의 미 손거울'을 선물로 주었습니다. 함께 저녁을 먹는데 이들이 먼저 북한 김정은에 대한 얘기를 합니다. 김정은은 여기서도 인기입니다.

잠자리에 들어서며 어제와 오늘 운행 과정을 돌이켜 보았습니다. 정말 힘들고 어려웠던 운행입니다. 아야꾸초가 안데스의 축이란 얘기를 책에서 읽긴 했지만 이곳에서 태평양 연안까지 가는 길이 이렇게 험하고 힘든 줄을 정말 몰랐습니다. 아야꾸초는 4천 미터 이상 되는 고산 중앙쯤에 위치해 있고 이곳을 중심으로 여기저기 조그만 소도시들이 존재합니다. 이런 지리적 위치로 인해 안데스 특징들이 잘 살아 있나 봅니다. 원주민이 많고, 그들의 복장, 께추아어, 그리고 독특한 음식, 그들의 신체적 조건(조그맣고 뚱뚱한!)이 다른 지역과 많이 달랐습니다.

안데스를 넘어 태평양 연안 삐스꼬로!

8월 마지막 날입니다. 밤엔 몹시 춥지만 이상하게도 아침엔 추운 줄 모릅니다. 이불 4개나 덮고 잔 덕분일지도 모르겠습니다. 미겔 가족과 함께 찍고 전도사와도 찍고. 다음에 다시 만나자는 인사를 주고받으며 떠났습니다.

남미에선 다음에 만나자는 인사로 'Hasta Luego'가 보편적입니다. 언젠가 또다시 만날지도 모르기 때문일까요? 아니면 죽기 전에는 반드시 어디서든 만나게 된다는 신념을 가진 때문일까요?

Huaytara를 지나자 동쪽에서 바람이 불어 운행에 차질이 있긴 하지만 다행히 내리막이라 큰 지장은 없습니다. Humay라는 조그만 마을 앞에 Tambo Colorado라는 유적이 있어 잠시 둘러보았습니다.

내 옆 친구가 미겔, 미겔의 아들, 전도사

오후 4시가 가까워지니 드디어 계곡을 벗어나 평지입니다. 자전거는 비교적 수월하게 운행을 하면서 해가 서편으로 넘어갈 즈음 삐스꼬 아르마스 광장에 닿았습니다. 숙소 잡기는 광장 주변이 최고입니다. Tambo Colorado에 짐을 풀었죠. 방이 많고 비교적 깨끗하며 무엇보다도 와이파이가 가능합니다. 자전거 여행자라 하니 깎아 줍니다. 하여간 말만 잘하면 절에 가서도 고기를 얻어먹습니다.

잠자리에 들면서 생각해 봅니다. 안데스를 동에서 서로 이동하는 데 300㎞ 안팎이지만, 이토록 어렵고 힘든 구간인 줄 정말 몰랐습니다. 지도상 2차원의 평면으로만 확인하니 그럴 수밖에 없지만 이토록 높은 지형이 가로막고 있을 줄이야! 고생을 많이 했지만 안데스를 넘었다는 데 뿌듯합니다.

폰을 찾으려 Paracas에서 리마행 버스를 타고 가는 도중에 간식과 커피를 제공해 주네요. 우리나라 고속버스도 이런 형태로 차별화해서 승객이 선호하는 차를 선택할 수 있는 방식으로 운영하면 좋겠습니다. Cruz del Sur 버스는 결코 시속 100㎞를 넘지 않습니다. 속도를 초과할 경우 빨간 불이 들어오며 계속 속도 초과라는 메시지가 흘러나옵니다.

리마 삼성 지점에 가 송명근 주재원과 뻬루 기술자를 만나 그간의 설명을 듣고 난 후, 그동안 내가 사용했던 폰의 정보를 백업해 받았습니다. 송 주재원과는 뻬루 주재가 끝나 서울에 가면 다시 만나자는 약속을 하고 헤어졌습니다.

Paracas로 돌아와 주변을 둘러보다가 현지 친구들이 추천해 준 여행사에 투어를 신청했습니다. 바예스타스섬 일주와 모래산에 그려진 칸델라브로(촛대 모양)를 보는 투어입니다.

빠라까스에 있는 산 마르띤 독립 투쟁 기념 탑

시내를 둘러본 후, 점심으로 먹은 Caldo de Gallina는 지금껏 먹어 본 중 최고였습니다. 이른바 5솔의 행복입니다. 1,500원쯤 되는 값으로 이렇게 맛있게 먹을 수 있다니요! 뭘 넣고 우려냈는지 모르지만 입안에 착착 감깁니다. 식당 아주머니들도 자부심을 가진 듯 당연하단 표정입니다.

숙소에 돌아와 검색해 보니 2007년 이곳에 큰 지진이 일어났더군요. 어쩐지 여기저기 무너진 건물이 많은 이유가 있었습니다. 복구를 하지 않은 채 그대로 놔둔 까닭은 뭘까요?

가난한 자의 갈라빠고스, 바예스따스섬

바예스따스섬은 별칭으로 '가난한 자의 갈라빠고스'라 불립니다. 가난한 자라면 누굴 지칭할까요? 뭔가 철학적 의미가 있다는 느낌이죠. 내일

섬에 가 보면 단서를 찾을 수 있지 않을까요? 가이드의 안내로 배를 타는데, 혼자이다 보니 빈자리를 메우는 식이네요. 이리 차이고 저리 섞이면서 자리를 잡습니다. 이젠 익숙할 때도 되어 무덤덤합니다. 섬에 가려는 여러 대의 배가 한꺼번에 출발하니 적어도 수백 명은 탄 듯합니다.

섬으로 가면서 야트막한 모래섬에 그려진 촛대 모양을 보며 지나갑니다. Candelabra라 하는데 저 모양 역시 왜 저렇게 표시를 해 놓았는지 베일에 가려져 있습니다. 비교적 많이 알려진 문양입니다. 설명을 들어도 알아듣질 못해 조금은 답답합니다. 그저 모양을 보고 이해하는 수밖에. 오래전에 모래를 파서 만들었는데 비가 오지 않은 지역이어서 원형이 고스란히 남아 있습니다.

섬엔 물개, 가마우지, 펠리컨 등 동물이 수없이 많습니다. 이 섬에 서식하는 조류의 수는 무려 3억 마리라 합니다. 바닷새들이 많다 보니 섬 표면은 새들이 싸 놓은 배설물로 뒤덮여 있는데요. 이게 비로 구아노입

모래를 파내는 방식으로 만든 문양 깐델라브라. 오랫동안 비가 오지 않아 원형이 남아 있습니다

니다. 이 배설물을 정제하면 훌륭한 천연비료가 되는데요, 뻬루는 한때 이 구아노를 수출해 수입의 80% 이상을 벌어들였다고 합니다. 새똥의 대발견이라고 할 수 있겠죠. 중간 중간 바다사자가 늘어지게 낮잠을 즐기고 어떤 녀석은 잠자며 미소를 짓네요. 좋은 꿈을 꾸나봅니다.

항구로 돌아와 바로 버스로 승차해 Reserva de nacion de Paracas로 이동합니다. 바닷가를 둘러본 후 해산물 볶음밥인 Mariscos와 치차 데 모라다까지! 가성비 훌륭합니다. 오전에 바예스따스섬 둘러보기, 오후엔 인근 바닷가 투어. 괜찮은 상품입니다.

이런 동선은 어떨지 우리나라 친구들에게 추천합니다. 리마~뻬스꼬~빠라까스~이까~나스까~아레끼빠~꾸스꼬~뿌노(혹은 나스까~꾸스꼬~아레끼빠~뿌노). 주로 태평양 연안을 따라 여행하는 경로입니다. 버스로 이동하면서 남쪽으로 내려가는 경로여서 얼마든지 해 볼 만합니다.

해변에서 수제 물건을 팔고 있는 친구가 날 알아보고 "한국인 친구!"

가난한 자의 섬, 바예스따스

라며 부릅니다. 해변에서 야영해도 문제가 없다 하네요. 바닷가에 텐트를 치고 하룻밤을 보냅니다. 서쪽으로 노을이 붉게 물들고 있습니다.

다음 여정은 늘 설레기 마련이어서 일찍 일어났고, 3시간쯤 달리면 이까에 도착하려니 싶었지만, 오후 2시 반이 되어서야 시내에 들어갔습니다. 시내엔 특이한 현상이 하나 있는데요, 꼴롬비아에서와 마찬가지로 택시는 거의 티코라는 점입니다. 우리나라에서 사라진 티코가 이곳에 다 모인 듯했습니다. 참 신기합니다. 또 하나, 여기서도 2007년 큰 지진으로 붕괴된 건물들이 더러 보입니다. 삐스꼬와 이까를 포함한 넓은 지역에 지진이 발생했습니다.

아르마스 공원 주변을 둘러봅니다. 특히, 이까 대성당은 군데군데 무너지고 금이 갔습니다. 당시 뻬루는 얼마만큼 피해를 입었을까요? 그렇지만 이렇듯 또 도시는 활기를 띱니다. 여행사에 들러 내일 시티 투어와 와이너리 투어 비용을 확인했습니다. 이쪽 지역에는 모두 와이너리가 많고, 특히 Pisco 술로 유명하죠.

사막의 놀이, 버기 투어

와이너리 투어라 해 봐야 설명 듣고 나서 각종 와인을 한 모금씩 마신 후, 괜찮은 놈 있으면 사고 그렇지 않으면 말고 하는 거죠. 산 프란씨스꼬 교회를 둘러보았는데 처참합니다. 군데군데 기둥에 금이 가 출입 금지! 오후엔 와까치나 사막과 해넘이 투어를 했는데, 한국인 친구들이 세 명이나 있어 매우 반가웠죠!

버기 투어는 특수한 형태의 차를 타고 사막 산을 종횡무진 하는 투어인데, 기가 막히게 재미있습니다. 이 차는 주로 힘이 좋은 일제차들을 개조해서 만드는데 모래밭을 잘 달릴 수 있도록 타이어 공기압을 약하게 합니다. 스릴도 있고요, 왜 버기 버기 하는지 타 보고 나서야 비로소 알게 되었죠. 급경사를 내려갈 때 특히 재미있는데요, 분명히 차가 뒤집어질 만도 한데 괜찮습니다.

샌드보딩도 했죠. 보드를 타고(실제론 보드에 엎드려서) 급경사 모래를 내려가는 체험인데 재미 쏠쏠합니다. 움푹 파인 사막은 골과 마루금을 뚜렷하게 구분시켜 선명한 선으로 살아납니다. 차는 2시간 남짓 사막을 마구 헤집고 다녔습니다. 해넘이를 마지막으로 투어를 마쳤습니다.

인간이 만든 신비한 수수께끼, 나스까 라인

다른 지역으로 떠날 때는 밤잠을 설치기 마련입니다. 뭔가 새로움이 기다리고 있다는 설렘과 기대감 때문입니다. 숙소를 떠나 Museo Regional de Ica에 들러 오래전의 나스까 문화를 살폈습니다. 특히, 8살 먹은 미라가 내 시선을 오랫동안 잡아끌었는데요, 태어날 때부터 다리를 쓸 수 없었나 봐요. 세상에 태어나 고작 8년쯤 살다가 갔으니 참 애처롭습니다.

날이 무척 덥습니다. 배가 고파질 즈음 오꾸까헤(Ocucaje) 마을 앞 삼거리 음식점에 도착했는데, 가만히 주변을 보니 앞으로 나스까까지 가는데 매점이나 음식점이 없을 듯합니다. 음식을 먹는데, 웬 놈의 파리가 그리도 많던지! 아주머니에게 투명 비닐 봉투에 물을 넣어 천장에 매달면 파리 새끼 한 마리 얼씬하지 못한다는 방법을 알려 주었는데, 설명을 알아들었는지 모르지만 하여간 고개를 끄덕입니다.

햇볕이 이글거리는 도로를 달리는데도 졸음이 쏟아집니다. 편도 1차선 도로라 졸음 운전하다가 자전거 핸들 방향을 잘못 틀 경우 뒤에서 오는 차량에 부닥치거나 위험한 곳으로 처박힐 수도 있다고 생각하니 아찔합니다. 허공을 향해 큰 소리를 지르거나 주먹으로 헬멧을 치기도 했지만, 졸음은 찰거머리처럼 달라붙어 좀처럼 떨어지려 하질 않았습니다. 그렇게 네 시간 동안 졸음과 싸웠죠. 만약 뒤에서 누군가 내 행동을 유심히 관찰했더라면 이 뙤약볕에 결국 정신이 이상해진 여행자로 보았겠죠?

리오그란데(Rio Grande)를 지나 언덕을 넘어 내리막을 달리니 비로소 오늘 목적지인 Palpa에 닿았습니다. Lines란 숙소에 짐을 풀었습니다. 몹시 피곤합니다. 저녁 식사 후 바로 곯아 떨어졌습니다.

아침 일찍부터 일정을 시작합니다. 관공서 건물 한편을 박물관으로 사용하고 있어 잠시 들렀습니다. 이곳에서도 나스까 라인만큼은 아니

끝이 없는 사막 도로

지만 기하학적 문양들이 여럿 존재합니다. 자전거를 타고 사끄라멘또에 다녀왔습니다. 큰 규모는 아니지만 충분히 신비스러울 만큼 독특한 문양이 마을 인근에 있습니다. 유적지 이름은 Geoglifo Reloj solar de Sacramento.

나스까를 향해 열심히 페달을 밟습니다. 큰 고개를 하나 넘으니 Olipus de Cultura Paracas가 보입니다. 여기서도 나스까 라인 못잖은 기하학적 무늬들을 볼 수 있는데요, 2솔을 내고 20m 높이의 전망대로 올라가 봅니다. 선명한 정도는 아니지만, 그래도 그림 인식이 가능합니다. 시커먼 돌들은 모두 산화철을 포함하고 있어, 밑그림을 그린 다음 그림대로 돌들을 걷어내고 어느 정도 깊이로 땅을 파면 기하학적 그림들 혹은 무늬들이 완성됩니다.

우연히 한 박물관을 들렀습니다. 알고 보니 나스까 라인을 발견한 독일학자인 Maria Reiche의 박물관이었습니다. 발견 당시 그녀가 했던 여

빨빠 라인(Palpa Lines). 지역 이름을 따왔습니다. 나스까 라인도 마찬가지

멀리서 보면 기하학적 형상, 가까이서 보면 모양대로 돌과 흙을 긁어냈을 뿐

러 학술 조사들 관계 자료들이 많습니다.

나스까 라인 몇 개를 볼 수 있는 전망대에 닿았습니다. 15m쯤 높이 전망대에 오르니 해가 비쳐 라인을 제대로 보질 못했습니다. 어차피 경비행기 투어로 다시 볼 수 있겠거니 싶어 아쉬움을 버리고 시내로 달립니다.

이튿날 비행기를 타려 절차를 밟고 있는데, 여권이 없다고 벌금을 내라네요. 경비행기를 탈 경우 꼭 여권을 가져가시길. 30분쯤 비행기를 타고 둘러보는데, 원체 높이 날아다녀 라인들이 선명치 않네요. 지그재그로 날다 보니 정신도 없고, 어지러웠습니다. 열심히 찍었지만 모두 맘에 들지 않았습니다. 나중에 안 사실이지만, 보다 비싼 투어는 비행기가 낮게 난다 하네요. 그래야 라인을 제대로 볼 수 있거든요. 참고로, Oltursa 비행기가 낮게 날고 많이 탈 수 있습니다. 비용 또한 비싸지만 그만큼 탈 만한 값어치가 있습니다. 꼭 타 보시라고 추천합니다.

숙소로 가는 도중에 길이 막힙니다. 뭔가 큰 퍼레이드를 하는 듯했는

도로 아래쪽 건물은 마리아 레이체 박사가 만든 관측소.
왼쪽 도로에 걸친 모양은 펠리컨, 도로 아래 왼쪽 나무 형상은 와랑고 나무, 오른쪽은 손

꼰도르

데요, 도저히 알 길이 없어 한 아가씨에게 물어 좀 써 달라 했습니다. 행사는 Procesion rezar acompanar로 매년 9월 8일에 열린다 합니다. 8월 28일부터 10월 10일까지 개최되는 행사의 일부인데 오늘이 제일 큽니다. 조금이나마 그 내막을 알게 되니 행사가 달리 보여요. 가톨릭과 관련된 행사들이어서 이들에겐 매우 중요한 하루입니다.

　오늘 밤 아레끼빠로 가기 전, 남는 시간 동안 가까운 유적지 투어를 신청했는데요, 여직원이 보통내기가 아닙니다. 웃음기를 머금으며 호의를 유도합니다. 100솔을 불렀다가 내가 동의하지 않으니 계속 내리더니 70솔까지 부릅니다. 나도 한 번 후려쳤습니다. 60솔 아니면 가지 않겠다며 배수진을 치니 웃으며 그러자 합니다. 높게 불러 먹히면 남는 장사, 안 먹히면 본전. Expediciones Aventura Nazca 여행사　비추입니다. 우리 속담에 이런 말이 있습니다. '삼촌 삼촌 하면서 짐 지운다.'

　투어를 통해 Ancalla와 Cahuachi, 나스까 유골 무덤을 차례로 둘러보

Procesion rezar acompanar

Cahuachi 유적

았죠. 가이드가 말하기를 "Cahuachi 문명을 일군 사람들이 나스까 문양을 설계하지 않았을까" 합니다.

이곳에도 버기 투어가 존재합니다. 마지막으로 모래산 버기 투어를 했는데요, 규모는 와까치나보다 작지만 형상이 볼만합니다. 유연한 선과 보드라운 모래, 그리 심하지 않은 경사가 흥미를 더해 줍니다.

음식점을 찾던 중, 나를 보고 한국인이냐며 아는 체를 합니다. 수염이 덥수룩하고 차림이 간편해, 여기 사는 한국인인 줄 알았습니다. 담양에서 단체로 패키지여행을 왔다며 함께 저녁 식사를 하자고 나를 식당으로 데려갑니다. 모처럼 맛보는 묵은지, 고추 조림, 밥, 소주 한 잔이 삽시간에 내 허기를 채워 줍니다. 식사 후 남은 음식까지 싸 주네요. 혼자 여행하다보니 도움을 받는 경우가 종종 있습니다. 이 기회를 빌려 담양 친구들에게 정말 고맙다는 인사를 드립니다.

뻬루의 수도가 될 뻔했던 백색의 도시, 아레끼빠

밤 버스를 타고 아레끼빠로 향합니다. 먼저 보낸 자전거를 찾아 짐을 다 실은 후 숙소를 찾아갑니다. 이젠 숙소 찾는 일에도 제법 이력이 붙었습니다. 무조건 광장을 찾고 주변에 있는 호텔을 알아보면 십중팔구 성공합니다. 아르마스 광장에서 4블록 떨어진 곳에 짐을 풀었죠.

아르마스 광장으로 가던 중, 맛집의 느낌이 물씬 풍기는 Cevicheria foryfay 음식점에 들어갔습니다, 해산물 비빔밥을 시켜 먹었죠. 내 예감이 틀리지 않았습니다.

제2의 도시답게 아레끼빠엔 볼거리가 즐비합니다. 광장에 가 '바실리까 대성당~라 꼼빠냐 헤수스 교회~수녀원~산또 도밍고 교회' 순서로 둘러보았습니다.

명동쯤 되어 보이는 거리를 느긋하게 걸으며 진열된 상품들 구경에 시간 가는 줄 몰랐습니다. 이곳 건물들은 흰색이 많습니다. 원래 흰색의 돌이 많아 이 돌을 가공해 건물을 지어 자연스럽게 흰색이 되니 그에 걸맞게 〈백색의 도시〉라는 별칭이 붙었습니다.

여행사 몇 군데에 들러 상품을 확인한 후 꼰도르를 볼 수 있는 2박 3일짜리 꼴까 계곡과 차차니산(6,100m) 트레킹으로 정했습니다. 두 개 트레킹을 한 여행사에서 할 경우 흥정할 수 있겠구나 싶었어요.

바실리까 대성당엘 다시 들어갔더니 웅장하면서도 차분한 음악이 흘러나옵니다. 많은 여행자들이 의자에 조용히 앉아 감상을 하고 있습니다. 뻬루에서 제일 크다는 파이프 오르간을 누군가 분명히 연주하는데 모습이 보이질 않습니다. 슬며시 눈을 감을 만큼 성스럽고 숙연한 분위기를 연출하는 종교 음악입니다. 숨소리조차 들리지 않는 적막 가운데

알빠까 털로 만든 스카프. 비단결처럼 곱습니다

잔잔히 흐르는 음악에, 문외한인 나도 눈을 감고 음악이 멈출 때까지 듣고 있었습니다.

오래된 도시일수록 밤경치가 아주 멋집니다. 여기도 예외는 아니어서 불빛이 하나뿐인데도 같은 교회나 성당이 어찌 저리 다른 모습으로 비추어지는지 정말 신비롭습니다. 오래된 옛날 양식으로 지은 집이라, 오목한 곳 볼록한 곳 하나마다 불빛이 스며들어 전체적으로 매우 섬세하게 나타나니 황홀합니다.

차차니산 트레킹을 위해, Mochilas(배낭이란 뜻) 여행사에서 계약을 했는데, 트레킹은 1박 2일짜리입니다. 침보라소산 등반 이후 산을 오르지 않겠다고 다짐했건만 또 산에 오릅니다. 병이 또 도집니다.

해발 6,100m 차차니산을 오르다

트레킹 일행은 모두 5명으로, 가이드 1명과 트래커 4명. 모두 체격이 좋아 문제없이 다들 잘 오를 듯합니다. 오후 2시 50분, 해발 5,300m 베이스캠프에 짐을 다 옮겼습니다. 이른 저녁을 먹고, 다음 날 새벽에 일어나야 하니 9시 전에 취침합니다.

새벽 1시 반에 모두 일어납니다. 엊저녁에 두 잔이나 마신 차 때문에 밤새 한숨 못 잤습니다. 컨디션이 좋질 않다 보니 오늘 운행에 차질을 빚지 않을까 염려 되지만, 단단히 각오를 하고 오르는 수밖에.

일행 중 2명이 고소 증세로 계속 가다 서다를 반복했지만, 정상을 얼마 남기지 않은 지점에서 모두를 힘내자고 손을 모아서 우리말로 선창을 했습니다. "아자, 아자, 아자!" 세 번 외치고 힘차게 치고 올랐죠. 가이드가 좋아하네요. 다행히 큰 어려움이 없어 애초 계획 시간보다 더 일찍 정상에 올랐습니다.

이끼 같아 보이는 관목 야레따(Yareta). 땅이나 바위에 붙어 매년 1㎝씩 자랍니다. 단단해서 밟아도 부서지지 않아요

차차니산 정상, 해발 6,100m

　가이드가 서둘러 내려가자 합니다. 오던 길을 내려가지 않고 모래 경
사로 내려갑니다. 좋은 장면들이 많이 펼쳐져 사진을 찍고 싶은데 시간
없다며 몹시 서두릅니다.

　숙소에 가 재빨리 샤워를 한 후 UNSA 박물관과 미술관을 관람하고,
마지막으로 산따 까딸리나 수녀원을 둘러보았습니다. 이 수녀원은 금욕
적으로 엄격한 생활을 유지했나 봅니다. 침대 하나만 놓인 공간, 그 외
에도 일상생활을 위한 가구도 최소한. 신앙이 매우 깊지 않았을까 상상
을 합니다.

　수녀원의 야경이 아주 그럴듯해요. 그리 밝지 않은 백열등 불빛이 수
녀원 곳곳을 밝히니 뭔가 신비스럽고 말 못할 신앙적인 기운이 흘러나
오는 듯합니다. 벽에 기대어 폼 잡고 사진도 찍었습니다. 그 옛날 수녀
원들의 삶은 어땠을까를 상상하면서.

산따 까딸리나 수녀원 내부

꼰도르가 출현하는 꼴까 계곡 트레킹

꼴까 계곡을 트레킹하러 갑니다. Chivay에 도착, 국립공원 입장료 70 솔을 내고 해발 3,600m에 있는 꼰도르 전망대로 올랐습니다. 검은색 꼰 도르 수놈을 마초(macho), 갈색 암놈을 엠브라(Embra)라고 하는데요, 다 행히 몇 마리를 보았습니다.

Cabana de Bomboya라는 마을(해발 3,287m) 앞 San Miguel에서 내려 트 레킹을 시작합니다. 꼴까 계곡 트레킹은 시작점에서 1,000m 이상을 계 곡을 타고 내려갔다가 계곡을 따라 마을에서 2박을 한 후, 다시 1,000m 이상을 올라가 처음 시작한 마을로 돌아오는 루트입니다.

계곡이 워낙 급경사라서 완만하게 지그재그로 내려가는데요, 바위에 길을 낸 뻬루 사람들의 노고가 느껴집니다. 절벽에 길을 낸 경우, 일일 이 정과 망치만으로 돌을 깨 길을 만들 수밖에 없었을 텐데 그들의 그 많은 노고들로 안전하게 트레킹을 하고 있다 생각하니 한없이 고맙고 감사해하지 않을 수 없었습니다.

243

지그재그로로 3시간을 내려갑니다

작은 마을인 posada Roy에서 하루를 묵습니다. 트레킹 전체 코스가
길지 않아 많이 걷지 않습니다. 전기도 들어오지 않는 이곳 마을에서 함
께 트레킹을 한 독일 부부, 덴마크 연인 두 사람, 나 모두 다섯이 오붓
하게 식사한 후 하룻밤을 보냅니다. 내준 저녁 식사도 화려하진 않지만
소박한 맛이 있었습니다.

이튿날 서늘하면서도 맑은 계곡의 공기가 폐를 자극합니다. 일찍 일어
나 마을 주변을 잠시 둘러보았습니다. 사람이 살아가는 데 제일 중요한
요소가 먹을 물이니만큼 이 마을에서도 역시 치수를 통해 높은 산에서
흐르는 물이 마을을 통과해 흐르게 합니다. 잠시나마 맑은 물소리를 들
으며 마을 주변을 어슬렁거렸는데 기분이 좋더군요. 신선한 공기와 맑은
물, 오염되지 않는 환경이 사람의 몸과 마음을 한결 고양시켜 줍니다.

Oasis Sangalle란 마을까지 갑니다. 천천히 걸으면 5시간쯤 걸리는 마을
입니다. 소박한 아침 식사 후, 함께한 일행들의 이름을 내 노트에 써 달

라고 부탁했습니다. 내 이름도 써 달라 하네요. 한국어, 한문, 영어로 각각 내 이름을 써 주니 신기해합니다. 내 이름의 의미를 묻는데 언어의 한계로 표현 불가! 9시쯤 여유 있게 목적지로 길을 떠납니다.

꼬스니르와 마을에 도착해 잠시 쉬어 갑니다. 휴게소는 아주 조그만 세 평짜리 박물관도 겸하고 있어, 가이드가 두루 설명을 해 줍니다. 특히, 선인장에 생긴 혹을 비비면 붉은색 천연 염료가 나오는데 정말 신기했습니다.

재미있는 트레킹을 위해서는 특별히 자기가 좋아하는 음식을 준비한다면 훨씬 많은 추억을 만들 수 있습니다. 잘 기억해 두었다가 아내와 함께 이곳을 다시 찾게 될 경우 실행할 생각입니다.

오늘 쉬어 갈 숙소는 진짜 사막의 오아시스네요. 숙소를 겸하고 있는 곳이 서너 군데 있는데 모두 수영장을 갖추고 있습니다. 원체 날이 더우니 모두들 삽시간에 수영장으로 들어갑니다. 나도 뒤질세라 한바탕 물질을 했습니다.

곰곰이 생각해 보니, 지금처럼 이렇게 느긋하게 운행하다가 자칫 연말까지 남미 끝 우수아이아에 갈 수 없겠다 싶어 다소 염려됩니다. 그래서 갈라빠고스섬, 이스따섬, 이과수 폭포, 잉까 트레킹을 남겨두고 후에 아내와 함께할 작정입니다.

하루 일정을 일찌감치 마치니 시간이 많습니다. 지금껏 6개월간 여행하면서 뒤돌아보는 시간을 갖습니다. 낯선 사람들, 새로운 환경, 앞으로 겪어야 할 일에 대한 다소간의 흥분이 마음을 설레게 하는 한편, 걱정과 염려가 앞서기도 합니다. 짧은 트레킹의 흔적들을 모아 기억 속에 담고는 오늘 밤과 작별합니다.

오르는 길

어린 야마 녀석과 뽀보

트레킹 마지막 날입니다. 동트기 전 출발하므로 짐을 싼 후 바로 꼴까 계곡을 오릅니다. 내려갈 때와 마찬가지로 오늘도 1,000m쯤 오르는 루트입니다. 정상까지 세 시간 이상 걸린다 하던데 딱 두 시간 만에 올랐습니다. 힘에 겨운 사람들은 말을 이용하기도 하네요.

이런 시골에도 마음만 먹으면 얼마든지 자유 여행이 가능합니다. 아레끼빠에서 확인해 보면 여기저기 마을을 경유하는 버스를 탈 수 있습니다. 다음에 올 경우에는 이런 방식으로 잘 알려지지 않은 지역에도 가보고 싶습니다. 그래서 순박한 안데스의 속살을 보고 듣고 느낄 수 있도록 말입니다.

돌아가는 길에 폭우가 쏟아집니다. 해발 4,900m에 Patapampa 전망대가 있는데 누구도 내리질 않아 나 혼자 내려 부지런히 사진을 찍습니다. 이곳은 남미 안데스 6천 미터급 높은 산을 볼 수 있는 최고의 전망대임에도 눈과 비가 섞여 내리는 통에 하나도 보이질 않습니다.

돌에 각 방향에 있는 화산들 이름이 쓰여 있습니다. 거의 6천 미터급입니다

수녀원 앞에 내려, 덴마크에서 온 두 친구인 요한슨과 산드라와 함께 사진을 찍고 페이스북 주소를 주고받은 후 헤어졌습니다. 후에 내가 유럽 자전거 여행을 하게 되면 꼭 다시 만나기로 하였습니다. 반드시 그 약속을 지키겠다고 다짐했죠. 두 친구들도 빈말로 듣진 않았을 겁니다.

버스 시내 투어에 나섭니다. Yanahuara 전망대, Chilina 다리, Carmen 다리, Goyeneche 궁전 등을 둘러보고 바로 숙소에 가 짐을 싸 나왔습니다. 첫날 해물밥을 먹었던 Faryfay 레스토랑에서 세비체로 점심을 먹었습니다. 아레끼빠에서 먹는 마지막 음식입니다. 진짜 맛있어요, 꼭 가 보시길!

아르마스 광장을 지나며 마지막 사진을 찍고 있는데, 낯익은 여행사 친구가 아는 체를 합니다. 광장에 자주 가니 눈인사를 하는 사이가 됐죠. 이름은 Edgar Caira. 후에 여기 다시 온다면 꼭 자기 집에 초대하겠답니다. 그 친구 때문에라도 다시 오지 않을 수 없게 생겼습니다.

이제 뻬루 여행이 막바지에 접어듭니다. 꾸스꼬에서 며칠을 보낼지 모르지만, 앞으로 '꾸스꼬~훌리아까~뿌노'를 끝으로 뻬루를 떠납니다. 버스에 몸을 싣자마자 깊은 잠에 빠집니다.

영원한 잉까의 추억, 꾸스꼬

버스에서 내려 잉까의 도읍지였던 중심가로 향합니다. 20m는 족히 될 빠차꾸떽(Pachacutec)의 조형물이 도로 중앙에 서 있습니다. 개혁가로서 오늘날 꾸스꼬의 뼈대를 세운 사람입니다. 자연스럽게 이 사람의 존재를 확인할 수 있을 겁니다.

잉까는 1,250년 해발 3,400m 꾸스꼬에 조그만 도시를 건립했습니다. 잉까의 세력이 커지자 불안을 느낀 주변 소도시 국가인 창까(Chanca)가 강력한 군사력을 바탕으로 잉까를 공격했고, 당시 잉까의 왕이었던 비라꼬차(Viracocha)는 왕위계승자였던 장남을 데리고 깔까로 피신했습니다. 그러나 비라꼬차의 아들이었던 우리의 빠차꾸텍은 일부 주변 도시와 연합해 창까의 공격을 막았습니다.

전쟁에서 승리한 빠차꾸떽은 피신했던 아버지를 찾아가 전승식을 요구했죠. 전쟁에서 생포한 포로와 전리품들을 광장에 늘어놓고 밟고 지나가는 의식으로 유일하게 왕만이 시행할 수 있었는데요. 하지만 왕은 이 의식을 장남에게 치르도록 명했고, 분노한 빠차꾸떽은 포로와 전리품을 거둬들이고 꾸스꼬로 되돌아갔습니다. 이에 비라꼬차왕은 아들인

중앙도로 벽에는 스페인 침략자들의 무자비한 살상과
이에 대응하는 원주민들의 저항을 상징하는 엄청나게 큰 벽화가 그려져 있습니다

빠차꾸떽을 공격했지만 패했습니다. 1438년 빠차꾸떽이 9대 왕으로 등극했음이 이 같은 사실을 간접적으로 증명합니다.

잉까 제국이라 함은 유럽에서 불린 이름이었고, 실제로는 따완띤 수요(따완띤은 4, 수요는 방향을 의미)연합체였습니다. 여기에서 4개의 방향인 즉, 안띠 수요는 꾸스꼬 동쪽, 꾼띠 수요는 서쪽, 꾸야 수요는 남쪽, 친차이 수요는 북쪽을 뜻합니다. 결국 따완띤 수요는 이들의 중심이었고 그 중심축에는 꾸스꼬(께추아어로 '세계의 배꼽'이란 뜻)가 있었습니다. 따완띤 수요는 께추아어를 공식 언어로 사용했습니다.

아르마스 광장에 오니 큰 행사가 벌어집니다. 여기에만 있다는 12각 돌을 보고 기념사진을 찍었습니다. 바늘 들어갈 틈조차 없을 만큼 견고합니다. 당시에 기계를 써 가공할 리가 없었을 텐데 돌을 다루는 손 기

12각돌입니다. 돌끼리 닿는 면이 얼마나 정교한지

술이 대단합니다.

광장 인근 Peru Rail에 들러 마추삑추 가는 열차 편을 알아보았습니다. 하나는 Poroy에서 열차를 타고 Ollantaytambo ~ MachuPicchu로 가는 방법이고, 또 다른 하나는 주변을 둘러본 후 Ollantaytambo역으로 가 MachuPicchu로 열차 타고 가는 방법입니다. Ollantaytambo까지는 포장 도로이므로 자전거를 타고 가도 됩니다.

꾸스꼬는 잉까 대제국의 수도였기에 볼거리가 즐비합니다. 무지개산으로도 알려진 비니꾼까산, 오얀따이땀보 유적, 모라이 유적, 삭사이와만 유적, 꼬리깐차, 설산 트레킹 등…. 대한민국을 잘 안다는 상점 아가씨가, 꾸스꼬는 퓨마 형상을 닮았고 벽에 그 형상이 있다고 알려 주었는데도 잘 모르겠더라고요.

대성당 안 그림, 예수님 앞 접시에 놓인 음식은 바로 뻬루 사람들이 즐겨 먹는 꾸이입니다

한인 숙소인 C Casa에 짐을 풀고 바로 시내 구경을 하러 갑니다. 광장을 중심으로 둘러봅니다. 대성당을 비롯해 네 군데 성당을 볼 수 있는 입장권이 30솔입니다.

All About Cusco 여행사(대표 박준형 씨 운영)에 가서 내일 비니꾼까 트레킹을 신청했는데요, 새롭게 각광받고 있는 산입니다. 산 정상에 일곱 빛깔이 존재하여 무지개산이라는 별칭을 얻었는데요, 한국 여행자들도 많이들 트레킹을 합니다.

입구에 도착해 부지런히 걸어 올랐습니다. 수백 명이 함께 산으로 올라가는 장면은 그야말로 장관이었죠. 산 높이가 5,100m여서 고소 증세를 호소하는 친구들이 많네요. 그런 친구들은 가다 서다를 반복하면서 오를 수밖에 없습니다. 어떤 친구들은 입구에서부터 대기 중인 당나귀

뒤편이 무지개산입니다

나 말을 타고 갑니다.

산 정상엔 무지개산을 보기 위해 오른 사람들로 인산인해를 이룹니다. 높은 곳이기에 바람이 세고 기온이 낮아 오래 있을 수가 없습니다만 조금이나마 무지개산을 더 보기 위해 대기하는 사람들이 많습니다.

안데스 산맥 쪽을 보면, Hausangate산이 보입니다. 뻬루에서 다섯 번째로 높은 6,327m나 된다고 가이드가 알려 줍니다.

잉까 제국 시대 태양의 신전이었던 꼬리깐차(Qorikancha, 'House of the sun' 이란 뜻)를 둘러보았습니다. 잉까인의 건축 기술을 잘 들여다볼 수 있습니다.

광장에 가서 버스를 타고 삭사이와만을 시작으로 투어를 했는데요, 기록이 없으니 이 거대한 건축물들을 왜 만들었는지 알 도리가 없습니

구름에 가려진 아우상가떼산

한때 사회주의 운동가이자 시인이었던 『노동의 새벽』,
『사람만이 희망이다』의 작가 박노해 씨가 꾸스꼬에 있는 한국 식당 사랑채에 다녀갔습니다

꼬리깐차 내부

다. 제단일 수도 혹은 국토 방어용일 수도 있겠지요. 저 큰 돌들을 어떻게 옮겼고, 어떤 방식으로 건축을 했는지 놀랍기만 합니다. 침략자 삐사로는 원주민들이 만들어 지은 건축물들을 모두 헐어 버리고 성당을 짓게 했고, 건축에 필요한 많은 돌들을 삭사이와만에서 가져다 쓰게 했다 하는 이야기를 읽은 적이 있습니다.

왕들의 휴식처였던 지하 동굴을 둘러보았습니다. 집무에 지친 왕들이 쉬어 갔던 곳인 듯합니다. 실제로 동굴에 들어가 보니 시원하다 못해 서늘할 정도입니다. 굳이 물에 들어가지 않아도 훌륭한 피서지 역할을 하지 않았나 싶어요. 어떻게 저런 곳을 알아 저렇게 자연스러운 휴게소를 만들었는지 그 지혜에 놀랐습니다.

삭사이와만

Tambomachay로 갑니다. Tambo는 공용 쉼터, Machay는 동굴. 하여 뜻은 '쉬는 동굴'이란 의미죠. 인위적으로 만든 동굴은 왕과 가족들만이 이용할 수 있다 했습니다. 산에서 흘러나오는 자연수로 목욕도 하고 쉬기도 하는 그런 곳. Pukapukara는 군대의 막사 역할을 한 곳입니다. 60m짜리 탑이 있었다 하는데 오늘날 그 자취만 남아 있었습니다. 이를 마지막으로 꾸스꼬 인근 유적지에 대한 투어를 마쳤습니다.

Peru rail에 가서 내일 마추삑추로 가는 열차를 예매했습니다. 생각보다 열차 이용료가 꽤 비싸네요. 뻬루 철도의 지분이 영국에 있단 글을 읽은 적이 있는데, 이른바 '재주는 곰이 부리고 돈은 왕 서방이 받는다'라는 말이 떠오릅니다.

숙소에서 친구들의 도움을 받아 볼리비아 입국 비자 신청 서류를 만들었습니다. 꼼꼼하게 비자 신청 서류를 챙겨 몇 차례 확인하였습니다. 다음 여행지인 뿌노에서 비자 신청을 할 생각입니다.

승용차를 이용해 투어를 시작합니다. 여행사 소속인 꾸스께노(꾸스꼬 출신이란 뜻) 기사인 마리오와 나 둘이서만 투어를 합니다. 대한민국에 관심이 많은 마리오에게 한국인 여행자를 대할 때 필요한 말들 몇 가지를 알려 주었습니다. 여행사 박 대표가 자기에게 LG휴대폰을 사 주었다며 자랑합니다. 마리오가 한국인에게 친절하고 제대로 된 가이드 역할을 해 주면 좋겠습니다. 선한 인상에 참 착한 친구인 데다 인사성도 밝습니다. 머잖아 꾸스꼬에서 이름난 한국인 전문 가이드로 많은 활약을 하리라 기대합니다.

먼저 친체로로 향합니다. 농사를 짓지 않았을까 추측을 해 봅니다만 설명해 주는 이가 없으니 내 상상에 의존할 수밖에 없습니다. 이곳에서

천연 염색과 직물 직조 시연해 주는 공간

는 관광객을 대상으로 천연 염색과 직물 직조를 시연해 주고 완성된 제품을 판매하기도 합니다.

소금밭인 살리레나스에 가 소금을 만드는 과정을 보았습니다. 해발 3천 미터가 넘는 곳에서 소금을 생산한다는 사실이 잘 믿기지가 않았습니다만, 지리적 형태를 살펴보면 그리 놀랄 일도 아니었습니다. 오래전, 바다가 융기하여 육지가 되고 육지 속에 갇힌 바닷물이 흘러내리면서 그 물로 소금을 만들게 된 경우입니다.

이곳 사람들은 여전히 원시적인 방법으로 소금을 생산하여 판매하고 있습니다. 열악한 환경이지만 그 환경에 맞춰 살아가는 사람들의 집념이 잘 엿보이는 대목입니다. 또, 하루 종일 뙤약볕에서 고단하게 일을 하지만 행복한 표정입니다.

해발 3,500m 이상 높은 지역에 있는 살리레나스 소금밭

모라이 유적지

이른바 농업 시험소 역할을 한 모라이 유적지로 향합니다. 둥근 원 모양의 밭이 계단식으로 오를수록 넓어지는 모양을 하고 있습니다. 높이에 따라 온도와 습도가 달라지는 점을 고려해 각기 다른 농작물을 재배했다는데, 뻬루 사람들의 지혜를 엿볼 수 있었습니다. 그들은 오랜 경험 끝에 날씨와 기후 습도와 온도를 적절히 고려하여 농사짓는 방법을 터득했나 봅니다.

마지막으로 오얀따이땀보 유적지를 둘러보았는데요, 열차 시간에 쫓겨 유적에 관한 사실들을 제대로 파악하지 못한 채 수박 겉핥기식으로, 거의 뛰다시피 사진만 찍다가 역으로 달려가 간신히 아구아스 깔리엔떼스행 열차를 탈 수 있었습니다.

마추삑추로 가기 위한 전초 마을인 Aguas Calientes엔 골목마다 외국인들로 인산인해를 이룹니다. 숙소를 잡기가 보통 어려운 일이 아닙니

오얀따이땀보에 있는 잉까의 흔적

아구아스 깔리엔떼스 마을. 마추삐추에 오심을 환영합니다

다. 발품을 많이 팔아야 합니다.

마추삐추로 가기 위해서는 하루 전에 미리 입장권과 버스표를 예매해야 하며 여권 원본도 있어야 합니다. 사본을 제출했더니 버스표를 주지 않네요. 오히려 잘됐다 싶어 내일 아침 일찍 걸어서 올라가기로 했습니다. 버스야 구불구불 산길을 돌아가지만, 걸어서 갈 경우 직선으로 오르는 트레킹 코스가 있어 그리 많은 시간이 걸리지 않습니다.

공중 도시, 마추삐추

마추삐추는 '늙은 봉우리'요, 와이나삐추는 '젊은 봉우리'란 뜻입니다. 1911년 7월 24일 미국 예일대학교 라틴 아메리카 역사학 교수였던 하이럼 빙엄(Hiram Bingham)이 공중도시의 존재를 이미 알고 있던 한 소년과 함께 산으로 올라가 마추삑추를 보게 되면서 세상에 드러났습니다.

새벽 3시 10분에 일어났습니다. 칠흑 같은 어둠에 내 헤드램프 불빛만이 길을 안내해 줍니다. 다리 앞에 다다르니 이게 웬일입니까! 수많은 인파가 다리 앞에서 줄을 서 있고, 대부분이 젊은 친구들입니다. 5시부터 출발을 시킨답니다.

외국 친구들과 함께 문명에 기대지 않고 온전히 걸어서 마추픽추를 오르자니 기분이 몹시 좋습니다. 거리는 1.5km가 채 되질 않습니다. 얼마든지 걸을 만한 거리입니다. 트레킹을 통해 마추삑추로 오르는 맛은 각별합니다. 어둠이 서서히 물러나고 빛이 주변 윤곽을 서서히 드러내 보일 때쯤 입구에 다다릅니다. 가늠해 보니 40분 걸렸습니다.

입구에서 다시 한 번 놀랐습니다. 아직 어스름 새벽인데도 마추픽추를 보려고 전 세계 수백 명의 사람들이 한곳에 모여 기다리고 있는 모습이란 참으로 보기 어려운 장면이었습니다. 6시부터 입장을 시키네요.

들어가자마자 무조건 와이나삑추 입구로 갔습니다. 예약을 하지 못했기에 사람들이 덜 모이는 이른 시간에 관리 직원에게 올라가고 싶단 사정을 얘기하는 게 좋겠다 싶었죠. 하지만, 수포로 돌아갔습니다. 모두들 와이나삑추를 먼저 보려고 대기하고 있어 오르기를 포기했습니다.

대신 마추삑추를 빠짐없이 훑자는 생각으로, 내 장점인 다리품을 팔기로 했습니다. 약간 높은 곳에 있는 태양의 문(Sun Gate)과 잉까의 다리(Puente Inca) 등을 풀방구리에 새앙쥐 드나들듯 숨은 명소들을 골골샅샅 빠짐없이 들락거렸습니다.

전망대 역할인 망지기의 집(Recinto del Guardian) 앞 잔디밭에 앉아 피리로 〈엘 꼰도르 빠사〉를 부르기도 잠시, 관리인이 오더니 피리를 불지 말

망지기의 집에서 본 마추삑추, 뒤에 있는 뾰족한 봉우리는 와이나삑추

잉까의 다리. 이른바 비상통로입니다.
유사시 저 다리를 건너 절벽으로 난 길을 통해 피하기도 하고 망을 보기도 했답니다

랍니다. 인근에 있던 외국 친구들은 웃으며 반기는데 이 사람은 무조건 하지 말래요. 이유를 물었더니 규정이 그렇답니다. 뭔 규정이냐고 물었더니 뭐라 설명하지만 당최 알아들을 수가 없었죠. 로마에선 로마법을 따르라고 조용히 피리를 집어넣었습니다. 조금 아쉽습니다. 곡이라 해봐야 1분이면 다 끝나는데….

관람을 끝내고 마을로 내려갈 때도 걸었습니다. 총 8시간 반쯤 걸었습니다. 짐을 챙긴 후, 역 근처에서 점심을 먹고 기념품 가게를 여기저기 기웃거렸습니다. 맥주까지 사 마시며 느긋하게 역 주변을 돌아다니다, 그만 열차를 놓쳤어요. 한 시간 후, Roy역행 열차를 탈 수 있었습니다.

다음 날 꼬리깐차 박물관에 가 잉까 이전의 연대표와 각 시대를 대표하는 여러 토기들과 상징물들을 두루 살폈는데요, 무엇보다도 잉까 이전 시대를 구분하여 표기한 도표를 보며 각 시대별 특징들을 나름대로 정리할 수 있었어요. 박물관이나 유적지 등을 다 볼 수 있는 통합 입장권을 이용하면 편리합니다. 미술관 두 곳을 방문해 무료로 관람했는데

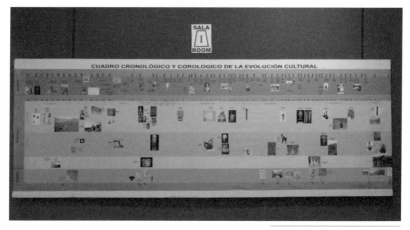

빼루에서 본 중 제일 눈에 띄는 연대기

요, 지역에서 활동하는 작가라 그런지, 꾸스꼬의 역사와 문화를 표현한 작품들이 대부분이었습니다. Adolf Sordon Abarca와 Juan de la Cruz Machicado 두 작가의 그림이 많습니다.

박준형 대표에게 여러 좋은 정보를 얻었습니다. 박 대표는 한국인의 입맛에 맞는 여행 상품들을 많이 개발하는 중이랍니다. 이 여행사를 통해 모쪼록 한국인들이 보다 편하고 즐겁게, 또 깊이 있게 꾸스꼬의 면면들을 둘러보면 좋겠습니다.

삭사이와만 옆에 있는 예수상을 보러 언덕에 올랐습니다. 꾸스꼬 전경을 한눈에 내려다볼 수 있는 전망대 역할을 하는 곳입니다. 이곳에서

Juan de la Cruz Machicado가 그린 삭사이와만 그림

관광객들에게 사진을 찍어 현상해 주는 Victor Carlos Luna Huillca를 만났습니다. 이 친구는 주중에 그림 공부를 하는 학도로서, 주말엔 사진 찍어 주는 기사로서 바쁜 일상을 보내고 있는 친구입니다. 내 사진을 찍어 주더니 현상까지 해서 무료로 주네요. 꾸스꼬시(市)와 3년간 계약으로 일을 하고 있다 합니다.

친구가 일을 마치자 함께 시내로 내려갑니다. 중간에 Plaza de San Blas에서 둘이 사진을 찍고 성당 앞에서 아쉬운 작별을 합니다. 페이스북 주소를 주고받으며 인연을 계속 맺습니다. 최근엔 꾸스꼬를 여행하는 내 친구가 있어 빅또르에게 수채화 그림물감을 선물로 전달해 주었고, 그에게 뜻있는 감사의 말과 그림 한 점을 선물로 받았습니다. 그와 나의 우정은 현재진행형입니다.

빅또르와 함께 추억을!

길에서 만난 자전거 여행자들

일주일을 머무른 후 떠납니다. 10분이 채 지나지 않아 있어야 할 속도계가 없음을 알았습니다. 속도계를 떼어 내고는 나사를 제대로 잠그지 않고 헐겁게 해 놓았습니다. 숙소는 6층 건물 중 5층에 자리 잡고 있기에, 분명히 같은 건물에 있는 누군가의 소행입니다. 한 건물에 있어 안전한 줄 알았지만, 맘 같지 않네요. 속이 많이 상했지만, 어쩔 수 없는 노릇입니다.

한참을 달리다 보니 도로 표지판에 못 보던 새 그림이 있네요. 표지판을 따라 2㎞쯤 달려가니 Lucre라는 마을입니다. 체육관인 듯한 건물 앞에 복장이 제각각인 사람들이 꽤 많습니다. 오늘 무슨 행사를 하려니 싶어 그들 속으로 갔습니다. 알고 보니 꾸스꼬 인근에 사는 지역 원주민들이 자기 마을의 고유한 의상을 입고 모였다 합니다. 카메라를 맨 사람이 여럿 있어 꾸스꼬시(市)에서 홍보 자료를 만드는 행사 같았습니다.

주민들에게 일일이 물어보았습니다. 친체로, 차와이띠리, 바따밤바, 비뚜마르까, 악찰라, 아꼬피아 등 6개 지역 원주민들이었습니다. 정말 귀한 장면을 보았죠. 사진을 꽤 많이 찍었는데, 주관자인 듯한 여성이 내게 말합니다. "찍은 사진을 메일로 보내 줄 수 있느냐?" 그러마고 했습니다.

오래된 교회 표지판이 보입니다. 그냥 지나칠 수 없을 듯해 가 봅니다. 교회 앞 광장에서 따뜻한 엠빠나다를 파는 친구가 아는 체를 합니다. 이름은 Alberto로, 2001~2007년까지 수원에서 빌라 짓는 일을 했다 합니다. 돈을 많이 벌었지만, 아버지 폐암으로 다 썼다며 다시 한국에 가서 일하고 싶어 합니다. 언젠가 다시 만나자며 헤어집니다. 세상

마을별로 전통복장을 한 원주민들. 아주 귀한 사진을 얻었습니다

은 참으로 좁습니다.

밭일을 하는 한 가족을 만났습니다. 목가적이고도 평온한 이 장면이 내게 1960년대 우리나라의 시골 풍경을 연상시켜 주었습니다. 그냥 지나칠 수 없어 그들과 잡담을 나누며 잠시 쉬었는데요, 치차 모라다와 맥주를 한 잔씩 얻어마셨습니다. 참 소박한 사람들입니다. 나도 그 가족의 도움을 받아 소를 이용해 밭을 갈아 보기도 했습니다.

Combopata에서 일찌감치 잠자리에 들었습니다. 9시간 반 이상을 잤더니 몸이 아주 개운합니다. 어젠 2주 만에 자전거를 탄 때문인지 아무래도 몸에 조금 무리가 됐나 봅니다.

도로 표지판에 라끄치(Raqchi) 유적지 표시가 보입니다. Dios del Templo 유적인데 황토색 흙벽돌 구조로 되어 있는 아주 특이한 모양을 하고 있습니다. 이런 유적지를 볼 수 있음은 자전거 여행의 큰 장점입니

Dios del Templo(신의 제전) 유적

다. 다만, 안내서가 없어 제대로 이해할 수 없었죠. 동네 주민이 내게 1400 ~ 1500년경 빠차꾸뗵이 만들었다고 알려 줍니다.

길가 노점에서 세비체로 아침을 대신했습니다. 프랑스 가족이 자전거를 타고 여행을 합니다. Andre 가족인데요, 가족 사랑과 애정이 아주 깊어 보입니다.

도로 통행료를 받는 곳에 이르러 직원에게 물었습니다. 제일 높은 도로까지 가는 데 얼마나 걸리느냐 했더니 2시간쯤 가면 해발 5,200m 봉우리가 보이는데 그곳이 도로 꼭대기랍니다. 오후 3시 반쯤 이 구간 중 제일 높은 Abra la Raya(해발 4,338m)에 다다랐습니다. 인근 마을 주민들이 직접 만든 장갑, 스웨터, 모자 등을 팔고 있습니다.

내리막을 신나게 달리던 중, 저 앞에 과속 방지턱이 있어 이를 피해 길 어깨로 달리다가 다시 도로로 접어들던 중 미끄러지는 사고가 났습

해발 4,338m 고개

니다. 길 어깨와 도로 간 높낮이 차이로 자전거 바퀴가 길 어깨를 타고 넘지 못하면서 넘어진 겁니다. 원심력으로 내 몸이 자전거에서 이탈하며 도로로 구릅니다. 그 짧은 순간에도, 반대편이나 뒤편에서 자동차가 온다면 난 꼼짝없이 깔리겠구나 싶어 좌우를 쳐다보기도 했답니다. 순전히 본능이었죠.

도로 건너편 공터에서 축구를 하던 주민들 수십 명이 나를 에워싼 채 걱정스런 표정으로 날 쳐다봅니다. 행여 자동차가 온다면 크게 다칠 우려가 있어 나를 에워싸고 있는 듯 보이네요. 무릎 부분 옷이 찢어지고 찰과상을 입었지만, 다행히 상처가 깊지 않습니다. 오른쪽 핸들 부위가 도로에 크게 긁혀 손상을 입었고 그 탓에 기어 변속 레버가 너무 느슨해졌네요. 창피하기도 하고 몸에 이상이 없기에 바로 출발했습니다.

Santa Rosa 마을에 도착, Casa de Verde 숙소에 짐을 풀었습니다. 잠을 청하며 잠시 오늘 일을 떠올립니다. 해발 3,300m에서 출발해 4,338m 까지 올랐으니 꽤나 오른 셈입니다. 해발 3,800m 이상이 되면 어느 정도 호흡이 가빠집니다. 이 높이에서부터 고소에 적응해야 하는데요, 천천히 운행하면 호흡에 전혀 무리가 없습니다.

여행한 지 7개월째 접어들고 있습니다. 우선 체력이 받쳐 주니 다행입니다. 앞으로도 큰 무리가 아닌 이상 체력적인 어려움은 없습니다. 여행을 위해 꾸준히 운동한 덕입니다.

개인적으로 생각하기에 50대 중반부터 60대 초반에 하는 자전거 여행이 최고가 아닐까 합니다. 여행의 동력이 다소 떨어질 수 있지만 어느 정도 안정된 삶이 유지되는 나이이고, 또 시간적으로 여유를 가질 수 있는 연령이므로 이럴 때 새로운 각오로 새로운 도전을 해 봄도 바람직합니다.

여행은 어딜 가느냐, 누구와 같이 가느냐가 중요하다고 할 수 있지만, 더 중요한 요소가 있습니다. '왜 가느냐'와 '어떻게 가느냐'입니다. 나의 경우를 예로 들어 보자면, 62세 이전에 자전거 세계 일주를 마치겠다는 목표 아래, 체력엔 아직 자신이 있기에 우선, 자전거 여행하기가 제일 어렵다는 남미를 택했습니다. 굳이 자전거를 택한 이유는, 아직 건재한 두 다리의 힘만으로 동력을 얻어 움직이겠다는 뜻이며, 한편으론 일산화탄소를 생산해 내는 화석 연료를 사용하지 않겠다는 의지였습니다.

남미 여행의 필수인 에스파냐어를 배우고 남미에 관한 역사와 문화에 관한 책을 읽어 여행의 깊이를 더하고 안목을 넓히기 위한 준비도 중요했죠. 구체적이고 뚜렷한 목표는 여행을 보다 내실 있게 해 줍니다.

지금껏 자전거 여행 중 얻게 된 이점 중 하나는 잘 알려지지 않은 남미의 유적을 많이 볼 수 있었던 점을 꼽을 수 있습니다. 까하마르까~뜨루히요 구간을 달리다 만난 Chanchan 유적이랄지 와라즈~리마 구간 중 만난 Caral 유적, 그리고 도로를 달리며 만들어지는 수많은 옛 이야기들과 사람들….

또 하나, 나 자신에 관해 뒤돌아볼 수 있는 유익한 시간을 가진다는 점입니다. 지금껏 과연 인생의 본질을 어디에다 두고 살아왔는지를 곰곰이 생각해 보는 기회가 많았습니다. 돈, 명예, 소비, 부 축적, 사회적 위치…. 모두 외형적 조건들일 뿐, 내 자신의 내적 풍요로움을 위한 가치는 없었습니다. 내가 동시대를 살아가는 사람들에게 어떤 의미로 존재하는가, 내가 이 지구별에 잠시 왔다 가면서 하는 역할은 무엇일까, 진정으로 내 삶에 필요한 요소들은 무엇일까에 대해 고민하는 점은 큰 수확입니다.

어떻게 보면 50~60대는 관성적으로 움직이는 나이일 수 있습니다. 스스로 뭔가를 새로 시작하기엔 그만큼 어려운 나이일 수 있죠. 관점을 달리해 보면, 그만큼 삶의 여러 우여곡절을 겪고 난 다음에 얻게 되는 안정감이나 유연함이 존재하는 나이일 수 있습니다. 풍파를 겪고 난 다음의 잔잔함이라고 할까요? 세월의 경륜에 따른 인생의 경험과 여유로움이라 할 수도 있겠습니다. 역설적으로 말하자면 뭔가를 시작하기에 아주 좋은 시기이기도 합니다.

오늘 갈 곳은 비교적 큰 도시인 Juliaca입니다. 120㎞쯤 되니 그리 멀지 않아요. 9시쯤 Ayaviri 부근에서 자전거 여행 중인 젊은 프랑스 부부인 Simon과 Luis를 만났습니다. 태어난 지 고작 5개월 된 아이도 함께

이 세상에 온 지 5개월째 된 아이.
보채거나 칭얼대지 않았습니다

여행합니다. 참, 대단한 부부입니다. 저 꼬마는 나중에 분명히 세계적인 여행가가 될 겁니다. '될성부른 나무는 떡잎부터 알아본다'고, 저렇게 의연할 수가 없어요.

오늘 목적지인 Juliaca 시내에 도착, 3개짜리 호텔에 짐을 풀었습니다. 오늘도 140㎞쯤 달려서인지 피곤이 몰려옵니다.

세상에서 제일 높은 호수, 띠띠까까

부지런히 달려 뿌노(Puno) 시내에 도착하자마자 경찰에게 볼리비아 영사관 주소를 보여 주며 길을 가르쳐 달라 했습니다. 막상 그 주소를 찾으니 영사관은 온데간데없습니다. 다른 경찰에게 또다시 물을 수밖에 없습니다. 그렇게 또 찾아갔으나 역시 온데간데없이 사라졌습니다. 다행히 옆 건물에서 일하고 있던 분이, 영사관은 JR Cajamarca 거리로 이사를 갔다고 알려 줍니다.

볼리비아 영사관을 찾아 바로 여권 신청 서류를 제출했습니다. 친절한 Lily Hidalgo Anturiana가 20분쯤 걸려 내 여권에 비자를 찍어 주었습니다. 영사관을 나오며 여직원과 함께 사진을 찍었습니다. 자기도 한국을 좋아한다고 하네요.

Kantaya 호텔에 짐을 풀었습니다. 도미토리인데 Sergio라는 아르헨띠

볼리비아 영사관 직원 Lily Hidalgo Anturiana

뻬루의 대표적 음식 중 하나, 로모 살따도

나 친구 한 명이 묵고 있습니다. 시내로 나가 로모 살따도(잘게 썰어 양념한 돼지고기와 밥, 그리고 감자)로 저녁을 먹었습니다. 지금까지 먹어 본 중 최고였죠.

세르지오와 11시까지 이야기를 나눴습니다. 부에노스 아이레스 인근에서 셰프 일을 한다는 그는 3개월간 여행 중이랍니다. 영어를 아주 잘하네요. 음악에 취미가 있다니 잘됐다 싶어 피리를 꺼내 〈아리랑〉을 불렀습니다. 머리를 숙이고 감상하는데 찡한 모양입니다. 하기야 〈아리랑〉은 누가 들어도 그 선율에 감동할 수밖에 없는 음악입니다.

10시쯤 우로스 일부의 한 가정섬(크고 작은 인공 섬들이 엄청나게 많음. 통칭해서 그냥 '우로스섬'이라 함)에 내렸습니다. 여행사별로 거래하는 섬들이 있습니다. 섬의 주인인 아저씨가 섬을 만드는 과정을 직접 보여 주며 설명한 후 몇 사람씩을 집으로 데려가 직접 손으로 만든 물건(기념품 위주)들을 팝니다. 기념사진 몇 컷 찍은 후 돌아가는 일정입니다.

가이드가 띠띠까까를 설명해 줍니다. 띠띠는 야생 고양이, 까까는 토끼. 야생 고양이가 토끼를 사냥해 잡아먹는 호수? 잘 연결이 안 됩니다. 꾸스꼬에서 뿌노까지 거리는 386㎞, 뿌노에서 볼리비아와 경계 마을인

저런 집터들이 수없이 많이 있고 통칭해서 '우로스섬'이라 하죠

Yunguyo까지는 145㎞. 우로스섬의 이름은 Canamarca. 인공 섬이어서 지도에도 나타나질 않는답니다.

띠따까까 호수는 세상에서 제일 높은 곳(해발 3,803m)에 위치한 호수입니다. 오래전 바다가 융기해 호수가 되었고, 당연히 짜다 생각했으나 염도가 0.05%랍니다. 짠맛을 느낄 수 없었어요. 12시 전 우로스섬 투어가 끝나자마자 전망대 두 곳을 부리나케 올랐습니다. 뿌노 자체가 해발이 높은 곳(3,830m)이라 고소 증세가 나타날 법도 하건만 그렇지 않습니다. 전망대에 오를 때 거의 뛰다시피 했는데도 전혀 이상이 없습니다.

오후엔 잉까의 무덤(혹은 건축)이라는 곳엘 갔는데요. 해발 3,927m. 잉까인들은 건축에 탁월한 소질이 있었나 봅니다. 돌을 가지고 어떻게 저렇듯 정교하게 축조했는지!

제법 이름난 음식점인 뚤리빤스에 가, 뻬루 사람들이 단백질 보충을

Sillustani 유적

위해 먹었다는 꾸이 구이를 통째로 한 마리 먹었습니다. 귀여운 모습 때문에 먹기가 꺼려진다고들 하지만, 어쨌든 고원지대 사람들에겐 중요한 단백질원입니다. 기름기가 별로 없고 연해 식감이 좋습니다.

89일 만에 뻬루를 떠나 볼리비아 꼬빠까바나로!

세르지오와 인사를 나누고, 부지런히 달려 해가 떨어질 무렵, Pomata 마을에 도착했는데요, 입구부터 뭔가 아주 밝은 분위기입니다. 광장에 다다르니, 축제를 준비하는 듯합니다. 이른바 Virgen del Rosario(로사리오 성녀를 위한) 축제입니다. 조그만 마을인데도 호텔이 여러 개 있는데요, 아쉽게도 모두 방이 다 찼습니다.

뻬드로라는 내 또래인 중년 남자가 오더니 자기 집 이층에 빈 공간이

Virgen del Rosario 축제를 맞은 아이들과 함께!

있는데 거기서 자도 좋겠냐고 하기에 전혀 문제없다 했더니 안내해 줍니다. 창고 같은 곳이었지만, 우선 따뜻해 좋았습니다. 바깥엔 여전히 축제 준비로 소란합니다. 그 소란을 자장가 삼아 꿈나라로 잘 갔습니다. 뻬루에서 보내는 마지막 밤입니다.

9월 30일 아침은 소란스럽습니다. 마을 사람들이 온통 축제에 들떠 있습니다. 축제를 보고 가면 좋을 텐데 아쉽습니다. 광장에서 아침을 해결하던 중, 어젯밤 날 재워 준 뻬드로를 만났습니다. 재워줘 고맙다며 인사를 했죠. 축제를 준비하는 아이들과 사진을 찍습니다. 아이들이 불고 있는 큰 악기를 잠시 빌려 나도 부는 시늉을 하며 사진을 찍었습니다.

마지막 소도시인 Yunguyo를 지나던 중, 국경이 보이는 지점에서 자전거를 타고 오는 영국 친구를 만났습니다. 이름은 Andrew David. 아르헨띠나 우수아이아에서부터 시작했다는데 북미 알래스카까지 간답니다. 잠시 만남이지만 진심으로 그 친구의 안전을 빌었습니다.

막상 뻬루를 떠나려니 여러 친구들이 생각납니다. 살아 있으면 언젠가 만나게 되는 법입니다. 그때까지 친구들 안녕! 뻬루여 Hasta luego!

뻬루와 볼리비아의 경계. 뒤에 보이는 호수는 여전히 띠띠까까

Part 4
||||||||||||||

체 게 바 라 의
흔   적   ,
볼 리 비 아

bike travel

쪽빛보다 더 푸른 띠띠까까 호수 마을

수속을 밟습니다. 7월 4일에 뻬루 입국 도장(여행 기간 90일)을 찍었으니 오늘로 하루 모자란 89일 째입니다. 직원이 이 사실을 알았는지 살짝 웃음을 머금습니다. 출국 도장을 받고 바로 옆 볼리비아 입국 사무소에 가 신고를 합니다. 한쪽은 90일 다른 쪽은 30일! 비자를 신청하는 번거로움과 여행 기간 30일은 볼리비아 여행에 제약을 받을 수밖에 없습니다.

해 질 무렵, 꼬빠까바나를 한눈에 조망할 수 있는 Calvario언덕에 올랐다가 혼자 여행하는 윤소영 씨를 만났습니다. 사회복지사로 코이카 봉사 활동을 경험했다는데, 대견한 친구입니다. 지는 해를 보며 서로 사진을 찍어 주고, 이런저런 여행 이야기들을 나눴죠.

깔바리오 언덕에서 내려다본 아름다운 꼬빠까바나 선착장

호수 주변엔 포장마차식 식당들이 즐비합니다. 여기서도 한국인들은 단골을 만들었네요. 12번 포장마차엔 메뉴가 우리말로 적혀 있고, 다른 곳보다 손님들이 더 많습니다. 한국인들은 송어(디아블로 뜨루차)를 먹는다 합니다. 맛있었어요.

10월이 되었습니다. 남쪽으로 열심히 페달을 밟아 볼리비아에 왔습니다. 이제 페달을 밟을 시간도 딱 3개월 남았는데요, 내 최종 목적지인 저 남쪽 우수아이아까지 잘 갈 수 있을지! 그렇지만 내가 계획한 저 목적지는, 실은 인위적으로 설정한 지점에 불과합니다. 목적지에 이르면 또 다른 목적지를 떠올릴 테고 그 목적지를 향해 또 자전거를 타야겠죠. '모든 과정과 순간순간이 목적지'입니다.[1] 하여 난 목적지를 위주로 하기보단 자전거를 타고 내 여정의 매 순간을 즐기고 싶습니다.

아침 식사 후 호수 선착장에 가서 무작정 '태양의 섬' 입장권을 샀습니다. 배를 타고 태양의 섬에 간 후 둘러보고, 오후 4시에 마지막 배를 타고 돌아오는 일정입니다. 어떨 때는 무계획이 유계획보다 유리할 경우가 있습니다. 어차피 섬에 다녀오는 경로이기에 길 잃을 일도 없습니다.

섬 남쪽 항에 도착해 바로 산을 향해 오릅니다. 관광 안내 지도에 나와 있는 Puerte de Inca를 찾은 후, 나머지 몇 개 유적을 찾다가 자꾸 북쪽으로 갑니다. 사람들이 많이 내렸으나 이상하게 내 주위엔 거의 없습니다. 내가 서둘러 치고 나가서 그런가 보다 하며 부지런히 북쪽으로 갑니다. 산을 넘고 마을을 지나 해변으로 절벽으로 섬 북쪽 끝에 닿았습니다.

---

1) 새는 날아가면서 뒤돌아보지 않는다, 류시화, 더숲, 35쪽

태양의 섬 남쪽 항

어디가 하늘이고 어디가 호수인지?

조그만 구멍가게에 들어가 물었더니 돌아가는 배가 없대요. 다시 남쪽 항구로 가면 마지막 배가 4시에 있다 합니다. 아주머니가 고맙게도 물을 그냥 주네요. 크래커 하나 산 후 바로 남쪽 항구를 향해 뜁니다. 약 2시간 거리이므로 뛰다시피 하면 간신히 닿을 수 있는 거리입니다. 물과 크래커로 허기진 배를 채우며 언덕을 오르고 내리막을 뛰어 내려가고….

항구에 도착, 떠나려는 배에 간신히 탔습니다. 참 무모한 짓이었어요. 원래 북쪽으로 가면 안 되는 경우였죠. 무식하면 용감한 게 아니라 몸과 맘이 다 축납니다. 어쩐지 북쪽에 있는 사람들이 날 보고 이상하다 싶은 눈으로 쳐다보고들 했거든요. 1시간 반이면 족한 거리를, 난 무려 6시간을 뛰다 걷다 한 셈입니다. 덕분에 운동 한번 톡톡히 했습니다.

띠띠까까 호수를 끼고 달리는 자전거 여행의 진수

이제 본격적으로 볼리비아의 수도 라빠스로 가는 여정입니다. 숙소를 나와 Iglesia de Copacabana에 들어가 사진을 찍는데 갑자기 경찰이 오더니 사진을 지우라 합니다. 교회 내부를 보호하고 있나 봅니다.

La Paz로 가려면 호수를 건너야 합니다. San Pedro de Tiquina 마을에서 건너편으로 건너야 La Paz로 연결됩니다. 꼬빠까바나로 들고나는 모든 차량들은 여기서 배를 타고 건너야 하는데요, 딱 1㎞입니다. 건너기 전 마을 이름은 San Pedro de Tiquina, 건넌 후 마을은 San Pablo de Tiquina입니다. 빠블로와 뻬드로. 형제 마을 같습니다. La Paz까진 112㎞.

티 없이 맑은 하늘과 옥 같이 고운 호수. 수평선만 없다면 모두 쪽빛입니다

젊은 처자 Analia Blanca corazon Mamani

길가 노점에서 점심을 사 먹었습니다. 음식을 만들어 주는 21살 Analia Blanca corazon Mamani가 젊은 처자답게 아주 쾌활합니다.

죽음의 도로 주행

시내로 들어가기 전 꼭대기 전망대에 도착했습니다. 라빠스는 특이하게도 고지대와 저지대 고저 차이가 무려 천 미터나 됩니다. 고지대는 4천 미터, 저지대는 3천 미터로 낮은 곳엔 부자들이, 높은 곳은 빈자들이 산답니다. 높은 지대에 사는 주민들의 교통 편의를 위해 까블레가 잘 발달되어 있어요. 세계에서 제일 높은 곳에 자리 잡은 수도이기도 합니다.

본격적으로 볼리비아를 만나는 날, 설렘으로 일찍 일어났습니다. 중

라빠스 시내. 높은 지대에 사는 사람들을 위해 만든 이동 수단인 까블레

간급 호텔이어서인지 아침 식사가 비교적 좋습니다. 먼저 찾은 곳은 늘 정해져 있습니다. 바로 대성당인 산 프란씨스꼬 성당. 1594년에 건축되었습니다. 사진 촬영을 엄격히 금합니다.

광장에서 버스(43번, Mallasa행)를 타고 달의 계곡으로 향합니다. 칠레 아따까마 사막 인근에 유명한 '달의 계곡'이 있습니다만, 여기에도 같은 이름이 있습니다. 동선이 자연스럽게 이어져 길을 따라 주변을 살펴보면 됩니다. 풍화 작용에 의한 자연 현상이 이토록 기기묘묘한 모습을 하고 있다니 그저 놀랄 따름입니다. 자연은 인간에게 늘 무언가를 의미하는 상징들을 보여 줍니다.

박물관을 빼놓을 수는 없습니다. Museo Nacional de Arte에 가 관람했습니다. 멋진 볼리비아 의회 건물도 구경을 했고요, Parroquia(Templo de) Santo Domingo의 돔이 아주 볼만합니다. Lanza 시장에서 아이스크림을

달의 계곡

진짜 어린 야마를 말려 저렇게 팔고 있습니다

곁들인 과일 샐러드를 사 먹었습니다. 천 원쯤 하는데 양이 많고 맛 또한 그만입니다. 어떤 가게에선 어린 야마들을 산 채로 박제를 만들어 팝니다. 가정의 안녕과 행복을 빌고자 집 안에 걸어 둔답니다.

이틀 전에 만난 네덜란드 친구들이 알려 준 대로, 라빠스에서 자전거 여행자들에게 무료로 숙소를 제공해 준다는 끄리스띠안에게, 모레와 글피 그곳에서 묵고 싶다고 메일을 보냈고 그는 자기 집에 와도 좋답니다. 묵고 있는 외국인 친구들이 환영할 거라며, 다만 공간이 좁으니 불편을 감수하랍니다. 주소도 자세히 알려 주네요. 찾는 데 전혀 문제가 없을 듯합니다. 자전거 여행하실 분들은 참고하세요(주소- Calle Goitia 115, Esquina Avenida Arce, Lapaz. e-mail: cristian@conitzer.de).

라빠스에서 한 시간 거리인 Tiwanaku Museo Ceramico(도자기 박물관)

관람 후 유적을 둘러보았습니다. 잉까 이전 시대의 띠와나꾸 문명은 B.C. 200~A.D. 1,300에 존재했던 문명으로서 띠띠까까 호수 남쪽에 있었는데요, 6개의 신전으로 구성된 종교 의례지의 규모가 상당히 큽니다. 600년경부터는 모체 문명과 경쟁을 했고, A.D. 800~1000년 사이에는 와리 문명과 연합하여 위세를 떨치기도 했습니다. 잉까의 빠차꾸떽 왕이 띠와나꾸의 중심지를 보고 감탄하여 꾸스꼬를 건설할 때 원형으로 삼았다는 기록이 남아 있기도 합니다.

이 유적에서 눈길을 끄는 점은 H자 모양의 이음석인데요, 석벽을 쌓을 때 양편의 돌을 단단히 맞추기 위해 돌 하나하나에 T자로 홈을 내고, 두 돌의 T자 홈을 서로 마주 대면 H자 이음매가 생기고 여기에 청동과 구리가 혼합된 액을 부었습니다. 이런 고도의 건축 기술은 지진이나 엘니뇨현상으로 인한 홍수가 날 경우 석벽이 무너지기 일쑤이기 때문에 더 견고한 방식을 강구하면서 생겼으리라 추측합니다.[2]

오늘은 이른바 〈죽음의 도로〉 자전거 투어. 출발 지점은 해발 4,700m인 Yungas입니다. 여기저기서 자전거를 실은 투어 차량이 속속 모입니다. 파이팅 한 번 외친 후 내리 달리는데, 주변 풍경이 정말 볼만합니다.

본격적으로 '죽음의 도로'를 달립니다. 죽을 정도로 험한 도로라는 뜻이 아니라 예전 볼리비아 사람들이 이 도로를 닦으며 많은 사람들이 죽었답니다. 원체 험한 산에 길을 뚫었기에 그만큼 사고도 많이 났겠죠. 지금은 도로의 기능을 잃고, 관광 상품으로 용도가 바뀌었습니다. 아주 가끔씩 화물차가 다니긴 하지만.

---

2) 라틴 아메리카의 어제와 오늘, 이담, 128쪽

태양의 문

거대한 H형 이음석

해발 4,700m 융가스에서 본 풍경. 굽이굽이 도로 곡선이 참 아름답습니다

죽음의 도로, 비포장입니다

　60㎞를 3시간쯤 달리니 종착점에 닿습니다. 출발할 땐 몹시 춥더니 종착점에선 무덥습니다. 무려 3천 미터 이상을 타고 내려왔죠. 가이드가 시원한 맥주 한 잔씩 주는데 정말 시원하고 맛있습니다. 뷔페식으로 점심을 먹고 풀장에서 수영을 하니 피로가 확 풀립니다.

자전거 여행자들의 집결지, 끄리스띠안 집

　끄리스띠안 집을 찾아갑니다. 밤 10시가 넘어 벨을 누르니 자전거 여행자인 외국 친구들이 우르르 나오며 내 짐을 나눠 옮겨 줍니다. 3층 숙소에 가니, 한 잔씩 하고 있네요. 누군가가 내게 한 잔을 권합니다. 너희들도 서울에 온다면 내가 식사를 대접해 주겠다고 했더니 모두들 서울에 간다 합니다. 한바탕 웃었습니다.

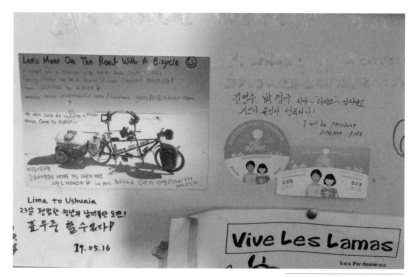

한국 친구들이 왔다가 남긴 흔적들

숙소는 그리 좋은 편은 아닙니다만, 모두 자전거를 타는 친구들이라 맘이 편합니다. 벽엔 온통 이곳을 다녀간 친구들이 써 놓은 글로 도배되어 있습니다. 자세히 보니 한국 친구들도 여럿 다녀간 모양입니다. 나도 벽에 글을 하나 남겼습니다.

'가자 세계로, 밟자 힘차게, 세계로 향한 꿈은 먼 곳에 있지 않다. 바로 지금 여기!'

'지금 내가 있는 이곳이 바로 세계로 향하는 내 꿈을 실천하는 현장이다.'라 생각하니 내게 잘 맞는 구호입니다.

이른 아침임에도 몇몇 친구들은 떠날 준비를 하느라 분주합니다. 아점을 위해, 볼리비아에서 가장 맛있다는 Saltena 음식점을 찾았습니다.

우리나라 만두와 비슷한데요, 육즙이 아주 풍부하고 맛이 독특합니다.
라빠스 사람들이 많이 찾는 집입니다. Maracuya라는 음료를 곁들이니
훨씬 더 맛있습니다.

오루로의 상징 Virgen del Socavon

1번 고속도로를 타고 라빠스에서 60㎞ 떨어진 Patacamaya에서 하루를
쉬고 Lauhachaca 마을을 지나 다음 날 오후에 오루로 시내 Hotel Palace
에 짐을 풀었죠.

광산 박물관이 있다는 교회로 갔습니다. 놀랍게도 교회 안에 지하로
이어지는 갱 입구가 있네요. 입장료를 받는 걸 보니 볼만할 듯합니다.
교회는 약간 높은 곳에 자리해 어젯밤 광채를 냈던 Virgen del Socavon상

오루로 입구

이 한눈에 보입니다. 교회 앞에서 그 상까지 까블레 설치 공사가 한창입니다. 조만간 저곳을 향해 까블레가 운행되겠죠. 오루로의 랜드마크가 될 듯. 교회를 통해 들어간 광산은 그리 큰 규모는 아니었지만 채굴한 광물들의 종류가 꽤 많았습니다.

꼬차밤바엔 세계에서 두 번째로 높은 예수상이!

꼬차밤바로 이동합니다. 시청에 들러 지도 한 장을 구해 묵고자 한 호텔을 찾아갑니다. 러닝 차스끼(잉까 제국 시대의 전령이 Chasqui, 풀어 보면 '달리는 전령사) 호텔이라고 배낭 여행자들이 많이 찾는 도미토리입니다. 이곳 꼬차밤바에 온 이유는 세계에서 두 번째로 크다는 예수상을 보기 위해서입니다.

대성당을 시작으로 박물관인 Museo Arqueologico UMSS(고고학) 관람을 마쳤습니다. 볼리비아 인디오들의 문화를 느낄 수 있습니다. 볼만하다는 Cancha 시장에 갔더니 엄청난 인파에 놀랐습니다. 새총, 주름치마, 가짜 머리카락, 온갖 상품, 사람들….

오후엔 신시가지 쪽 중국 음식점에서, 코차밤바에서 17년간 선교 활동을 하신다는 최 목사님을 만났습니다. 자연스럽게 목사님과 이런저런 얘길 나눴습니다. 내가 음식을 먹는 동안 목사님은 내 얘길 들으시며 여행의 고단함을 위로해 주시네요. 난 그런 얘길 해 주리라고는 상상도 하질 못했습니다. 한국인 여행자를 만나면 꼭 밥을 산답니다.

왈칵 눈물이 쏟아집니다. 목사님은 따뜻한 밥 한 끼가 무슨 큰일이냐며 하나님을 체험한 자신이 다른 이에게 그 기쁨을 이렇게 전하는 일들

고고학 박물관에 전시된 미라

세계에서 두 번째 높은 예수당. 높이 40m

이 무엇보다 즐겁다며 위안의 말씀을 계속해 주셨어요. 언제일지 모르지만 다음에 만날 날을 기약하며 헤어집니다.

까블레를 타고 세계에서 두 번째로 높다는 예수상으로 부지런히 올라갑니다. 해가 지기 전에 올라야 석양을 마주하고 서 있는 상을 제대로 볼 수 있습니다. 콘크리트 건축물로 고개를 한참 올려야 다 쳐다볼 수 있을 만큼 크고 높더군요.

Savarin에서 샐러드로 저녁을 대신하며 맥주 한 잔으로 이역만리에서 겪는 나그네의 고독을 다독입니다. 한 작가는 '도둑은 남의 담을 넘고 고독은 나의 맘의 담을 넘는다.'고 했습니다. 고독은 외로움이 아닙니다. 자기를 뛰어넘어 물리적·공간적으로 자신을 확장시킴을 의미합니다. 고독은 내가 가진 제한된 영역을 넓히고 깊게 하는 좋은 기회입니다.

철공소에서 날 재워 준 Freddy

수끄레로 이동하던 중 밤이 이슥해 세자노 마을에 다다랐는데요. 끝없이 이어지는 오르막에 더 이상 갈 수 없을 만큼 피로가 쌓여 도로 옆 철공소에 가 무조건 쉬게 해 달라 했죠. 수더분해 보이는 Freddy MR는 망설임 없이 철공소 바닥을 치워 주며 자라 합니다. 식사를 마치니, Freddy의 형이 감자와 양파를 가져다줍니다. 안데스에서 생산되는 전통 감자입니다. 훈훈한 시골 인심을 느낍니다.

Freddy와 그의 어린 동료에게 반팔 티셔츠 한 장씩을 선물로 주었습니다. 잠자리로선 부족한 곳이지만 흔쾌히 잠자리를 마련해 준 이들의 마음 씀씀이가 날 감동케 합니다.

이튿날 Freddy와 진한 악수를 나누며 "Hasta Luego"를 외친 후 수크레를 향해 달립니다. 배가 고파 엊저녁에 받은 감자로 아침 겸 요기를 합니다. 이렇게 긴요하게 먹을 줄 몰랐습니다. 10시쯤 고개 정상에 도착했습니다. 어제부터 오르막을 오른 시간을 따져 보니 무려 7시간! 해발 3,800m쯤 될 듯합니다. Mizque라는 조그만 마을을 지나 오늘 묵을 Aiquile까지는 약 20km! 도로를 달리며 포근한 봄기운을 느낍니다. 연하고 부드러운 초록 싹들이 무럭무럭 자라고 있습니다.

광장을 찾아 주변 숙소에 짐을 풀었는데요, 몹시 피곤합니다. 수끄레까지는 200km가 더 남았습니다. 이 몸 상태로는 내일 자전거 타기도 힘들 듯해, 아침 컨디션을 보고 버스를 탈지 하루를 더 쉰 후 수끄레로 갈지를 결정할 생각입니다. 이곳 Aiquile는 수끄레와 볼리비아 제2의 도시인 산따끄루즈 길이 나누어지는 삼거리입니다. 나중에 알았지만, 이곳이 체 게바라가 죽은 바예그란데로 가는 길목이었습니다.

볼리비아 헌법상 수도, 수끄레

일찌감치 이부자리를 박차고 나왔습니다. 인근 미니버스 주차장에 가서 수끄레행 비용을 물으니 30볼. 버스를 타고 가기로 했습니다. 숙소 인근에 독특한 외관의 San Pedro Iglesia 교회가 있네요.

수끄레의 옛 지명은 '추끼사까'입니다. 시몬 볼리바르를 추종했던 안또니오 호세 데 수끄레는 볼리바르가 가장 신임한 장군이었습니다. 볼리바르는 그를 볼리비아 최초의 대통령으로 임명했고, 수끄레는 볼리비

체의 죽음을 알리는 신문 기사

자유의 집 내부

아의 독립을 선언했죠. 하여 볼리비아 사람들은 헌법상 수도를 수끄레로 바꿨습니다.

Casa de la Libertad(자유의 집)을 관람했습니다. 볼리비아 반정부군 게릴라 활동을 했던 체 게바라 사형 후 시신을 확인하는 내용의 신문도 게시되어 있고, 수끄레 장군, 볼리바르 장군 초상화, 문서, 각종 총기류 등이 전시되어 있었어요. 해설사가 멋지게 차려입고 설명을 해 줍니다.

Santa monica 교회와 산 프란씨스꼬 교회, 그 옆 군사 박물관에 들러 두루 관람을 했습니다. 군사 박물관에서는 무기 도감에서나 볼 수 있는 총기류들이 많이 전시되어 있습니다. 수끄레에는 교회 종류가 많아 교회의 도시로도 알려져 있어요.

상점 유리창에 우리나라 하동 녹차 광고가 있습니다. 무조건 들어가 확인해 보니, 역시나 한국인인 신창섭 씨가 운영하는 가게입니다. 수크레에 온 지 20년이 됐다 합니다. 하동에서 녹차 사업을 하는 지인을 통해 녹차 수입을 하는데 수크레 사람들이 건강에 유익한 녹차를 좋아한답니다. 하동 군수도 조만간 이곳을 방문해 녹차에 대한 홍보를 펼칠 예정이라고 하니 우리나라 지역별 특산품들이 남미 전역에 두루 알려져 인기 상품이 되는 날이 멀지 않았습니다.

내일은 체 게바라가 게릴라전을 벌이며 활동했던 바예그란데 지역에 있는 La Higuera('무화과나무'라는 뜻) 마을을 방문하기 위해 교통편 등 여러 가지를 확인할 생각입니다. 이번 남미 여행 중 꼭 해 보려 한 일 중 하나가 바로 체 게바라의 궤적(軌跡)을 좇는 일이죠.

터미널에 가기 전, 하동 녹차 가게에 가니 낯선 분이 아는 체를 하시네요. 코이카 시니어 단원으로 이곳 수크레에서 초등학교 교육 활동으로 봉사하고 계시는 오 선생님입니다. 봉사 활동 1년을 마치는 올 12월쯤 칠레 국립공원 또레스 델 빠이네 트레킹을 계획하고 있다 합니다. 나도 꼭 그 트레킹을 할 생각이란 말씀을 드린 후 함께할 수도 있다 했습니다. 여기 볼리비아에서 또 하나의 인연을 만들게 되었습니다.

터미널에 가서, 바예그란데로 가는 삼거리인 마따랄까지 가는 버스편을 확인했지만, 돌아오는 차편은 없습니다. 내 형편을 알게 된 현지인 아가씨가 도움을 주려 자기 일처럼 여기저기 확인을 했지만 결국 찾질 못했습니다.

체 게바라 흔적을 찾아 La Higuera로!

가는 차가 있으면 분명히 오는 차도 있겠지요. 물에 빠져 지푸라기라도 잡는 심정으로 버스 기사에게 부탁을 했습니다. 내일 밤 11시쯤 내가 Mataral 정류장에서 손을 흔들면 세워 달라고. 기사는 흔쾌히 그러마고 약속합니다.

새벽녘 Mataral에 도착해, 기사와 다시 한 번 약속을 합니다. 오늘 밤 10시 반에서 11시 사이에 이곳에서 손을 흔들기로. 운전자인 그가 약속을 꼭 지키길 바랄 뿐입니다.

마침 바예그란데로 가는 택시가 있어 탔습니다. 광장에 도착하니 여전히 어둠이 사위를 적십니다. 어스름이 물러설 즈음 바예그란데 중심가인 Samuel Villazon 시장까지 걸었습니다.

체 게바라(본명 Ernesto Guevara de la Serna)를 만나러 가는 길이 그리 쉽지 않네요. 시장에서 몇 차례 물어물어 라 이게라로 가는 택시를 탔습니다. 기사는 68세 된 Neri. 바예그란데에서 라 이게라 마을을 주로 왕복하는 모양입니다. 250솔을 달라기에 깎아 150솔로 합의했죠. 비포장도로 2시간 반을 달리니 드디어 라 이게라 마을! 10가구쯤 사는 아주 조그만 마을입니다. 주변에 무화과나무가 많습니다.

체가 이곳에서 잡힌 당시엔 학교였던 조그만 건물이 지금은 체 박물관으로 사용됩니다. Cleto Sarate 씨(64세)가 박물관 문을 열어 줍니다. 오늘은 내가 첫 방문객입니다. 10평방미터쯤 되는 박물관 안엔 이곳을 다녀간 전 세계 방문객들의 후기들이 빼곡해 내가 쓴 쪽지를 붙일 공간이 없을 정도입니다.

볼리비아 사람들은 이 길을 '체의 길(Ruta del Che)'로 명명했습니다

마을 공동 박물관 문을 열어 주는 Cleto Sarate 씨

까스뜨로와 함께 꾸바 혁명을 이끈 체 게바라는 '꾸바의 두뇌'라고 불리며 산업부장관과 국립은행 총재 등을 지냈습니다. 체는 1965년 4월 까스뜨로에게 작별 편지를 남긴 채 아프리카의 콩고로 게릴라전을 수행하기 위해 조용히 꾸바를 떠납니다.

> "삐델, 나는 지금 많은 것들을 회고하고 있습니다. 마리아 안토니아의 집에서 처음 당신을 만났던 시간, 나에게(꾸바 침공에) 동행하자고 제의했던 일, 준비 과정에서의 긴장 등 말입니다. … 나는 꾸바 혁명에서 나의 의무를 완수했다고 생각합니다. … 이제 나는 당에서의 직위, 장관직, 사령관직, 꾸바 시민권, 이 모든 것에서 공식적으로 사직하고자 합니다. … 나는 새로운 전쟁에서도 당신이 세뇌시켜 준 신념, 민중의 혁명 정신, 제국주의가 있는 곳이면 어디든 가서 투쟁한다는 가장 성스러운 의무를 갖고 있을 겁니다. 꾸바 혁명에서 분출하는 의무감을 제외한 모든 짐으로부터 나는 꾸바를 자유롭게 하고자 함을 다시 밝힙니다. 어느 하늘 아래서 나의 최후를 맞이할 때에도 나는 끝까지 이 민중과 특히 당신을 생각할 것입니다."[3]

1966년 볼리비아 산악지대에서 반군 지도자로 다시 세상에 모습을 드러냅니다. 1967년 10월 8일 이곳 라 이게라에서 정부군과 전투 중 다리에 부상을 입고 체포되어 이튿날 바로 총살을 당했습니다. 그의 시신을 공개하는 사진이 벽면에 게시되어 있어 숙연하게 돌아보았습니다.

---

3) 라틴 아메리카의 역사와 사상, 까치, 이성형 편 295쪽

박물관 내부. 온통 체에 관한 글들

오른편에 앉아 있는 이는 사라떼 씨

꾸바 혁명 후 그가 가진 모든 기득권을 버리고 아프리카 콩고로 다시 볼리비아로…. 인간의 가장 근본적인 삶을 위해 불꽃처럼 살다가 간 그의 저항 정신은 어디서 비롯되었을까를 되새기며 돌아갑니다.

택시에 마을 사람 몇 명이 함께 타고 갑니다. 기사 모르게 옆 사람에게 차비가 얼마나 되느냐 했더니 30볼이라네요. 가만히 생각해 보니 내가 지불해야 할 150볼도 바가지요금입니다. 왕복 60볼에 기다려 준 시간까지 합해도 100볼이면 충분합니다.

12시 반쯤 아침에 출발했던 바예그란데 Hospital Senor de Malta(정부군은 체 게바라의 주검을 이 병원으로 옮겨 의사인 호세 마르띠네스 까소의 집도를 명령한다) 앞에 내렸습니다. 120볼을 주니, 기사인 Neri 씨가 150볼을 얘기합니다. "왕복 60볼에 기다려 준 시간을 고려해 120볼이면 충분하다고 생각 한다."고 했더니 두말 않고 오케이하고 가네요.

이 병원 한편에 체의 주검을 전 세계에 공개한 흔적이 있지만 문이 굳게 닫혀 있어 여기저기 물으니 입장권을 사서 2시부터 가이드와 함께 관람할 수 있다 하네요. 천만다행입니다. 묻지 않았다면 영영 못 보고 그냥 갈 뻔했습니다. 병원 주변을 돌아다니며 몇 컷 사진을 찍은 후, 입장권을 사기 위해 광장엘 갑니다. 마리아 바르가스라는 가이드와 함께 체의 흔적을 찾아다닙니다. 그녀는 가이드 활동을 시작한 지 4개월 되었는데 한국인은 내가 처음이라네요. 아르헨띠나와 유럽 사람들이 많이 찾아온다 합니다.

정부군은 체의 주검을 이곳 병원으로 가져와, 의사 호세 마르띠네스가 몸을 씻기고 호르몬 주사를 놓은 후 전 세계에 체의 주검을 공개했습니다. 또한 두 손목을 자르고 얼굴을 마스크 형태로 떠서 라빠스로 보냈

체의 사체를 씻긴 후 전 세계 언론에 체의 죽음을 공개한 곳. 체는 저 자리에 누웠었습니다

체의 주검이 발견된 자리

다는 얘기를 가이드가 해 줍니다. 손목을 자를 땐 의사가 방법을 알려 주고 군인들이 잘랐습니다. 그 후 당시에 체의 주검을 묻는 장면을 누군가 보았던 모양입니다. 1997년 체의 주검이 발견되었고, 꾸바인들이 이곳에 와 체의 시체를 찾아 꾸바로 가져갔다 하네요.

병원을 떠나 체의 주검이 발견된 곳을 찾아갑니다. 볼리비아 당국은 이곳을 성역화했습니다. 아이러니합니다. 볼리비아 정부군은 부상당한 체를 다음 날 총살시키고 바로 그 주검을 전 세계에 공개했는데, 지금은 그 현장을 모두 관광 상품화했으니 말입니다. 그나마 체의 흔적을 잘 관리하고 있어 다행입니다. 체의 주검이 발견된 곳에는 그와 함께 처형된 동료들의 주검도 있었습니다. 무릎을 꿇고 잠시 묵념을 하며 숭고한 그의 죽음에 대한 애도를 표했습니다.

2시부터 시작한 투어는 5시 조금 넘어 마쳤습니다. 하도 고마워 팁을 주려는데 투어 비용에 포함되었다며 받질 않습니다.

남미를 여행하는 우리나라 젊은 친구들도 이곳에 많이들 들러, 인류의 불평등과 불의를 없애기 위해 자기 목숨을 버린 체의 큰 이상을 확인하고, 여전히 이 세상에 존재하는 불의와 빈곤을 줄이는 데 기여하는 큰 꿈을 가지면 좋겠다는 생각을 합니다. 혁명가로 힘겨운 고난의 길을 떠나며 체는 이렇게 말했습니다.

"태양을 마주할 용기가 있는 젊은이라면 누구나 뜨거운 가슴을 찾아 헤맬 줄 알아야 한다."[4]

---

4) 거인의 말, 안상헌 지음, 북포스, 199쪽

바예그란데 터미널에 가 버스를 타고 Mataral에 도착한 시각은 오후 6시. 부근 조그만 음식점에서 저녁 겸 맥주 한잔하며 시간이 가기만을 기다렸죠. 하루 만에 끝난 체의 흔적 둘러보기였지만, 이번 남미 여행 중 가장 의미 있는 방문이 아니었나 싶었습니다. 밤 10시 반쯤에 온다던 버스는 결국 오질 않았습니다. 다행히 다른 버스가 있어 7시간 이상을 타고 수끄레 터미널에 도착했는데 밤새 한숨 못 자 아주 고되네요.

신창섭 씨가 코닥 익스프레스 상점 문을 열자 바로 들어갔습니다. 라면, 담근 김치, 햇반, 카레, 고추장을 산 후, 인근 호텔에 묵고 계시는 오 선생님을 찾았습니다. 믹스 커피를 마시며 체의 흔적을 살피고 온 얘기를 전해 드렸죠.

피곤이 몰려와 숙소에 가자마자 나가떨어졌습니다. 푹 자고 나니 컨디션이 한결 나아졌어요. 오 선생님 호텔 방에 가 함께 저녁 식사를 했습니다. 선생님께서 직접 요리하신 돼지갈비찜이 아주 별미더군요. 식사하면서 인생과 사람 얘기를 많이 나눴습니다. 겸손하게 덕을 기초로 해 사는 인생살이가 무엇보다 중요하단 말씀에 공감했습니다.

오 선생님의 휴대폰 바탕화면엔 이런 글이 쓰여 있습니다. '꿈이 없는 20대가 늙은이고 도전하는 60대가 젊은이다.' 선생님의 진면목을 엿볼 수 있는 대목입니다.

떠나야 하는 날엔 으레 잠을 설치기 마련입니다. 6시가 되니 저절로 눈이 떠집니다. 오 선생님을 만나 커피 한 잔씩 나누며 또레스 델 빠이네 트레킹 얘기를 잠시 나눈 후, 신창섭 씨 가게로 가 셋이 함께 사진을 찍고 작별의 시간을 갖습니다. 서로의 건강과 행복을 기원하며 헤어졌습니다.

뽀또시에서 체험한 열악한 광산 노동 환경

뽀또시는 예전 스페인 침략시대 때 광산으로 유명한 도시인데요, 스페인 침략자들은 이 광산에서 엄청나게 많은 자원을 강탈해 갔습니다. 지금도 수익성이 아주 높은 일에 대해 '뽀또시만큼 가치 있는'이라는 의미의 'Vale un Potosi'라는 관용구가 있습니다. 쎄르반떼스의『돈끼호떼』에도 이 표현이 나옵니다.

광산(Cerro Rico) 투어에 참여했습니다. 광부복을 착용하고 갱에 들어가 현지인들이 광물을 채굴하는 모습들을 직접 체험하는 투어인데요, 3시간쯤 하고 나니, 이들 현지인들의 삶이 왜 이토록 가혹하고 처절해야 하는지 모르겠습니다. 마스크 없이 장갑도 끼지 않은 채 망치로 광석이 포함된 돌을 깨고 있는 어린 청년과 도처에 사고 위험이 도사리고 있음에도 그대로 노출되어 있는 사람들. 굴속에선 짐차가 들고나며 발생

Potosi 전경, 오른쪽 봉우리가 바로 Cerro Rico(자원이 풍부한 언덕)

라 꼼빠냐 데 헤수스 탑

열악한 환경에서 작업을 하는 광산 노동자들.
높은 지대다 보니 늘 꼬까잎을 씹고 있기에 볼이 볼록합니다

시키는 먼지로 굴 안이 뽀얀데 이들은 마스크 한 장 없이 일을 하고 있습니다. 폐암이나 폐병의 원인이 될 텐데…. 이런 환경도 불의요, 빈곤이요, 노동 착취입니다. 세계인들은 이런 극단적인 노동 환경을 없애기 위해 무엇을 하고 있는지 모르겠습니다.

볼리비아가 자랑하는 훌륭한 박물관 중 하나인 화폐 박물관으로 갑니다. 돈의 변천과 돈을 만드는 과정을 잘 보여 줍니다. 은이 많이 생산된 탓에 은으로 만든 동전이 꽤 많이 전시되어 있습니다. 2시간쯤 둘러보았습니다.

화폐 박물관 관람을 끝으로 내일 아침 이곳을 떠나 우유니로 향합니다. 우유니 소금사막까지는 200㎞쯤 되므로, 평지라고 한다면 하루 반나절이면 충분한 거리입니다. 이제 볼리비아 일정도 어느 정도 마무리되어 갑니다.

우주인 닐 암스트롱이 봤다는 세계에서 제일 큰 거울

하루 종일 자전거를 타려면 많은 에너지를 섭취해야 하기에 아침 식사를 든든하게 합니다. 식량 또한 이틀 치를 준비했지만, 상황이 원체 유동적이라 비상식이라도 준비해야 합니다. 본격적으로 우유니를 향해 달립니다.

뽀또시가 원체 높은 지역이어서 출발하자마자 내리막입니다. 하지만 두 시간쯤 지나니 다시 시작되는 큰 고개, 그리고 내리막이 이어지다가 다시 더 큰 고개가 계속됩니다. 2시 반쯤 승용차가 내 앞에 멈추더니 캔 맥주 2개를 건네주네요. 맥주를 건네주는 볼리비아 사람은 처음입니다. 자전거를 타고 가며 받는 이런 소소한 환대에 기분이 아주 좋아집니다.

또 큰 고개가 나옵니다. 육두문자가 슬슬 고개를 쳐듭니다. 평균 해발 3,800m임에도 오르고 내리고 또 더 높이 오르고. Pelca라는 마을에 숙소라도 있을 줄 알았지만 없다 하네요. 해는 벌써 지고 어둠이 몰려오는 시간. Ticatica 지역에 가면 조그만 숙소가 있다 하는데 너무 지쳤습니다.

야영을 하려 했지만 마땅한 곳도 없어 막연히 우유니 쪽으로 가는 차량에 손을 흔들곤 했으나 소용이 없습니다. 두 시간을 기다려 버스를 탔습니다. 밤 10시 반 우유니 마을에 도착, 외국인들이 많이 찾는 도미토리 숙소인 Avenida Hostel에 짐을 풀었습니다.

볼리비아 마지막 여행지 첫날입니다. 일찌감치 일어나 숙소 인근에 있는 여행사들을 잠시 둘러보았습니다. 한국 친구들이 여행사 문에 붙여 놓은 소금사막 투어 후기 글 포스트잇이 유난히 많은 여행사가 두세 개쯤 있습니다. 한국인의 우유니 소금사막 사랑의 정도를 한눈에 볼 수 있습니다. 한국의 젊은 친구들이 남미에서 가 보고 싶은 곳 1위가 우유

세상에서 제일 큰 거울. 밤에 추울까 봐 뽄초를 입은 오른쪽 끝에 있는 나

니 소금사막이란 글을 읽은 적이 있습니다.

우유니에서 칠레 산 뻬드로 데 아따까마 사막까지 가는 2박 3일짜리 투어 비용은 천 볼! 여행사 직원과 사진을 발음하는 '포토'를 얘기하다가 재미있는 사실을 알게 되었는데요, 'Foto'를 잘못 발음해 'Poto'라 하면 궁둥이를 뜻한다 합니다. 오아시스에 가 비용을 확인하니 여기도 천 볼이랍니다. 자전거를 실어 준다 하네요. 중년의 한국인 부부들께서 이 여행사를 통해 아따까마로 넘어간다 하여 나도 이렇게 가닥을 잡았어요. 어차피 우유니에서 아따까마로 넘어가는 길은 모두 비포장이어서 굉장히 어려운 루트일 수 있으므로, 투어 차량을 이용해서 가기로!

Sun Set 투어를 갑니다. 가이드가 준비한 방식대로 사진 촬영 후, 해가 지고 밤이 찾아오는 과정을 구경하는 시간입니다. 점차 어두워지며 칠흑의 어둠 속에서 상대적으로 총총 빛나는 별들이 떠 있는 하늘, 그리고 은하수. 구름 한 점 없어 그야말로 한 장의 흑백 사진입니다.

1969년 7월 20일, 아폴로 11호를 타고 달나라에 갔던 닐 암스트롱 선장은 지구에서 반짝이는 빛을 보았고, 후에 이 빛은 우기철 우유니 소금 사막에서 반사된 빛이었다는 글을 읽은 적이 있습니다. 비가 내려 물이 고일 경우 세상에서 제일 큰 거울로 바뀝니다.

어두운 밤이 배경이요 반짝이는 별들이 주인공입니다. 10개월간 세계 여행 중인 김태수 씨 부부를 만나 여행과 삶에 관한 이야기들을 나눴고, 이분들이 찍어 준 별 사진은 우유니의 값진 추억으로 간직하고 있답니다. 짧았지만 소중한 시간이었죠. 글을 빌려 다시 한 번 고맙단 말씀을 드립니다.

우유니를 떠나다! 아스따 루에고, 볼리비아

오아시스 여행사 직원이 우유니에서 미리 출국 수속을 밟아야 나중에 볼리비아 국경을 넘을 때 기다리는 수고를 덜 수 있다고 알려 줍니다. 그렇지 않으면 사람들이 많아 오래 기다려야 한다고 말이죠. 우유니에서 칠레로 갈 경우 좋은 정보입니다. 물어물어 출국 사무소를 찾아 15볼을 내고 여권에 3일 전 미리 출국 도장을 찍었습니다.

투어의 첫 시작은 Colchani 마을에 있는 〈기차 무덤〉. 고물상 주인이 보면 기절초풍할 만큼 망가진 기차 고철 덩어리가 산을 이룹니다. 흐른 시간이 얼마나 되었는지 모르지만 녹이 슬고 닳은 기차들은 의외로 멋진 그림들을 선사합니다. 시간의 흐름이 고철 덩어리를 훌륭한 관광 상품으로 만들었습니다. 더욱이, 사막화된 땅에 의도적으로 작품화하지 않았을까 의심이 들 만큼 고철 작품으로서도 손색이 없습니다.

고물상이 수거를 해 가면 떼부자가 될 듯. 어디를 향하다가 저렇게 멈추었을까요?

　본격적으로 소금사막을 달려 잘 알려진 소금 호텔에 닿아 점심 식사를 합니다. 가이드가 준비해 온 푸짐한 점심을 양껏 먹었죠. 이 호텔 안에서 먹는 점심 식사란 참 각별합니다. 말이 호텔이지 숙박용이 아닌 쉬다 가는 역할을 하는 곳입니다. 호텔 옆엔 세계 각국의 국기가 꽂혀 있고요, 태극기도 당당히 한자리를 차지합니다.

　가이드가 이벤트를 하네요. 달걀 속에 들어가기, 냄비 속에서 음식으로 표현하기, 춤추기, 공룡을 피해 도망가기. 이어서 Incahuasi섬에 들러 꼭대기까지 둘러보았는데요, 선인장 수천 그루가 저마다 독특한 모양으로 자태를 뽐내고 있습니다. 사방은 온통 소금사막입니다. 가까운 데에 산이 보이는데 차를 타고 반나절 이상 가야 닿을 수 있는 거리랍니다.

　오늘 밤 묵어 갈 San Juan 마을에 도착했습니다. 사막 한가운데 있는 마을이라 물 구하기가 아주 어려운 마을 같습니다. 몸이 날아갈 만큼 바람도 몹시 셉니다. 이렇게 열악한 환경에서 살아가는 사람들은 얼마나

태극기가 바람에 펄럭입니다. 당당하게

강인해야 할까요? 그야말로 치열한 생존 현장입니다.

아침에 보니 마을이 진짜 작습니다. 20가구가 채 되질 않아요. 어제 이곳에 오면서 많은 생각을 했습니다. 이곳을 혼자 자전거로 달릴 경우 복병이 너무 많습니다. 추위, 물 부족, 자전거 고장, 비포장, 자칫 길을 잃을 가능성 등 변수가 도처에 깔려 있습니다. 두 명쯤 되면 서로 의지해 보완하며 달릴 수도 있으련만 혼자다 보니 쉽지 않겠다 싶습니다. 이 투어를 선택한 게 다행입니다.

철로가 있는 곳에서는 차에서 잠시 내려 사진을 찍었습니다. 안또빠가스따가 볼리비아 땅이었을 때 안또빠가스따~우유니~오루로 구간에 열차가 운행되었다 합니다. 이 철로가 그 노선입니다.

Ollaque 전망대에 멈춰 둘러봅니다. 풍화 작용으로 인해 형성된 바위 모양이 그저 신비로울 따름입니다. 어찌 저리 다듬고 쪼았는지 괜히 만들어진 형상이 아니라 분명히 큰 권능을 가진 누군가 개입해 원하는 모

레일 위에서 폼 한 번 잡아 봤죠

양으로 만든 형상이라 할 수밖에요.

볼리비아에서 내로라할 만큼 유명한 Arbol de Piedra(돌 나무)을 봅니다. 이 또한 풍화 작용이 만들어 낸 기가 막힌 풍광입니다. 하나의 돌이 어찌 저토록 많은 이야기를 담고 있을까요? 오랜 세월이 흘러 비로소 저런 형상들이 만들어졌겠지요.

저녁식사 도중 내가 깜짝 이벤트를 벌였는데요, 내일 생일인 마르꼬를 위해 미리 준비했던 와인 한 병을 내놓았습니다. 외국 친구들 모두 놀라는 표정이었고, 당사자인 마르꼬는 입이 귀에 걸렸습니다. 누군가 생일을 축하해 주는 일은 즐겁고 기쁩니다.

볼리비아에서 보내는 마지막 날, 새벽 4시에 일어납니다. 하늘은 더없이 맑고 별들은 그야말로 수억 개. 구름 한 점 없어 뒷배경은 그야말로 끝 간 데 없는 파랑입니다. 땅으로 떨어지기 아쉬운 듯 별들끼리 서로 이웃하고 있는 데가 많습니다.

풍화 작용으로 빚어진 예술품. 작가는 자연

플라멩꼬

사막여우와 과나꼬. 마음껏 살아가는 야생동물들

Arbol de Piedra. 버섯바위라고도 합니다. 얼마만큼 세월이 지나야 저런 이야기를 담을 수 있을는지!

간헐천

여명이 밝기 전 간헐천에 갑니다. 수십 개의 구멍에서 뜨거운 유황이 올라옵니다. 회색빛 걸쭉한 액체가 뽀글대며 끓임없이 위로 솟아오릅니다.

간헐천을 조금 더 지나면 온천이 있습니다. 그냥 길옆에서 뜨거운 물이 솟아나옵니다. 잠깐 온천에 들어갔다 나온 후 드디어 볼리비아와 칠레 경계 부분에 있는 Aguas Termales에 도착합니다. 여전히 화산 활동을 하고 있는 Volcan Licancabur는 해발이 무려 5,916m. 잠시 사진을 찍은 후 볼리비아 출국 사무소 Migracion으로 향하며 2박 3일간 함께했던 외국 친구들과 작별을 합니다. 마르꼬만 나와 함께 칠레로 가고 나머지는 다시 돌아가네요.

가이드인 윌슨에게 가지고 있던 볼리비아 볼을 주었습니다. 가진 게 얼마 되지 않아 많이 주질 못해 미안하다 했지만 친구는 웃으며 고맙다 답합니다. 함께한 친구들과 손을 흔들며 난 출국 사무소를 건너 칠레 땅에 와 있던 투어 차량에 몸을 실었습니다. 다시 만날 때까지 볼리비아여, Hasta luego!

볼리비아와 칠레 국경

Part 5

무려 일곱 번을
들락날락한
칠 레 와
아르헨띠나

bike travel

사막의 오아시스 산 뻬드로 데 아따까마

칠레 북쪽 산 뻬드로 데 아따까마는 사막 한 가운데에 있는 조그마한 마을임에도 이곳엔 늘 많은 외국인들로 북적입니다. 아마도 칠레, 아르헨띠나, 볼리비아를 여행하는 친구들이 이곳을 경유하는 까닭일 겁니다. '달의 계곡'이라는 보기 드문 볼거리가 있기도 합니다. 외국인들이 많이 찾는 도미토리 La Florida에 여장을 풀었어요.

여행사를 찾았습니다. 오후 4시부터 시작하는 달의 계곡 투어를 신청하고 시장을 둘러보던 중 마르꼬를 만났습니다. 내일 아침 칠레 북쪽을 경유해 뻬루로 간다합니다. 굳은 악수로 나중을 기약하며 헤어집니다.

오후 4시부터 시작된 투어는 8시에 마쳤습니다. 정말 특이한 지형입니다. Tres marias(세 명의 마리아) 역시 풍화 작용의 일부로 형성된 듯한데, 소금기가 지표면을 덮어 마치 첫눈이 흩뿌린 듯 신비스러움이 더했습니다. 소금기는 오래전 이곳이 바다였음을 알려 주는 흔적입니다.

Tres marias(세 명의 마리아)

절벽에서 폼 나게 한 컷!

달의 계곡 전망대에 올랐습니다. 이른바 삐에드라 델 꼬요떼. 단순히 높은 곳과 낮은 곳의 차이인데, 낮은 곳의 지형이 원체 특이하다 보니 정말 볼만했습니다. 끝없이 펼쳐진 산 뒤로 붉은 기운을 안은 채 넘어가는 해의 모습이란!

이튿날 아따까마 사막 주변 호수 트레킹. Piedra Rojas cred stone과 Aguas Calientes, Volcan Veniques를 둘러봅니다. 볼리비아를 넘어오면서 보았던 호수들과 비슷하네요. 칠레의 자연 환경의 주를 이루는 호수와 산, 들을 맘껏 둘러보았습니다. 그 안에서 살고 있는 동식물들과 눈 덮인 설산….

터미널에 가서 내일 살따로 가는 버스 편을 알아보는데 일요일 아침 이외엔 없습니다. 묵는 호텔에서도 연장을 할 수 없답니다. 다른 길이 없어 안데스를 넘기로 했죠. '그래, 자전거로 또 다시 안데스를 넘자.

Aguas Calientes. 해발이 높아 산엔 식물들이 없습니다

지금 아니면 평생 못 넘는다. 힘들면 끌고라도 저 안데스를 넘어 살따 (Salta)로 가자.'

안데스(해발 4,819m)를 넘다!

안데스를 넘고 또 국경을 건너기 위해 단단히 마음을 다잡고 출발합 니다. 힘겹게 오르던 중 자전거를 타고 내려오는 두 사람을 만납니다. 캐나다에서 온 남녀 젊은 친구들인데, 우유니를 거쳐 왔다 하니 며칠 전 비포장도로를 달리던 그 사람들 같습니다. 힘든 내색이 전혀 없습니다. 차를 얻어 타고 갈 수 있겠다고 생각했던 내가 한없이 초라해집니다. 이 친구들은 그 어려운 우유니 소금사막과 비포장길, 저 험한 안데스를 넘

놀라운 자연 현상

어왔는데….

　얼마를 더 끌고 올라야 꼭대기가 나올지 갑갑합니다. 해발 4천 미터가 넘으니 호흡도 가쁘고 힘이 듭니다. 자전거를 끌고 100m를 채 오르지 못하고 쉬고, 또 오르고 쉬기를 반복하다가 34㎞ 지점에서 멈춰 허기진 배를 채웁니다. 해발 4,100m. 9시간 동안 오른 거리가 고작 34㎞라니, 이러다간 오늘 꼭대기에 오르기는커녕 길바닥에서 노숙할 판입니다.

　소형 짐차가 오기에 손을 들어 꼭대기까지만 태워 달라 했더니, 자기네 작업장이 꼭대기에 있다며 태워 줍니다. 차는 경사 도로를 30여 분 오릅니다. 56㎞ 지점에 그들의 공사 현장이 있네요. 이곳은 해발 4,819m. 이 차를 만나지 않았다면 오늘 엄청나게 고생했을 겁니다. 두 친구에게 고맙다 인사하며 마지막으로 가지고 있던 액세서리를 주었습니다.

국립공원 지역인 호수 앞 돌담벼락에 텐트를 치고 야영을 합니다. 벽이 바람을 막아 주니 텐트 안이 아주 따뜻합니다. 아르헨띠나 국경까지는 80㎞. 국경을 지나 수스께스 마을까지는 다시 70㎞. 물을 아껴 먹어야겠습니다.

푹 잔 덕에 상쾌합니다. 도로는 계속 내리막입니다. 신납니다. 오후 2시 21분, 칠레 국경을 넘어 아르헨띠나 땅을 밟습니다. 지명은 Paso de Jama. 해발 4,200m. 여기서 충분히 쉬고 가기로 했습니다. 주유소 겸 편의점 겸 숙소까지 운영하는 YPT입니다. 여정을 살피니, 살따까지 가게 될 경우 다시 이곳을 경유하여 아따까마로 가야 합니다. 아르헨띠나 북쪽 지역만 여행을 하고 다시 칠레로 돌아가 태평양을 끼고 죽 내려갈 계획입니다.

다음날, 도로 상황이 좋아 오르막이 없고 평지거나 약간 내리막이 계속됩니다. 신나게 밟습니다. 사위는 자전거 바퀴 구르는 소리와 바람 소리뿐. 적막이 이런가 보다 싶었고, 오히려 내 폐에서 나오는 숨소리만이 규칙적으로 들려옵니다.

7시쯤 Aguas Negros마을에 도착했는데요, 다섯 가구가 사는 아주 작은 마을입니다. 오늘은 157㎞를 운행했습니다. 지금껏 하루에 가장 긴 거리를 달렸습니다.

뿌루덴시오 씨 집에서 보낸 하룻밤

도로 옆 집 문을 두들겼습니다. 대한민국에서 온 여행자인데 하루 묵고 가게 해 달라 했죠. 두말없이 들어오라 합니다. 주인은 뿌루덴시오

오른쪽 마리아 마르따, 왼쪽 빅또리나

씨. 손녀인 마리아 마르따(8세)와 빅또리나(5세)는 가스스토브에 큰 관심을 보입니다. 가지고 있던 마지막 큰 손톱깎이를 선물로 주었습니다. 그들의 삶은 외형적으로 초라해 보이지만 모두 행복한 표정들입니다. 얼굴에 그늘이라곤 찾을 수가 없었습니다.

도로 옆으로 끝이 보이지 않는 소금 호수 Salenas Grandes가 있습니다. 이곳은 아르헨띠나 후후이 지역. 관광 안내소와 화장실 등이 있는 걸 보면 투어도 진행하나 봅니다.

이 소금호수도 우유니보단 작지만 보통 규모가 아닙니다. 해발 3,500m 이상 되는 소금밭을 세 번이나 보았습니다. 꾸스꼬에 있는 살리레나스, 우유니, 이곳 살레나스!

소금밭

아킬레스건 통증으로 아픈데, 의사를 만나다!

높은 고개가 떡하니 갈 길을 가로막습니다. 경사가 시작되어 다리에 힘을 주는데, 오른쪽 발목 뒤꿈치 아킬레스건에 조그만 통증이 시작되더니 점점 심해집니다. 그러더니 이내 페달을 돌릴 때마다 예리한 칼에 벤 듯한 통증이 옵니다. 지나가는 차를 향해 손을 흔들었지만, 다들 나를 피해 갑니다.

30분쯤 지나자 지프차가 한 대 서더니, 남녀 두 친구가 차에서 내려 무슨 일이냐 합니다. 발목이 아파 페달을 돌릴 수가 없으니 태워 달라 했죠. 부은 발목 뒷부분을 보여 줬더니, 진통제라며 알약을 하나 줍니다. 이 친구들 이름은 의사인 수디와 그녀의 남친 제레미! 제레미가 나서서 내 자전거를 자기 차 천장에 실어 줍니다.

제레미가 내 자전거를 실어 줍니다. 쳐다보는 친구는 의사인 수디

왠지 머물고 싶은 도시, 후후이

후후이에 도착해, 아쉬운 작별을 합니다. 이 친구들도 우수아이아에 간다 하니 후에 다시 만나면 좋겠습니다. 제레미는 한국에 친구가 있다며 이메일 주소를 적어 주고, 자신들의 여행 명함까지 줍니다. 수디는 진통제 전부를 내게 건네주며, 사흘 이상 자전거 타지 말고 하루에 세 번 약을 먹어라 합니다. 참 고마운 친구들입니다.

시내 Belgrano 광장 인근에 관광 안내소에 가 적당한 숙소를 추천받아 짐을 풀었습니다. 중심가를 거닐며 낯선 풍경을 카메라에 담았습니다. 숙소엔 거리에서 음악을 들려주며 받는 돈으로 생계를 꾸리며 장기간 머무는 친구가 있네요. 피리로 〈아리랑〉을 들려주었더니 눈을 지그시 감으며 감상합니다. 그러면서, "음악은 어느 나라에 국한된 예술이 아니라 전 세계인이 공감하는 예술이다."라며 예술가다운 말을 해 줍니다. 이렇게 후후이의 첫날밤이 깊어 갑니다.

베네수엘라에서 왔다는 사무엘과 탁구를 치며 친분을 쌓습니다. 언젠가 베네수엘라에 갈 일이 있을 테니 친구 한 명쯤 사귀는 일도 좋겠다 싶었죠. 티셔츠를 사무엘에게 선물로 주었습니다. 얼마나 좋아하던지. 내내 그 옷만 입고 다니네요.

살따로 가는 날, 삼거리에서부터 맞바람이 불어와 페달을 밟는데 몹시 힘이 들었는데요, 땅거미가 지고 나서야 살따 터미널에 도착할 수 있었습니다.

칠레 제2의 도시 안또빠가스따, 원래 볼리비아 땅이었다

자전거를 분해하여 버스에 실었습니다. 버스 기사는 짐 값을 별도로 내라며 200페소를 요구합니다. 달라는 대로 줄 수는 없죠. 되는 대로 탈탈 털었더니 오케이 합니다. 짐 값이 시장에서 갈치자반 흥정하는 꼴입니다.

내가 가야 할 곳은 Antofagasta로 칠레 제2의 도시입니다. 일주일 전 넘어온 안데스를 다시 넘어갑니다. 출국 사무소가 있는 Jama에선 직원이 자전거 포장을 뜯으려 하기에 미리 찍은 사진을 보여 주니 오케이 합니다.

15시간 동안 버스를 탔습니다. 부지런히 자전거 조립을 마치고 시내로 들어갑니다. Angamos에 있는 숙소를 찾았지만, 빈방이 없습니다. 인근을 샅샅이 뒤져 괜찮은 Hostal Turismo에 짐을 풀었죠. 친절한 아주머니, 깨끗한 방, 온수. 대만족!

버스가 해발 4천 미터급 산을 오릅니다

7시가 넘어 눈을 떴습니다. 소박하지만 알찬 아침 식사를 제공해 주네요. 시내에서 20㎞ 떨어진 바닷가에 이곳 명물인 La Portada를 보러 북쪽으로 올라갑니다. 칠레에서 몇 안 되는 명물이라더니 그럴듯한 바위 모양이 과연 볼만합니다.

해산물 시장에 사람들이 많습니다. 무조건 들어가 내주는 음식을 살피니 우리나라 해물 된장찌개 비슷한 음식이 있습니다. 한 그릇 시켜 먹는데, 맛이 기가 막힙니다. 해물 된장찌개와 비슷해요. 이름은 Marinera Caliente(뜨거운 해산물). 따끈한 국물이 속에 들어가니 든든하고 포만감까지 있습니다.

안또빠가스따는 칠레의 상업과 무역의 중심지인데 원래 볼리비아 땅이었어요. 1879년 태평양 전쟁(칠레와 뻬루·볼리비아 연합군 간 싸움)에서 칠

안또빠가스따의 명물인 La Portada('현관'이란 의미)

당시 볼리비아 땅이었던 안또빠가스따와
우유니를 거쳐 볼리비아 전역을 운행하던 열차

레가 승리해 광물 자원이 풍부한 아따까마와 깔라마 일대를 빼앗았죠.
이러한 땅이다 보니 상업과 무역의 중심이 될 수밖에 없던 구조였죠.

거리를 지나다가 우연히 보게 된 역에 들어가 직원의 안내로 옛날에
운행되던 기차를 보았습니다. 우유니 소금사막 근처에 있는 열차 무덤
철도가 여기로 연결되어 있었죠. 역을 방문한 한국인은 내가 처음이라
네요. 환대에 감사하단 인사를 하고 역을 나왔습니다.

휴식하기 좋은 조그만 시골 마을, 딸딸(Taltal)

날은 여전히 맑습니다. 오늘부터 또 힘든 여정이 시작됩니다. 삼거리
부터 경사가 계속됩니다. 페달을 밟아도 되는 정도지만 끝이 보이지 않
은 경사다 보니 몹시 힘듭니다. 도로 주변엔 정말이지 집 한 채, 사람
한 명 보이질 않습니다. 경사가 끊임없이 계속됩니다.

보통 북에서 남으로 내려가면 도로 또한 내리막이 많은데 여긴 정반

대입니다. 게다가 5시간 이상 계속 페달을 밟다 보니 아킬레스건 통증이 도지네요. 6시쯤 지나가는 차량에게 도움을 받으려 손을 흔들었지만, 누구도 차를 세워 주지 않습니다. 야영을 하며 가만히 생각해 보니 오늘 이 도로 상황을 너무 몰랐습니다. 휴게소는 물론 음식점 하나 없으니 이런 경우를 대비해 준비했어야 했는데….

간단한 식사로 아침을 해결한 후, 출발합니다. 경사가 계속되는 가운데, 소형 화물차가 멈춰 섭니다. 페달을 밟을 수가 없어 딸딸까지 태워 달라 했더니 자기들도 그곳에 간다 하네요.

Paposo에 이르러 일행과 아침 식사를 했어요. 두 친구에게 하도 고마워 주인 아주머니에게 식사비용을 내가 다 낼 테니 딴 사람한테 받지 마라 신신당부를 했습니다. 4명이 먹은 식사비용을 내가 치르려 했으나 하롤드가 날 막더니 자기가 계산합니다. "당신은 외국에서 온 손님이니 의당 우리들이 계산해야 한다." 차 태워 주고 아침 식사까지 사 주고!

30분을 더 달려 드디어 딸딸에 도착했죠. 자전거로는 꼬박 이틀 치 거리입니다. 악수하며 헤어졌습니다.

시내 구경에 나섭니다. 시내라 해 봐야 광장 주변이 전부인데요, 인구는 1,500명. 대성당이 아주 예쁩니다. 광장도 아담하니 쉬기 좋게 조성해 놓았네요. 바다를 끼고 있는 조그만 마을이어서 천천히 둘러보아도 2시간

왼쪽은 헤르손, 가운데가 하롤드.
오른쪽은 다른 차 운전자. 서로 아는 사이

이 채 걸리지 않습니다. 소박하고 때 묻지 않은 마을 같습니다. 이런 데서 바다를 보며 낚시고 하고 산에 오르며 몇 날 며칠 쉬다 가면 좋겠다 싶습니다.

관광 안내소 직원에게 물어 Las Anclas라는 맛집을 찾아갑니다. 우리말로 치면 '닻'입니다. 바닷가라 그런지 역시 꽤나 상징적인 음식점입니다. 음식 이름은 까수엘라 바꾸노(Cazuela Vacuno). 생물을 쪄 소스로 버무렸는데, 입안에 착착 감기며 살살 녹습니다. 남동생 뻬드로와 함께 볼리비아 여행을 했다는 주인 아주머니 노르마와 함께 수끄레, 뽀또시, 우유니 사진을 함께 공유하며 담소를 나누었습니다.

해변과 시내 곳곳을 돌아다니며 담을 수 있는 장면들을 모두 담았습니다. 문득 머릿속에 이런 장면들을 그립니다. 아내와 모래밭에 앉아 한 잔 맥주를 나누고, 여생을 어떻게 보낼지를 이야기하며, 마을의 낯선 풍경을 즐기고 있는 모습. 배가 고프면 아무 음식점에 들어가도 싱싱한 생선 요리를 먹을 수 있고, 작은 통통배를 타고 가까운 바다에 나가 그물을 던지고 싶은 곳…. 딸딸은 그런 해변 마을입니다.

칠레에서 두 번째로 오래된 도시, 라 세레나(La Serena)

칠레에서 두 번째로 오래된 도시 La Serena에서 시간을 보냅니다. 여행사에 가 별자리 투어를 신청했습니다. 라 세레나는 하늘이 높고 공기도 맑은 데에다가 일 년 내내 비가 거의 오지 않아 별을 보는 데 최적의 조건을 가지고 있습니다. 남반구 최대 천문학 연구소인 마마유까 천문관측소가 두 시간쯤 떨어진 곳에 있고, 이곳에서 하는 별자리 투어가 유

Kokoro 정원

명합니다.

San Juan de Dios 교회를 시작으로, 일본인 Kokoro No Niwa가 만든 정원을 둘러보았습니다. 넓은 면적에 일본풍이 그대로 살아 있습니다. 조용히 걸으며 명상할 수 있는 분위기입니다.

별자리 투어는 특별한 경험이었죠. 구름 한 점 없는 하늘에 은하수는 물론이요, 단 한 치의 오차도 없는 그 수많은 별들의 운행 체계는 감히 상상할 수가 없습니다. 무엇보다도 토성 띠를 본 경험이 잊히질 않습니다. 동그랗고 하얀 토성 주위로 그토록 선명한 타원형의 띠라니요! 마지막엔 천체 망원경까지 보여 주는데요, 밤하늘의 별들이 이렇게 많은 이야기를 품고 있는 줄 몰랐습니다.

자전거 마니아 아주머니 솔레다드와 아들 하비에르

이제 본격적으로 태평양 연안을 따라 산띠아고 데 칠레로 가는 고속 도로를 달립니다. 여느 날과 마찬가지로 새로운 곳을 향해 떠날 때면 맘이 설레기 마련입니다. 오늘은 집 떠난 지 벌써 8개월째 접어든 날. 시간은 참 빠르게 흘러갑니다.

라 세레나를 출발해 70㎞쯤 지난 데서부터 맞바람이 심하게 불어 페달질이 거의 안 될 정도입니다. 입에서 슬슬 육두문자 비슷한 뭔가가 튀어나올 즈음, 저 앞에 차 한 대가 서 있고, 한 소년이 차에 기댄 채 날 보고 있습니다. 소년이 내게 어디까지 가냐 묻기에 Los Vilos까지 간다 하니 태워 준답니다. 운전석엔 소년의 어머니가 웃으며 날 반겨 주네요. 자기도 자전거 마니아라며 어찌나 살갑게 대해 주던지. 산띠아고까지 간다기에 기왕이면 도중에 있는 비냐 델 마르까지 태워 달라 했습니다.

칠레 최고의 휴양 도시인 비냐 델 마르(Vina del Mar)로 가는 삼거리에서

가로등에 묶어 놓은 자전거. 뭘 뜻하는지?

짐을 내렸습니다. 3시간 동안 260㎞ 이상을 달려왔습니다. 자전거로 운행할 경우 3일짜리입니다. 칠레엔 이렇게 도움을 주는 이들이 많네요. 3일간 해야 할 고생을 덜어 준 두 사람에게 진심으로 고마움을 전했습니다. 소년은 Javier, 그의 어머니는 Soledad. 고마운 모자(母子)입니다.

빠블로 네루다와 그라피티 천국, 발빠라이소

바닷가여서인지 공기가 아주 맑고 상쾌합니다. 도로에 차가 다니질 않아 주행 환경이 아주 좋습니다. 휘파람을 불며 모처럼 여유 있는 운행을 계속합니다. 주린 배에서 소주잔에 맹물 따르는 소리가 날 즈음, Concon이란 도시에서 꽤 유명한 집에 가 각각 다른 종류의 엠빠나다를 먹었습니다. 비냐 델 마르로 향하는 길은 계속 바닷가를 끼고 연이어 있는데요, 제법 큰 도시로 현대식 건물들과 고급 호텔들이 많습니다. 칠

비냐 델 마르의 상징인 꽃시계. 1962년 제작되었으며, 시계 부품은 모두 스위스 산입니다

레 최고 휴양지로 알려졌죠.

발빠라이소는 '천국과 같은 계곡'이란 뜻으로 칠레 최대의 항구 도시이며, 칠레의 수도 산띠아고로 들어가는 현관이라 불릴 정도로 남미에서 가장 바쁜 항구 중 하나입니다. 항구 주변만 평지이며 나머지는 가파른 언덕입니다. 하여 엘리베이터 일종인 아센소르가 언덕을 오르내립니다.

느긋하게 주변을 둘러봅니다. 무엇보다도 칠레 민주주의를 위해 파시즘에 대항한 빠블로 네루다의 집을 찾아갑니다. 지금은 박물관으로 쓰이고 있습니다. 먼저 소또마요르 광장에 들러 해군 총사령부 건물과 뻬루와 볼리비아 연합군과 싸운 태평양 전쟁 중 이끼께 해전을 기념하는 기념탑을 둘러보고 쁘랏 부두를 살핍니다.

해양 박물관에 들어가 관람 후, 네루다의 집에서 그가 남긴 흔적들을 통해 그의 삶을 간접적으로나마 살필 수 있었습니다. 칠레의 민주주의를 위해 파시즘에 대항한 영웅 시인의 물품이나 서재, 침실 등이 고스란히 보전되어 있어요. 이 집은 본래 '라 세바스띠아나(La Sebastiana)'였죠. 스페인 설계자이자 건축가의 이름에서 따왔습니다. 영화 〈일 포스티노〉 촬영 무대가 됐던 곳이기도 하죠.

거리엔 골목골목마다 각양각색의 그라피티가 흘러넘칩니다. 칠레의 미술가들이 낡은 건물에 그야말로 예술의 옷을 입혔습니다. 형형색색 그림들이 주는 이미지가 강렬합니다. 아바나에 가면 아무 데나 카메라를 들이대도 그림이 된다 하지만, 이곳 발빠라이소야말로 바로 그 그림의 천지입니다. 네루다의 집을 방문한 후 페라리(Ferrari) 거리를 따라 내려가면 '창공 미술관'이라 부르는 독특한 공간에 벽과 지붕, 골목에 온통 그림 천지입니다.

소또마요르 광장에 있는 이끼께 해전 영웅 기념탑

라 세바스띠아나

한 작가가 그라피티를 그립니다

침략자 발디비아(Valdivia)가 세운 산띠아고 데 칠레

일찍이 잉까의 지배를 받던 북부에 비해 독자적인 생활을 영위하다가 1541년 스페인 침략자 발디비아가 산따 루시아 언덕에 최초의 요새를 세우면서 산띠아고 데 칠레의 역사가 시작되었죠.

숙소 인근 공원인 Parquemet에 올라 시내 구경을 했습니다. 아센소르를 타고 정상에 올라 성모상을 둘러봅니다. 공원답게 사람들이 엄청나게 많습니다. 그야말로 발 디딜 틈이 없을 정도. 산띠아고 시내가 한눈에 보이는데, 평지가 끝없이 이어집니다.

산띠아고의 명소를 찾아갑니다. 아르마스 광장에 있는 메뜨로뽈리따나 대성당에서 비교적 오랜 시간 머물렀고, 이어 대통령궁인 모네다 궁과 헌법 광장을 둘러보았습니다.

해가 질 무렵, Centro Cultural la Moneda 지하에서 전시 중인 El Mito de Roma(로마 신화)를 관람했는데요, 후세 작가들이 고대 로마 유적이나 그림을 본떠 만든 작품들을 전시해 놓았습니다. 마치 로마의 한 박물관에 온 듯 착각을 불러일으킵니다.

칠레에서 가장 중요한 박물관 중 하나인 뿌레 꼴롬비노 예술 박물관(Museo Chileno de Arte Precolombino)에 들어가 세계 유산으로 지정된 산 아구스띤 석상과 잉까 이전 시대 모체인의 얼굴 형상을 한 토기 등 전시품을 관람했습니다.

곧바로 국립 역사박물관으로 옮겨 칠레 원주민 유물로부터 시작해 현대사까지 단계별로 구성된 역사를 살펴보았습니다.

산따 루시아 언덕에도 올랐습니다. 지금은 시민들이 사랑하는 공원입니다. 그리 높지 않지만 꼭대기에서 시내 풍경이 한눈에 들어옵니다.

공원 정상에 있는 성모상.
독립 100주년을 기념해 1918년 프랑스 정부가
칠레 정부에 선물했죠

칠레 사회주의 대통령이었던 아옌데.
시인 빠블로 네루다와 정치적 동지였습니다. 삐노체뜨가 군
사 쿠데타를 일으켜 전투기로 대통령궁을 타격했을 때, 끝까
지 궁에 남아 국민들에게 메지지를 전하고 자살했죠

산 아구스띤 석상

잉까 이전 시대 모체인 형상

산띠아고의 유럽이라는 Barrio Paris Londres 거리를 걸으며 삐노체뜨 군부 독재 시절 고문 장소였던 론드레스 38번 건물에 잠시 들렀습니다. 군사 독재 시절 우리와 마찬가지로 민주화를 위해 싸우던 수많은 사람들을 고문했던 곳입니다.

Museo de la Memoria y los Derechos Humanos(기억과 인권 박물관)엔 거의 문 닫을 시간에 도착했습니다. 1973년 9월 11일부터 1990년 3월 10일 칠레 군부 독재 정권 시 인권 유린 현장입니다. 삐노체뜨와 닉슨의 전화 통화 내용을 들을 수 있습니다. 삐노체뜨가 존경한 사람이 대한민국 박정희였답니다.

현대 미술관은 공원 안에 조성된 칠레의 대표적 미술관 중 하나입니다. 외관이 정말 그럴싸합니다. 무료입니다. 현대 사진, 디자인, 조각 등이 전시되어 있어 예술 작품을 맘껏 보는 호사를 누립니다.

에르난 가스무리, 정물화

국립 미술관에도 들러 16~20세기 미술품과 조각을 관람했습니다. 현대 미술관과 국립 미술관은 통로로 연결되어 있어, 현대 미술관 관람 후 자연스럽게 통로를 이용해 국립 미술관으로 갈 수 있습니다. 인상적인 그림이 하나 보이는데, 발디비아가 산띠아고를 침략하는 장면을 그린 그림이었죠. 꽤나 큰 비중을 차지하고 있는 듯 보였습니다.

와이너리 투어를 하는 날. Concha y Toro 와이너리 투어엔 외국인들이 꽤 많습니다. 일정한 코스를 다니며 와인을 맛보고 설명도 듣고, 마지막 하이라이트는 '디아블로'. 컴컴한 와인 창고에서 말 그대로 악마의 목소리가 들리니 분위기가 사뭇 달라지네요. 오싹하기도 하고, 한편으론 그럴 듯도 합니다.

펄펄 끓는 용암을 두 눈으로 생생히!

산띠아고를 떠나는 버스 화물칸에 자전거를 실었습니다. 운전자가, 짐이 많으니 돈을 더 내랍니다. 이젠 이런 경우에 익숙한지라 대꾸하지 않고 눈만 멀뚱거립니다. 시간이 지나면 비용이 떨어질 테죠. 조수가 말합니다. "자전거가 공간을 많이 차지했으니 비용을 더 달라." 만 페소를 달라 해 5천 페소를 주겠다니, 8천 페소를 달라 합니다. "안 돼, 5천 페소." 녀석이 그냥 갑니다. 다시 올 때면 분명히 더 내려갈 겁니다. 조금 후 또 오더니 웃으며 7천 페소를 달라면서 손가락 표시까지 합니다. 그까짓 거짓 웃음에 넘어갈 내가 아니죠. 또 그냥 가더니 한 시간쯤 지나 내게 다가와 손가락 6개를 보입니다. 참 질긴 녀석입니다. 웃으며 녀석의 손에 6천 페소를 넘겼습니다.

늦은 밤 버스는 뿌꼰(Pucon)에 멈췄습니다. 중심가에게 약간 떨어진 곳에 있던 숙소에 짐을 풀었죠. 늑장을 부리며 아침의 여유를 즐깁니다. 시내를 돌아다닙니다. 시내라고 해 봐야 1시간도 채 걸리지 않습니다. 하지만 풍경은 정반대입니다. 멀리 비야리까산이 뒷배경을 형성하고, 마을 앞에는 큰 호수가 그림처럼 위치해 있습니다. 달력에 나올 법한 아름다운 풍경입니다.

버스를 타고 인근 계곡 온천수에 가 온천을 즐겼는데요, 맑은 계곡물인가 싶었지만 몹시 뜨겁습니다, 김이 나지 않은 물이 더 뜨겁다 하더니 맞긴 맞습니다. 투어사에 가서 내일 아침 출발하는 비야리까 화산 등반을 신청했습니다.

비야리까 등반을 위해 산행 들머리에 도착하니 눈이 보이기 시작합니다. 스키장 쪽으로 오릅니다. 시즌이 아니어서 누구도 볼 수가 없습니다. 오를수록 바람이 심해지며 얇게 언 눈이 점점 더 딱딱한 얼음으로 바뀝니다. 설벽 장비인 크램폰을 착용하고 피켈로 눈 사면을 찍으면서 지그재그로 정상을 향해 끝없이 오릅니다. 정상에 가까이 다가갈수록 화산 특유의 유황 냄새가 코를 자극합니다. 어느 정도 정상에 가까이 다가설 무렵, 숨이 턱 막힐 만큼 지독한 유황 냄새가 나자 가이드가 방독면을 줍니다.

7시 33분에 오르기 시작해 12시 50분, 정상에 올랐습니다(해발 2,853m). 바람은 내 몸을 저 끝 모를 심연으로 날리려 하는지 세차게 때리고 있습니다. 2~3백 미터는 족히 될 듯 분화구 구덩이 저 아래 바닥에서는 당장이라도 내게 달려들듯 시뻘건 용암이 혀를 날름거리고 있습니다. 구덩이는 그야말로 절벽이어서 헛디딜 경우 끝없는 나락으로 추락합니다.

맑고 깨끗한 자연 환경, 그야말로 그림 자체입니다

끊임없이 용암이 터져 나옵니다. 깊이는 약 200m쯤!

비야리까산 정상. 분화구에서 나오는 지독한 유황 냄새를 막기 위해 방독면을!

이렇듯 활발한 화산활동을 하는 산을 태어나 처음 봅니다. 장관입니다. 우연이랄까요, 용암이 50m 이상 솟구치는 장면을 찍었습니다. 끝 모를 저 바다으로부터 수직으로 뿜어 올라오는 용암 분수라니요! 가이드인 리까르도는 유황 냄새 때문에 빨리 내려가야 한다며 재촉합니다.

하산을 시작합니다. 오를 땐 무려 5시간, 내려갈 땐 2시간 반. 아침에 왜 엉덩이 썰매를 주었는지 알았습니다. 어느 정도 눈 길 경사가 있으면 무조건 앉습니다. 오르는 데 수십 분 걸리는 경사를 그저 단 몇 분으로 내려갑니다. 정말 신납니다. 가이드인 Ricardo Pradenas Vera와 Jorje Neira Villagran에게 감사의 악수를 청했고, 미국 친구인 Alex에겐 산정을 함께 나눴단 의미로 깊은 악수를 주고받았습니다.

뿌에르또 몬뜨 가는 길에서 생긴 사연들

어제 만든 샌드위치(빵에 아보카도 속을 발라 겹쳐 놓으면 됨)와 주스, 피망, 커피로 아침 식사를 합니다. 아보카도가 영양이 풍부한 과일임을 알게 된 이후 빵 속에 넣어 먹는 일이 점점 많아집니다.

Puerto(항구) Montt를 향해 힘차게 페달을 밟습니다. 짐이 많은데도 길이 원체 평평해 힘이 들지 않습니다. 몸과 맘이 상쾌하니 주변 환경들이 아주 잘 보입니다. 평온하기 그지없는 풍경들이 계속됩니다. Los Lagos 마을에서 하루를 쉬었습니다.

아침부터 햇볕이 쨍쨍 내리쬐어 무덥습니다. 한참을 달리다 보니 버스를 개조한 음식점이 눈에 띕니다. 자신을 존 웨인이라고 소개하는데 가만히 보니 미국 영화배우 존 웨인을 빼다 박았더군요. 어쩐지 음식점

전설적인 미국 영화배우 존 웨인과 비슷하죠? | 플라스틱 통을 개조해 페니어로 만들었습니다. 완전한 방수

표지판에도 존 웨인 그림이 있습니다. 본명은 헬무뜨. 부인인 끄리스띠나와 금슬(琴瑟)이 아주 좋아 보입니다.

잠시 노닥거리다 출발합니다. 큰 삼거리 부근에서 아르헨띠나에서 왔다는 Vanesa와 Juance를 만났습니다. 이 친구들은 발디비아로 간다 하네요. 함께 사진을 찍고 헤어집니다.

오후부터 우려했던 양쪽 발목 아킬레스건에 통증이 도지기 시작합니다. 조금씩 커지더니 7시쯤엔 마치 예리한 면도칼에 베인 듯 따끔거립니다. 더욱이 맞바람이 거세 페달질이 매우 힘듭니다. 지나가는 차에 대고 손을 흔들었는데 얼마 있지 않아 차가 내 앞에 서더니 가까운 뿌랑께까지 간답니다. 차로는 잠깐의 거리지만 마음 씀씀이가 고운 루이스가 운전자입니다.

빠따고니아를 찾으려면 꼭 들러야 할 Puerto Montt

몬뜨 항구로 갑니다. 아킬레스건에 통증만 없다면 오전에도 도착할수 있는 거리입니다. 짧은 거리이니만큼 일찌감치 출발할 이유가 없어 주인 내외와 이런저런 얘길 나눈 후 숙소를 나섭니다. 한국에 가면 전화하라네요. 자전거 여행하면서 처음으로 듣는 소리입니다.

40㎞쯤 가니 아킬레스건 통증이 더욱 심해져 이젠 걸음조차 떼기 힘들 정도입니다. 당장 오늘보다 앞으로의 일이 걱정됩니다. 자전거를 탈 날이 한 달 이상 남았는데 이런 통증이 계속될 경우 운행에 큰 차질을 빚을 수도 있습니다. 중도에 포기하는 사태가 벌어질지도 모른다고 생각하니 참 난감합니다. 단골로 다니는 동네 치과의사 선생님께서 챙겨 주신 소염제를 먹었지만 차도가 보이질 않네요.

머물고 싶은 숙소 'VISTA AL MAR'에 가니 빈방이 없답니다. 멀리 대한민국에서 이곳을 찾아 여기까지 왔다며 비비고 들어갈 틈을 찾았지만 없는 방이 새로 생길 리 없죠. 괜히 유명한 숙소가 아닌 모양입니다. 마침 인근에서 숙소를 운영한다는 아주머니를 만나 그녀의 집으로 갔습니다. 저녁을 먹으려 아주머니께 물었더니 앙헬모(Angelmo) 수산시장에 가 보라네요.

Bienvenidos Angelmo(앙헬모에 오심을 환영합니다)! 태평양에서 잡은 온갖 생선들이 모이는 곳, 소규모 수산물 음식점들이 엄청나게 많습니다. 이곳의 명물입니다. 아주머니에게 음식을 추천해 달라 했더니 Merloza frita를 내 주는데요, 생물인지라 입에 넣으니 살살 녹습니다.

여행 중인 남녀가 말을 걸어옵니다. 아르헨띠나 바릴로체에서 산다는 와떼르와 잉그리드. 와떼르가 아르헨띠나 관광 책을 펼치며, 몬뜨에서

연어, 멍게, 홍합 등을 양념해서 만든
한입용 해산물. 몹시 짭니다

이곳의 상징 같습니다. 연인들. 덩치들이 꽤 큽니다.
키가 10m는 족히 될 듯

배를 타고 Chaiten~Esquel~Cholila~Varilroche 구간을 자전거로 달리면
환상적이라며 적극 추천해 줍니다.

아침엔 꽤 쌀쌀합니다. 이곳은 태평양을 낀 제법 큰 칠레 남부 도시
로, 여기서부터 남쪽으로 내려갈수록 한랭 기후로 바뀌어 공기는 차가
워지고 삼림과 높은 봉우리들이 늘어선 풍경이 펼쳐집니다. 칠레 쪽 파
타고니아 지방을 여행하기 위해서는 꼭 들러 보고 가야 할 곳. 항구도시
여서 배를 이용해 뿌에르또 나딸레스로 가 또레스 델 빠이네 트레킹을
할 수도 있습니다.

터미널에 가 바릴로체행 버스표를 예매했습니다. 자전거를 포장해야
실을 수 있다 하니 이곳에서 다시 한 번 그 어려운 자전거 포장을 해야
할 판입니다. 터미널 옆엔 멕시코 화가인 디에고 리베라 박물관이 있어
들어갔으나, 아쉽게도 그의 작품을 볼 수가 없었어요.

다시 가고 싶은 섬, 칠로에

칠로에섬 투어를 하러 갑니다. 동서로 50㎞, 남북으로 250㎞에 달하는 큰 섬이고 역사적·문화적으로 오랫동안 칠레 본토에서 고립되었기에 지금도 본토와는 다른 자연과 문화, 생활상을 엿볼 수가 있습니다. 이 섬엔 14개의 교회와 2개의 사원이 유네스코 세계유산에 등재되어 있는데요, 특히 색이 돋보이는 산 프란씨스꼬 교회가 볼만합니다. 섬 투어는 크게 Ancud와 Castro 지역을 살핍니다.

Chacao 교회를 시작으로 칠로에섬을 두루 살펴봅니다. 섬엔 교회뿐만 아니라 수상 가옥 또한 볼만합니다. 푸른 바다와 색깔이 있는 집, 참보기 드문 장면들입니다. 저기에서 사람이 살까 의심이 날 정도지만, 주로 음식점이나 숙소로 이용합니다.

앙꾸드 중앙광장에는 엷은 보라와 오렌지색으로 칠한 산 프란씨스꼬

수상 가옥들인 빨라삐또

교회가 있는데 외부는 함석을 덮어씌우고 내부는 나무로 꾸민 특이한 구조를 가지고 있습니다. 세계문화유산에 등록된 교회입니다.

빠따고니아를 향해!

칠레를 떠나 안데스를 넘어 아르헨띠나 바릴로체로 갑니다. 자전거를 버스 짐칸에 실었더니, 차장이 내게 자전거 비용을 더 내라 합니다. 어느 정도 예견했지만 100페소를! 녀석의 주머니로 들어갈 게 뻔히 보이는데 나도 순순히 내줄 수 없어 버텼더니 그럼 차에 실어 줄 수 없다고 강경하게 나옵니다. 딱 한 방에 KO패 당했습니다.

칠레와 아르헨띠나 국경인 Samore 지역은 지대가 높으며 산과 호수가 그림처럼 펼쳐집니다. Villa la Angostura는 휴양지입니다. 산속에 고즈넉하니 자리 잡은 마을이어서 정말 쉬기 좋다는 생각이 듭니다. 버스는 바릴로체에서 정차합니다.

내일 아침 6시 30분에 뜨는 El Chalten행 버스를 예매했습니다. 바릴로체는 휴양지여서 사시사철 액티비티가 가능하고 아름다운 호수와 산들이 마치 한 폭의 그림 같은 곳이라 '남미의 스위스'라 불립니다. 그냥 지나치기가 몹시 섭섭하지만 12월 말까지 남미 끝까지 가야 하는 내 일정을 고려하면 어쩔 수 없습니다.

엘 찰뗀에서 만난 쎄로또레와 피츠로이봉

새벽녘 엘 찰뗀이 점점 가까워집니다. 국도 40인 이른바 루따 40을 지나 엘 찰뗀 삼거리를 우회전하니 호수와 흰 눈을 머리에 인 뾰족한 봉우리들이 주변에 도열해 있습니다. 드디어 빠따고니아 한복판에 왔습니다. 안데스 문화를 인간의 손으로 만들었다면 여기 빠따고니아는 분명히 신의 어떤 뜻이 있어 의도적으로 만들었을 터! 황홀합니다.

바릴로체에서 24시간을 넘어 온 거리는 1,000㎞를 넘었을 듯합니다. 터미널에서 짐을 내려 부지런히 자전거 조립을 마칩니다. 환영 표지판 앞에 서서 인증 한 컷.

숙소에 짐을 풀자마자 슈퍼에 가 간식을 준비하고는 바로 쎄로또레봉을 향해 갑니다. 평탄한 산길을 부지런히 올라 전망대 Laguna Torre에서 보니 Cerro Torre봉 주변에 구름이 잔뜩 껴 제대로 보이질 않습니다. 30분이 지나고 1시간이 빠르게 흐르는데도 Cerro Torre는 그 날카로우면서도 고운 자태를 구름 속에 감추고는 드러내질 않습니다. 5시까지만 기다리다가 내려가자 하다가 6시까지 더 기다려 보자며 아쉬움에 선뜻 하

내 얼굴이 꽤 많이 탔습니다

전망대 인근에서 어슬렁거리며
먹을 거리를 찾아다니는 여우

산을 하지 못합니다. 이곳에서 사람들과 친숙해진 듯 사막 여우가 슬며시 경계하며 주변에 먹을거리가 있는지를 살핍니다.

하산 중 아쉬워 자꾸 뒤를 돌아보는데, 아니 이게 웬일입니까! 구름이 걷히며 봉우리 꼭대기가 서서히 드러납니다. 부리나케 다시 올라가 보고야 말았습니다. 사진을 찍은 후 내려가는 발길이 가뿐합니다.

부지런히 내려가 전망대에 이르니, 아니 이게 또 무슨 일인가요! 바로 앞 봉우리 위에 핵폭탄이 터져 이층의 버섯구름이 형성됩니다. 넋을 잃고 보았습니다. 난생 처음 보는 저 장면이 뇌리에 깊이 새겨집니다.

다음 날엔 Cerro Fitz Roy(피츠로이 봉)를 보러 갑니다. 어제보다 1㎞ 더 긴 11㎞를 걸었습니다. 만년설이 녹은 물이 흘러 내려옵니다. 손 바가지를 만들어 떠서 먹으니 뼛속까지 시원하고 몸 전체가 짜릿합니다.

피츠로이봉을 앞에 둔 호수 전망대가 나옵니다. 트레킹은 여기까지! 19세기 영국의 다윈을 태우고 대서양과 태평양을 운항했던 비글호의 젊은 선장이 바로 피츠로이입니다. 이 젊은 선장의 이름을 따 봉우리 이름을 지었다 하는데 그 이유는 모르겠습니다. 피츠로이 산군에서 흘러 내려온 눈 녹은 물이 커다란 호수를 만들었습니다. 호수의 이름은 Los Tres. 물 빛깔은 하늘빛과 유사합니다. 하늘에서 내린 눈이 하늘빛을 닮았습니다.

다음 날 새벽 2시 반에 기상, 한인 여성 3명과 만나 함께 전망대(입구에서 3㎞ 지점)에 가니 4시 45분. 해가 뜨려면 아직 멀었습니다. 바람이 심하게 부니 매우 춥습니다. 구름이 잔뜩 끼어 있어 아무래도 붉은빛을 띠는 피츠로이를 볼 수 없을 듯합니다. 5시 반쯤 잠깐 해가 드러나 벽면을 붉게 물들였고, 딱 거기까지였습니다.

원자폭탄 구름

뾰족한 봉우리가 바로 쎄로또레. 해발 3,102m

오른쪽 제일 높은 봉이 피츠로이. 해발 3,405m

가운데 봉우리가 피츠로이, 왼쪽 구름에 가려진 뾰족한 봉우리가 쎄로또레

이틀 동안 먹을 음식 거리를 장만해 내일 운행을 준비합니다. 엘 깔라
빠떼까지는 200㎞가 넘어 꼬박 이틀을 가야 할 듯합니다. 더군다나 빠
따고니아 센 바람이 자전거 운행을 방해할 수 있어 자칫하면 시간이 더
걸릴 수도 있어요.

밤늦게 내일 출발 준비를 모두 마쳤습니다. 지금까지 빠따고니아에서
자전거를 타며 경험한 바로는 오전 12시 전까지는 비교적 잔바람이 불
고 오후부턴 센바람으로 바뀝니다. 하여 잔바람이 부는 시간에 될 수 있
으면 멀리 가야 합니다.

길에서 만난 또 다른 여행자, 패트릭

오늘도 날이 흐립니다. 서쪽에서 동쪽을 향해 5시간을 달리니 Ruta
40을 만났습니다. 루따 40은 아르헨띠나를 관통하는 약 5,000㎞나 되

는 도로로, 이 도로 주변엔 들러 볼 데가 정말 많습니다. 심지어 루따 40을 이용한 관광지도와 책이 시중에 나와 있을 정도입니다.

이제 루따 40 도로는 북에서 정남을 향해 내려갑니다. 파타고니아 바람은 남에서 북으로 불어옵니다. 자전거는 앞으로 나가기가 고된 모양입니다. 멈출 줄 모르고 불어오는 거센 바람을 맞으며 자전거는 힘에 겨워 거북이 걸음입니다.

약간 경사진 도로에서 점심을 먹고 있던 중, 자전거 한 대가 힘들이지 않고 올라옵니다. 반가워 인사를 나눕니다. 자기도 엘 깔라빠떼까지 간다 하네요. 이름은 패트릭(Patric), 62세, 벨기에에서 온 회사 사장입니다. 둘이서 가니 맞바람에 힘이 들긴 하지만 걱정이 가십니다. 함께 야영할 사람이 생긴 셈이죠. 도로 옆 낮은 지역의 적당한 곳을 찾아 야영을 준비합니다.

글라시아 국립공원에서 만난 뻬리또 모레노 빙하

맑은 날씨에 바람이 자고 있습니다. 언제 깨어나 우리 갈 길을 방해할지 모르지만, 이럴 때 부지런히 페달을 밟아야 자전거도 신나게 앞으로 나아갑니다. 하지만 그리 오래 가질 않네요. 엘 깔라빠떼 입구 삼거리에 닿았습니다.

배에서 뭔가를 집어넣어 달라 할 무렵, 자전거도 쉬게 할 겸 함께 간식을 먹습니다. 패트릭이 유용한 정보 하나를 줍니다. 엘 깔라빠떼에서 칠레 땅 뿌에르또 나딸레스로 가려면 두 길이 있는데, 비포장을 이용하면 거리를 많이 줄일 수 있답니다. 비포장길은 70㎞이며 도로 사정은 모른다 하네요.

숙소에서 두 명의 한국인을 만났습니다. 미국에 사시는 이천구 선생님은 71세, 70대 한국인이 혼자 여행하는 경우를 처음 봅니다. 또 한 사람은 허영희 씨. 또레스 델 빠이네 O루트(산을 한 바퀴 도는 코스로 9일짜리)를 하고 왔다 합니다. 산꾼 같아 보였어요. 내게도 꼭 이 코스를 해 보랍니다. 서로 다른 여행을 하면서 만난 세 사람이 시간 가는 줄 모르고 이야기꽃을 피웁니다.

유명한 아사도 식당인 라 따블라따에서 저녁을 먹었습니다. 맛 좋은 아사도와 친절한 직원들, 계산을 담당하는 Eliana Jara에겐 상냥하고 친절한 태도가 배어 있습니다.

다음 날 점심을 먹으러 일식집 '스시 후지'를 찾아 갑니다. 남편은 일본인 부인은 한국인입니다. 차진 찰밥과 연어 스시의 맛이 최고라기에 찾았죠. 연어 스시롤과 장국이 함께 나오는 세트 메뉴를 먹었습니다. 아쉽게도 한국인 아주머니를 만나지 못했습니다. 멀리 이국땅에서 견고하게 삶의 틀을 만들어 사시는 얘기들을 들어 보고 싶었는데….

니메스 호수를 보러 갑니다. 무엇보다도 야생 조류가 많고 호수 주변 풍경이 아주 아름답습니다. 인공적인 요소가 거의 없는 이른바 생태공원입니다. 자연 그대로 보전하려는 노력들이 여기저기서 엿보입니다. 각종 조류들을 시각적인 특징으로 그려 내고 설명한 덕에 제대로 볼 수 있었습니다. 이곳에서 서식하는 조류들의 그림을 통해 하지 말아야 할 행위들을 표현했는데, 의미 전달 측면에서 볼 때 글보다 효과가 좋을 듯 합니다.

남미의 타조라 불리는 난두(Nandu).
이 녀석은 과나꼬보다 더 겁쟁이!

Bandurria Austral.
가까이 가서 사진을 찍는데도 꿈쩍도 안 합니다

이 선생님과 허 씨와 함께 이야기꽃을 피웁니다. 허 씨가 좋은 정보를
하나 줍니다. 또레스 델 빠이네 산장 예약을 하지 못했더라도, 트레커
들이 잘 가지 않는 Serron 산장에서 하루만 캠핑을 하고 돌아간다고 하
면, 들여보내 준답니다. 그러면 다른 산장 주변에 가서 야영을 하고 또
다음 날 운행 후 다른 산장에서 야영을 하며 트레킹을 마칠 수 있습니
다. 이 선생님은 자전거를 타고 어느 길 위에 있는 자신을 보고 싶다며,
서울에 돌아가서 만나자 하시네요. 여전히 식지 않는 노익장과 열정과
용기를 가진 분입니다.

글라시아 공원 안 모레노 빙하는 그야말로 웅장하고 거대합니다. 총
길이가 약 35㎞, 표면적이 195㎡, 높이가 약 60m나 됩니다. 목재 데크
를 이용하여 끝까지 걸어서 둘러볼 수 있습니다. 빙하가 무너지는 장면
을 보고 싶었으나 이따금 작은 규모의 얼음들이 떨어지며 큰 소리를 내
곤 합니다.

유명한 모레노 빙하

숙소 내 레스토랑에서 두 사람이 작은 음악 공연을 합니다. 나도 한국의 전통 악기 피리를 소개한 후 〈아리랑〉 한 곡을 불렀습니다.

비포장길 70㎞, 후회막심!

고단한 여정을 시작하므로 아침을 든든하게 먹었습니다. 루따 40 도로를 만나는 삼거리에서 다시 남쪽으로 계속 내려갑니다. 엘 뚜르비오 방향으로 틀어 가면 됩니다. 거기서 국경을 넘으면 바로 드디어 칠레 땅 뿌에르또 나딸레스입니다. 엘 깔라빠떼에서 약 230㎞쯤 되는데 비포장 지름길 70㎞가 있습니다. 루따 40을 따라갈 경우 100㎞를 더 가야 합니다. 애초엔 비포장을 버리고 루따 40을 타고 가려 했지만, 100㎞면 꼬

어디가 끝인지

박 7시간을 더 가야 하므로 그냥 비포장길을 이용하기로 했습니다.

오후 4시 10분, 92㎞ 지점에서 비포장도로가 시작됩니다. 여기서 정남쪽으로 이어지는 비포장을 통과하면 빙 돌아오는 루따 40 도로와 다시 만나게 됩니다. 처음엔 평평한 도로가 계속되더니 이내 요철이 심해집니다. 자전거는 울퉁불퉁한 도로를 매우 느린 속도로 힘겹게 오르내립니다.

관공서 비슷한 건물이 보이는데 문은 모두 자물쇠로 잠겨 있었고, 어디 들어갈 여지가 없습니다. 하는 수 없이 건물 옆 창고 앞에서 텐트를 치고 저녁을 지어 먹었습니다. 9시쯤 추위가 심해져 여기저기 잠긴 곳을 밀고 당기고 하니 몸이 들어갈 틈이 생깁니다. 텐트를 걷고 침낭과 매트만 가지고 사무실 공간으로 들어갔습니다. 실내니만큼 아늑하고 편한 잠자리를 마련했죠.

여기까지 오며 정말 생고생했습니다. 맞바람이 엄청나 페달질이 몹시 힘듭니다. 요철이 심해 자전거가 연신 흔들리고 안장의 요동으로 엉덩이를 계속 얻어맞습니다. 그렇지만, 내일 갈 길이 더 걱정입니다. 이렇듯 생고생을 하면서 온 길이 3분의 1밖에 되지 않았습니다. 10시 넘어서야 사위가 어둑해집니다.

자전거는 비포장이 끝나고 루따 40과 만나는 Tapi Aike를 목표로 힘차게 출발합니다. 현대 산타페를 타고 가던 4명의 프랑스인(모두 70대)이 차를 세우더니, 힘내라며 내게 빵을 내줍니다.

한참을 가다가 보니 앞 오른쪽 페니어를 고정시키는 축이 한쪽으로 처져 있어 살펴보니, 나사가 달아났습니다. 울퉁불퉁한 길을 끊임없이 달리다 보니 그 요동으로 조임이 느슨해지면서 빠진 겁니다. 어젯밤 나사 부분을 꼼꼼하게 살폈어야 하는데, 전혀 생각지 못했습니다. 앞 페니어 균형이 깨지면서 혹시라도 자전거에 이상이라도 오지 않을까 저어됩니다. 예비 나사를 꺼내 임시 대처를 해 놓았지만 맘이 놓이질 않아요.

비포장이 끝났습니다. 어제부터 합치면 70㎞를 달리는 데 9시간 50분. 만약 루따 40 포장도로를 선택했다면 10시간쯤 걸렸을 테고 그렇다면 그 나사도 빠지지 않았을 터. 이미 엎질러진 물을 주워 담을 수는 없는 일.

비포장을 달리느라 다리에 힘을 많이 주다 보니 아킬레스건 통증이 또 재발했습니다. 어리석은 판단에 내 몸과 맘이 축나고 자전거도 자기 신체 일부를 잃었습니다. 후회막심입니다.

돌이켜 보니 루따 40을 타고 빙 도는 길이 지름길이었죠. 삼거리에서 생각을 좀 더했더라면 직선 길을 택하지 않았을 테고, 그러면 가는 과정의 즐거움과 이야기를 더 만들었을 텐데…. 시인 루미는 이렇게 말했다

빠따고니아 센 바람

죠. '나는 많은 길을 돌아서 그대에게 갔지만, 그것이 그대에게로 가는 직선 거리였다'고.[1]

앞으로 Turbio까지는 80㎞. 루따 40번 도로에 접어들자 빠따고니아 바람이 날 반겨 줍니다. 바람의 진수를 제대로 맛보라는 듯 더욱 거세게 내 길을 방해합니다. 끌고 가는데도 몹시 힘듭니다. 지금껏 겪어 보지 못한 매우 강한 바람입니다. 어느 정도 가다가 더 이상 끌 수도 없다고 판단해서 지나가는 자동차를 얻어 타려 끝없이 손을 흔들어 댔지만 누구 하나 세워 주질 않습니다.

손을 흔들다 지쳐 그냥 이곳에서 야영을 하려 마음을 먹을 찰나, 큰 승합차가 서더니 인상 좋은 사람이 내려 태워 준다 합니다. 칠레 사람입

---

1) 새는 날아가면서 뒤돌아보지 않는다, 류시화, 더숲, 84쪽

니다. Concha까지만 태워 주네요. 그래도 16㎞ 이상을 더 갔으니 나로서는 그저 감사할 따름입니다.

꼰차(Concha) 입구 삼거리에서 야영을 준비했습니다. 승용차를 타고 온 사람이 오더니 내게 뭐가 필요한지를 묻습니다. 물이 필요하다 했더니 자긴 물이 없다며 어딜 갔다 오겠다합니다. 조금 후에 자기 아들과 함께 오더니 물이 든 2리터 콜라병을 줍니다. 자기 일처럼 나를 도와주는데 정말 감동받았죠. 이 정도 물이면 내일까지 충분히 먹을 수 있는 양입니다. 식사에 양치질까지 호사를 누립니다. 오늘도 이렇듯 여러 사람들에게 도움을 받습니다.

또레스 델 파이네의 전초 기지인 뿌에르또 나딸레스

아침부터 날이 흐리고 바람이 제법 세 춥습니다. 엎친 데 덮친 격으로 뒷바퀴에 바람이 빠져 있습니다. 다행히 실 펑크 같습니다. 이럴 땐 공기를 적당히 넣고 또 어느 정도 시간이 흐르면 또 주입해 길을 재촉해야 합니다.

젊은 친구 둘이 자기 차로 아르헨띠나 출국 사무소까지 자전거를 태워 주었습니다. 5㎞쯤 오르막 도로여서 꽤 힘든 구간인데요, 친구들 덕에 편히 올랐죠. 국경을 벗어나는 데 1분.

칠레 입국. 여성 경찰관인 하비에라가 정말 친절하게 수속을 밟아 줍니다. 그녀에게 휴대폰 방수 포장지를 선물로 주었습니다. 뿌에르또 나딸레스에 가 킹크랩을 먹고 싶다 했더니 검색해서 위치를 알려 주기까지 합니다.

뿌에르또 나딸레스의 상징 동물인 밀로톤

수속을 마치고 내리막을 신나게 내리 달립니다. 도미토리 숙소인 〈나
딸레스 오스텔〉에 짐을 풀었습니다.

현지인과 여행자들에게 아주 인기가 많은 El Bote에 가서 점심 식사를
했는데요, 왈떼르 알렉산더 곤살레스 루고는 친절을 가지고 태어난 사
람입니다. 입가에 웃음이 가시질 않습니다. 마음이 활짝 열립니다.

역사박물관에도 들렀습니다. 빠따고니아 원주민인 떼우엘체족의 사
진과 그들이 사용했던 생활도구 등이 전시되어 있습니다. 안내인 끄리
스띠나 자니에스 루이스가 한국인 방문자에게 정성껏 설명을 해 주는데
모르는 내용이 더 많았습니다.

트레킹 장비 대여점 두 군데 들렀습니다. 이상하게도 이곳에선 한국
인에게만 10% 할인을 해 줍니다. 짐작컨대 트레킹 장비를 찾는 한국인

이 많아서 그런가요?

Burbuja 음식점에 가서 해산물인 마리스꼬로 저녁을 먹었습니다. 입에 착착 감기는 감칠맛이, 지금껏 맛본 마리스꼬 중 단연 최고였습니다.

Teresa에 가서 배낭과 레인코트를 빌렸고, 수퍼에서 빵, 아보카도, 수프, 바나나, 초콜릿 등 사흘간 먹을거리를 장만했습니다.

오선생님 일행을 만났습니다. 얼마나 반갑던지. 수끄레에서 헤어진 후 딱 두 달 만입니다. 인연의 끈이 여기까지 이어졌습니다. 빠라과이에서 봉사 활동을 하신다는 신 선생님과 남편도 이번 트레킹에 동행하신답니다. 어제 먹었던 La Burbuja로 가 함께 식사를 했습니다. 이렇게 여러 사람들과 함께 식사하기가 도대체 얼마만인지요!

짐을 다 꾸리고 보니 제법 무거운 게 30kg은 족히 될 듯합니다. 걱정될 만큼 무겁지만 운행하면서 먹는 만큼 줄어드는 음식물들이 대부분이어서 하루 반나절만 지나면 괜찮아지겠죠.

그야말로 한국인 전용 장비 대여점. 한국인이 써 주었다 합니다

죽기 전에 가 봐야 할 천상의 낙원, 또레스 델 빠이네

트레킹 시작 첫날, 터미널에서 첫 차가 모두 7시 반에 출발합니다. 공원 입구에 차들이 일시에 몰려들면서 수많은 사람들을 내려놓습니다. 몇몇 트레커들은 서쪽인 그란데 산장 쪽으로 가기도 합니다.

1959년에 국립공원으로 지정된 Torres del Paine는 '푸른 탑'이란 의미로 세 개의 바위 봉우리인, 남쪽으로부터 '아고스띠니', '센뜨랄', '몬시노'라는 세 개의 화강암으로 이루어진 바위산을 말합니다. 세 개의 산이 국립공원을 상징하고 빠따고니아를 대표하는 칠레의 랜드마크라고 할 수 있으며, 세계 10대 낙원 중 하나라고도 알려져 있습니다.

트레킹 코스는 두 개의 코스로 나누어집니다. 산 앞 노르덴스끄홀드 호수를 위주로 해서 W모양을 그리며 걷는 이른바 'W'트레킹과, 이 국

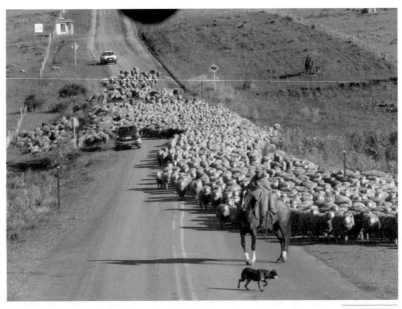

도대체 몇 마리?

립공원 둘레를 크게 도는 'CIRCUIT' 트레킹입니다. W트레킹은 76km로 4일, 서킷 트레킹은 93km로 8일쯤 소요됩니다.

공원으로 들어가기 위해서는 방문 센터인 Porteria Laguna Amargo에서 신청서를 작성해야 합니다. 예약을 했을 경우 신청서에 표시를 해 제출하면 직원이 뭘 묻고는 바로 허가를 해 줍니다. 센터 바로 옆에서 비디오를 상영해 주는데, 일반적으로 트레킹 중 금지 사항 등을 홍보해 주는 영상입니다.

우리 일행 네 명은 11시 50분부터 트레킹을 시작했습니다. 가벼운 차림으로 올랐기에 걸음이 상쾌합니다. 오 선생님은 이 트레킹을 꼭 성공하고야 말겠다는 의지가 강해 보였습니다. 하여 우리 둘은 오후 3시 40분, 말로만 듣던 또레 삼봉이 훤히 보이는 전망대에 올랐습니다.

또레 삼봉

삼형제 봉우리가 사이좋게 줄지어 서 있네요. 세 봉우리 다 뾰족한 바위입니다. 사진 찍으랴 바위 감상하랴 정신이 없습니다. 바람은 얼마나 강하게 불어대는지 몸을 추스를 수 없을 정도입니다. 오 선생님은 바람의 힘을 이기지 못해 돌무더기에 무릎을 찧었습니다.

오 선생님은 절뚝거리며 힘에 겨워 내려가시네요. 돌에 부닥친 일시적 충격인 줄 알았으나 하산 중 계속 통증이 온답니다. 숙소에 가서 피를 뽑으면 좀 나아지겠다고 하시지만, 심상치 않습니다. 그나마 하룻밤 쉬면 더 좋아지길 바랄 뿐입니다.

빗방울 소리를 들으며 잠을 자 보기도 참 오랜만입니다. 일정한 속도로 텐트 지붕을 때리는 소리가 흡사 드럼 밴드 소리처럼 들립니다. 언제 잠이 들었는지도 모르게 까무룩 꿈나라로….

밤새 내리던 비가 새벽에 멈춘 모양입니다. 비 온 뒤라 사방은 티 하나 없이 맑고 깨끗해 감탄이 절로 나옵니다. 하늘은 파랗고 숲은 푸르며 계곡으로 흐르는 물은 더없이 맑습니다. 세계 10대 낙원이라더니 틀린 말이 아닙니다.

오 선생님이 오시더니 운행을 못 하겠다 하시네요. 피를 뽑았음에도 다리 통증이 더 심해져 도저히 갈 수가 없다 하시네요. 괜히 트레킹 하다가 심해지면 오도 가도 못 하고 곤란한 경우가 생길 수 있으니 아쉽지만 나 혼자 가라 하십니다. 아쉬움에 몇 컷 사진을 함께 찍고 헤어졌습니다.

9시쯤 야영장을 벗어나 노르덴스끄홀드 호수를 왼쪽에 끼고 걷습니다. 길 주변엔 이름 모를 꽃들과 나무들이 이방인을 환영해 줍니다.

오후부터 갑자기 폭우가 쏟아집니다. 계곡 물이 불어 제법 센 급류가

노르덴스끄홀드 호수

전망대에서 본 전경

Cuerno Principal. 해발 2,600m

Cumbre Principal 해발 3,050m

형성됩니다. 비를 맞으며 계속 운행을 하는데 그칠 기미가 보이질 않습니다. 이른 시간이지만 이딸리아노 산장에서 쉬어 갑니다.

다음 날 꼭두새벽에 일어났습니다. 부지런히 올라 브리따니꼬 전망대에 도착했습니다. 주변 전망은 그야말로 다른 세상입니다. 앞엔 푸른 삼림이, 골짜기엔 눈 녹은 물이 개울을 이뤄 흐르고, 멀리 흰 눈을 눌러쓴 봉우리 군상이 그야말로 풍경 속에 또 다른 풍경을 펼쳐 냅니다. 시선이 좀체 거둬지지 않아서 바위에 걸터앉아 한동안 머물러 있었습니다.

해가 노루꼬리만큼 남았을 때 그레이 캠핑장에 도착, 이용료 5천 페소를 내고 푸른 잔디에 텐트를 쳤습니다. 야영하는 친구들이 많습니다. W트레킹 코스의 마지막 지점입니다.

오늘 운행을 하며 웅장한 산세와 설산, 대암벽, 폭포, 큰 계곡, 울창

빠이네 그란데 야영장

페오에 호수를 건너며

한 삼림을 원 없이 보았습니다, 설산과 대암벽은 그야말로 황홀했습니다. 연둣빛 호수 빛깔은 정말 비현실적 그림이었죠. 산장(와이파이가 터진다)과 야영장, 캠핑장도 있고, 샤워 시설까지 갖춰져 있습니다. 그레이 산장엔 바가 있어 와인도 마실 수 있습니다.

마지막 날. 바람이 매우 세게 붑니다. 부지런히 준비를 마치고 3시간 50분을 걸어 빠이네 그란데 호텔 앞에 다다랐고, 조금 여유가 있어, 안내소 직원 Pablo와 사진 한 컷을 찍었습니다.

배가 출발한 지 30분쯤 지나 뻬오에 호수를 건너 버스 정류장에 도착합니다. 버스는 고되게 길을 걸었던 트레커들을 태우고 출발합니다. 황홀했던 지상의 낙원을 맘껏 누린 후 이제 돌아갑니다. 원 없이 걷고 장엄한 풍경을 맘껏 감상하고 즐겼습니다.

하나 더! 또레스 델 빠이네 예약을 못 했을 경우 현지에서!

또레스 델 빠이네를 예약하지 못 했을 경우 뿌에르또 나딸레스에 두 회사가 있으니 직접 찾아가서 예약을 할 수 있다. 단, 두 회사에서 국립공원 관리 영역을 나눠 운영하므로 W 트레킹이나 Circuit(혹은 O) 트레킹을 할 경우 두 회사에 모두 예약을 해야 한다. 찾는 데 어려움이 없다.

– Fantastico Sur 회사

☞ 라스 또레스, 칠레노, 프란세스 등 산장 예약

☞ 주소 Esmeralda 661, Puerto Natales

– Vertice Patagonia 회사

☞ 빠이네 그란데 산장 예약

☞ 주소 Manuel Bulnes 100, Puerto Natales

남극으로 가는 관문, 뿐따 아레나스

남극 관문인 뿐따 아레나스로 간다 했더니 아내는 버스를 타랍니다. "여보, 나 그렇게 하고 싶지 않아. 거의 다 왔으니 끝까지 자전거를 타고 갈 거야. 거의 평지여서 자전거 타기 그만이거든. 걱정 붙들어 매!" 고 했습니다.

오후 들어 갑자기 소나기가 심하게 내리더니 이내 또 맑아지기를 반복하다가 소나기가 우박으로 바뀝니다. 추위가 몰려오며 걱정이 앞섭니다. 피할 곳도 없고 민가 한 채 보이질 않는 초원 위에서 나 혼자만 외로이 자전거를 탑니다.

8시 넘어서 Villa Tehuelches 마을에서 쉬어 갑니다. 빠따고니아 원주민 Tehuelche족이 사는 마을인가 봅니다. 인근에 가 볼 만한 관광지가 있는 듯합니다. 그 길목에 자리 잡아 호텔도 있고 병원, 소방서 다 있어

오지마을 여행자들에겐 맞춤인 듯합니다.

자전거 여행자는 안주하지 않고 갈 길을 가야만 합니다. 한참을 달리던 중 나와는 반대로 가고 있는 이탈리아 친구 Gianni Tavoni를 만났습니다. 브라질~우수아이아~알래스카까지 간답니다. 매우 쾌활한 친구입니다. 흡사 코미디언 같이 과장스런 제스처를 보이는데 밉지 않네요. 서로 한바탕 웃으며 사진을 찍고 페북 주소를 주고받았습니다. 이 친구가 팁을 하나 주는데요, 우수아이아 가는 길에 Panaderia Union이란 큰 빵집이 있는데 그곳에서 자전거 여행자에게 숙소를 무료로 제공해 준다 합니다. 잠시 이야기를 나눈 후 서로의 성공을 빌며 헤어집니다.

어렵사리 방을 구해 짐을 풀었습니다. 느긋하게 일어나 여유 있게 아침 식사를 즐깁니다. 빠따고니아 최대의 도시답게 호텔이 많고 아침 식

나를 위해 포즈를 취해 줍니다

사를 모두 제공해 줍니다. 주로 빵, 주스, 커피입니다만 그래도 맘껏 먹을 수 있어 좋습니다. 숙소를 나와 해변을 어슬렁거리며 이국적 풍경을 카메라에 담았습니다.

앞바다가 바로 마젤란 해협입니다. 파나마에 수에즈 운하가 뚫리기 전엔 이곳 마젤란 해협을 통해 화물선들이 들고나 뿐따 아레나스의 최고 전성기를 누렸습니다. 지금은 관광지 역할이 더 커졌지만. 마젤란 해협엔 아주 강한 바람이 불어 그만큼 파도가 거셉니다. 하여 마젤란 해협을 '배들의 무덤'이라고도 하는데요, 높은 파도에 배들이 많이 가라앉곤 했답니다.

우리나라 여행자들에게 잘 알려진 라면집을 찾았습니다. TV에서도 소개가 된 KOKOMEN집인데요, 한국인 윤서호 씨가 운영합니다. 그

광장에 있는 마젤란 동상 아래에 있는 원주민 상.
만지거나 키스하면 이곳에 다시 온다는 설이 있답니다.
나는 만지기만 했습니다

마젤란 상. 손으로 뭘 가리키는 마젤란

는 올해 65세라네요.

브라운 메넨데스 박물관엘 갔습니다. 대부호였던 호세 메넨데스의 저택을 개조한 박물관으로, 굉장히 호화롭습니다. 당구장, 화장실, 조각상과 그림을 비롯하여 당시의 진품 가구들이 손상되지 않고 잘 보관되어 있었습니다.

해군·해양 박물관을 둘러보았습니다. 1836년 다윈을 태우고 항해하던 배의 선장이 로버트 피츠로이이며 그 배의 이름이 비글호였고, 영국의 탐험가였던 어니스트 섀클턴 경이 남극 탐험 당시 탔던 배의 모형도 전시되어 있습니다. 3층엔 해군 무기, 선실, 지도 군복 등이 보입니다.

선선한 공기가 태평양으로부터 불어와 기분이 아주 상쾌한 아침입니다. 이곳 빠따고니아 호스텔에서 제공해 주는 아침 식사는 정말 푸짐합니다. 우연히 옆자리에 앉은 분이 우리나라 사람 같아 보여 말을 걸었고, 인사를 나누고 보니 생태학자 서울대 이우신 교수님이었습니다. 남극에 서식하는 펭귄 연구를 위해 오셨다 합니다. 평소 이분의 책을 좋아해 몇 권쯤 가지고 있기도 해 자연스럽게 이야기를 나누었습니다.

이 교수께서 해 주신 말씀에 공감했는데요, 여행을 하면서 남의 정보를 이용하지 말고 정보를 생산하라는 이야기였습니다.

"여행 중 얻은 객관적인 사실과 여기에 인문학을 곁들여 정보를 생산해 보세요. 사진까지 포함시키면 훨씬 더 좋은 정보가 될 수 있어요. 다른 사람들이 그 정보를 이용하면서 거기에 자기가 생산한 정보를 계속 쌓아 가다 보면 큰 정보로 이어지고, 그러면 여행의 최고 정보가 될 수 있답니다. 여행에도 내공이 필요하죠."

자극이었죠. 얼마 남지 않은 여행 기간이지만 이분의 말씀을 깊이 새겨서 실천하겠다는 생각을 했습니다.

마그달레나섬에서 서식하는 수만 마리 마젤란 펭귄

맑고 바람 또한 잔잔한 아침입니다. 호텔 식당에서 이 교수님을 만났습니다. 어젯밤에 비행기가 뜨질 않았답니다. 피츠로이와 쎄로또레에 관한 정보에 관해 잠시 이야기를 나눴습니다.

야외 박물관에 전시된 빅또리아호를 보러 갔습니다. 마젤란이 탄 배와 똑같은 구조로 만들어 당시 상황들을 실감나게 재현해 놓았습니다. 바로 옆엔 비글호 모형도 있었습니다.

마젤란이 타고 왔던 빅토리아호 모형

오늘도 마그달레나섬에 가질 못한 얘길 페이스북에 올렸더니, 친구 유춘열이 이렇게 댓글을 달았습니다. "친구야, 조급해하지 마라, 그 덕에 이야기와 사진이 더 한층 풍부해지지 않았느냐." 깊고 너른 생각을 가진 친구입니다. 세계 곳곳을 두루 여행한 친구라 보는 안목이 남다릅니다. 남미 여행 내내 이 친구의 격려와 응원에 큰 힘을 얻었죠.

바람이 잔잔하니 오늘은 섬에 갈 수 있을 듯합니다. 짐을 다 챙긴 후 COMAPA 여행사에 가 확인하니 오늘은 배가 뜬답니다.

마젤란 펭귄 투어는 딱 한 시간 소요되었는데요, 통로를 따라 죽 걸으며 펭귄을 보고 다시 배로 돌아옵니다.

이 녀석들은 키가 80㎝쯤 되는데 사람 손을 타지 않아 두려움을 모르나 봅니다. 가까이 다가오더니 주둥이로 내 폰을 쪼기도 하네요. 걷는

마젤란 펭귄이 하늘에다 대고 큰 소리를 냅니다

100년 전 이곳 마젤란 해협에서 좌초된 영국 배

모습이 아주 귀엽지만 한편으론 애처롭습니다. 녀석들에겐 바다에서 헤엄치기가 더 쉬워 보였어요.

저녁으로 돼지고기를 구우며 양파와 피망을 넣고 소금으로만 간을 해도 먹을 만합니다. 특별히 이곳에서 생산되는 Austral 맥주를 겸했는데, 이 맥주는 이곳에 정착한 초기 독일 사람들이 맥주 기술을 가지고 와 지금껏 생산하고 있습니다.

한방을 쓰는 웨인이란 친구는 8년간 자전거 세계 여행 중입니다. 하나의 대륙을 끝내고 다시 영국에 돌아가서 다시 시작하는 방식으로 여행을 한답니다. 아프리카, 유럽, 아시아, 북미를 다하고 이제 남미만 남겼습니다. 친구는 이제 며칠만 지나면 세계 여행을 마치게 되죠. 정말 부러운 친구입니다.

Fuente Bulnes 투어를 하고 돌아왔습니다. 스페인으로부터 독립을 한 칠레 정부가 무주공산(無主空山)이었던 지역 영토 확장을 위해 지은 군사 목적의 병영입니다. 모든 건물들을 나무로 지었고, 특별히 교회가 있어 인상적이었습니다. 앞쪽은 마젤란 해협으로 태평양까지 연결됩니다. 불현 듯 어릴 적 땅따먹기 놀이가 생각나네요. 금만 그으면 내 땅!

달리기 좋았던 비포장도로 100㎞

이제 마지막을 향해 떠날 때가 되었습니다. 일찌감치 일어나 짐을 정리한 후 숙소를 나섰습니다. 영국 친구인 Wayne도 마젤란 해협을 건너 Porvenir를 거쳐 Tierra del Fuego(불의 땅)로 들어갑니다. 2시간쯤 걸려 마젤란 해협을 건너 Porvenir에 닿았습니다. 이곳이야말로 빠따고니아인들의 삶을 고스란히 엿볼 수 있는 마을입니다. 단층짜리 집들이 모두 독특한 구조로 되어 있고 각 집들마다 서로 다른 색을 가지고 있습니다. 박물관에 들러 이곳의 옛이야기를 전해 들을 수 있었습니다.

이곳에서 점심을 먹고 본격적으로 운행을 하는데요, 마을을 벗어나자마자 바로 비포장이 시작됩니다. 다행히 길은 평평합니다. 여기서부터 칠레와 아르헨띠나 경계인 San Sebastian 까지는 100㎞. 시속 14㎞로 계속 달립니다.

어느덧 쉴 만한 곳에 이르렀는데, 영국 친구 Wayne 저편 숲속에서 날 부릅니다. 한 친구가 더 있네요. 난 삼거리에 있는 초소 비슷한 곳을 선택했습니다. 새벽이면 꽤 추울 텐데 잘되었습니다. 한 사람이 잘 만한 공간입니다. 벽을 보니 자전거 여행하는 친구들이 남긴 글이 빼곡한데, 한국인 친구들이 남긴 글도 여럿 있습니다. 자전거 여행을 그림으로 그

뽀르베니르 마을 입구

왼쪽 노랑 정류장은 훌륭한 숙소. 저기서 하룻밤을 보냈습니다

길이 평탄해 달리는 데 큰 무리가 없습니다

린 박재한이란 친구는 2015년 2월 14일 이곳을 거쳐 간 모양입니다. 나도 한 문장을 남겼습니다.

언젠가 한국인이 또 이 코스를 통해 자전거를 타고 남미 끝까지 갈 테지요. 이 길 상황을 알릴 겸해서 비포장도로를 사진에 많이 담았습니다. 비포장이지만 그리 어렵지 않습니다.

딸랑이는 방울 소리에 일어났습니다. 목동들이 아침 일찍 일을 하러 가는데, 이른 새벽에 도대체 어디서 와 어디로 가는지 가늠을 할 수가 없습니다. 빵에 아보카도를 발라 홍차를 홀짝이며 아침 식사를 마친 후 바로 출발합니다. 비포장길을 계속 가는데 도로 옆에 과나꼬 한 마리가 서성이고 있습니다. 철조망 울타리를 넘어온 모양입니다. 녀석들은 낙타과 동물로 원래 겁이 많아 몰려다니며 좀처럼 가까이 오질 않는데 녀석은 나와 20m쯤 가까이 있었습니다. 무리에서 이탈을 했나요?

수디와 제레미를 다시 만나다

칠레 땅을 벗어나 아르헨띠나 땅에 재입국한 시간은 단 1분. 대서양을 보며 6시간 반 동안 78㎞를 달렸습니다. 여기서도 빠따고니아 세고 찬바람이 내 앞길을 막고 있는 통에 애를 먹었습니다. 다시는 겪고 싶지 않은 바람입니다. 더군다나 뒤꿈치 아킬레스건 통증이 여전히 날 괴롭히네요. Rio Grande 시내에 도미토리 숙소가 있어 하룻밤을 묵고 갑니다.

우수아이아를 향해 다리에 힘을 줍니다. 내리막길을 쏜살같이 내려가는데 지프차가 한 대 지나갑니다. 안에 타고 있던 사람의 얼굴이 순간적으로 내 뇌리에 또렷하게 그려집니다. 수디와 그의 남친인 제레미가 틀림없습니다. 그렇다면 그들이 분명히 날 알아봤을 텐데…. 아니다 다를까, 조금 후 차가 내게 오더니 수디가 차창으로 손을 흔들며 아는 체를 합니다. 도로 한편에 주차하고 반갑게 그들과 악수를 나눴습니다.

그녀들은 칠레를 시작으로 볼리비아~에꽈도르~꼴롬비아로 여행을

반가운 수디와 제레미. 언제 이들을 다시 만날 수 있을지!

계속한다 합니다. 인연이 닿으면 어디에서건 만나게 되는 모양입니다. 언젠가 자전거를 타고 유럽 여행을 할 때 연락하겠다며 아쉬운 작별을 합니다. 비록 짧은 시간이었지만, 오랜 친구를 만난 듯했죠.

크리스마스이브에 다다른 우수아이아

여전히 맞바람이 심하게 불어옵니다. 그나마 도로가 평평해서 다행입니다. TOLHUIN 마을에 도착해 바로 Panaderia la Union을 찾는데, 레게 머리를 한 친구가 내게 아는 체를 하며 la Union을 찾느냐 묻더니 그 무료 숙소까지 안내해 줍니다. 빵집 건너편에 있는 빵집 창고 한편에 있는 3인용 숙소로, 자전거 여행자에겐 무료로 잠자리를 제공해 줍니다.

알고 보니 그 친구도 자전거를 타고 남미를 여행 중이며 꼴롬비아에서 왔습니다. 내일 아침에 우수아이아로 같이 출발하기로 했습니다. 이

저 빵집 바로 앞 창고에 숙소가 있습니다. 딱 3인용

곳 톨루인은 주변이 온통 산과 호수로 뒤덮여 있어 휴식하기 좋은 곳이란 느낌을 받았습니다. 그래서인지 마을 이곳저곳에도 여행자들을 위한 여러 편의시설들이 보입니다.

숙소 벽엔 각국에서 온 자전거 여행자들이 남긴 글들이 빼곡하게 차 있네요. 나도 왔다가는 흔적을 남겼죠. 한국인 친구들 글도 여럿 보입니다.

꼴롬비아 친구와 함께 출발합니다. 1시간 반 동안 큰 고개를 하나 넘었습니다. 우수아이아로 가기 위한 마지막 큰 고개지 싶었습니다. 산허리를 뚝 잘라 도로를 만들었습니다. 아래로 호수가 보이는데 흡사 우리 땅덩어리 모양을 닮았습니다. 고만고만한 고개들이 수없이 많습니다. 힘겹게 오르내리며 열심히 페달질을 하니 우수아이아로 들어서는 커다란 관문이 보입니다.

오후 8시 40분, 드디어 세상 끝이라는 우수아이아 표지판 앞에 섰습

만세! 고단한 여행자의 얼굴에 웃음꽃이 피었습니다

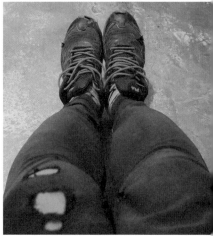
헤진 신발과 바지

니다. 소꼬로를 떠난 지 263일 만입니다. 뭉클해 눈물이라도 나올 줄 알았으나 무덤덤합니다. 다른 사람에게 부탁해 인증 사진을 찍고는 숙소를 찾아 들어갔습니다. 우수아이아에서 가장 인기 있는 오스텔인 Antartica입니다.

메리 크리스마스! 12월 25일, 맑은 날입니다만, 춥습니다. 여름이 이 정돈데 겨울엔 얼마나 더 추울지 상상할 수 없습니다.

1520년 대서양 쪽으로 남하한 마젤란은 벼랑 위에서 몇 개의 불을 발견하고는 이 땅을 Tierra del Fuego(불의 대지)라 불렀는데, 우수아이아는 이 불의 대지의 아래쪽에 위치해 있습니다. 불의 대지의 섬은 마젤란 해협, 비글 해협, 대서양으로 둘러싸인 섬으로 칠레령과 아르헨띠나령으로 나뉘어 있습니다. 비글 해협을 건너 남쪽으로 더 내려가면 칠레령 Puerto Navarino섬이 있고 이 섬 한편에 Puerto Wiliams 마을이 있습니다. 이곳이 사람이 사는 남미 땅끝 마을입니다.

남미 땅끝 뿌에르또 윌리암스 마을에 가다

남미 땅끝으로 가는 날, 뱃삯을 깎아 달라 했더니 20달러를 제해 줍니다. 카드 결제가 되지 않아 3천 페소를 내고 내일 돌아와 나머지를 주겠다고 했더니 흔쾌히 받아 주네요. 우수리를 제하고 그냥 천 페소로 하자, 그래도 오케이. 시원시원합니다. 말만 잘하면 공짜로도 다녀올 수 있겠다 싶었습니다. 그러니, 무턱대고 달라는 돈을 다 줄 필요는 없습니다. 한 번쯤 흥정이라도 시도해 볼 경우 뭔가 이득이 있지 않을까 싶습니다.

국경을 넘는 경우라 짐을 검사하고 여권을 확인합니다. 비글 해협을 건넙니다. 12인승 보트에 8명이 타고 바다 국경을 넘습니다. 딱 한 시간 지나 드디어 칠레령 뿌에르또 나바리노섬 선착장에 도착, 여기서도 입국 수속을 밟습니다. 여기서부터 뿌에르또 윌리암스까지는 54㎞.

이게 웬일입니까! 뿌에르또 윌리암스를 왕복하는 버스가 현대 미니버스입니다. 참 신기합니다. 이곳에서 지구 반대편에 있는 우리나라에서부터 여기까지 차가 오다니요. 수속을 밟는 데 꽤 오랜 시간이 걸립니다. 이제 남미 여행의 끝이 보입니다.

드디어 남미에서 사람이 사는 마지막 마을에 도착했습니다. 이 마을 아래로는 더 이상 마을이 없으니까요. 우선 점심을 먹습니다. 생선, 채소, 바다가재 살을 잘게 섞은 양념을 생선 위에 올린 요리인데요, 기가 막힌 맛입니다.

자전거를 타고 시내를 돌아다닙니다. 조그만 박물관이 있어 둘러보았

뿌에르또 나바리노섬 표지판.
비글 해협 가운데가 아르헨띠나와 칠레 국경

정말 맛있더군요

습니다. 비글호를 타고 이곳을 지난 다윈과 선장인 피츠 로이 사진이 걸려 있습니다. 이곳 파타고니아에 살던 원주민들 사진도 여럿 보입니다. 마을 규모는 작은데도 공항이 있는데요, 비행기가 아니면 이동하기가 매우 어려운 지역입니다. 구석구석 돌아다니니 세 시간쯤 걸렸습니다.

하룻밤을 보내기 위해 낮에 만났던 아주머니 집으로 갔습니다(Cabo de Horn). 숙소 2층 음식점에서 새우 요리를 먹으며 남미 대륙 땅끝을 밟는 기분을 감상했죠. 여기까지 온 사실조차 꿈만 같습니다. 남미 끝 사람 사는 곳까지 왔으니 더 이상 남하할 곳이 없습니다.

일찌감치 일어나 천천히 마을을 둘러봅니다. 이곳에 다시 올 수 있다면 남미 땅 섬 끝에 있는 Cape Horn에 갈 생각입니다. 며칠 묵으며 뿌에르또 윌리암스 주변 산자락도 두루 둘러보고 싶습니다. 원시 자연을 그

아담하니 예쁜 교회

박물관에 전시된 원주민들 사진

대로 느낄 수 있는 트레킹 코스가 여럿 있거든요. 그땐 지금보다 편의시
설들이 더 잘 갖춰져 있을 테니 여행하기에 조금은 편해지지 않을까요?

현대차를 타고 선착장에 도착, 잠시 이곳저곳을 다니며 풍경들을 사
진에 담습니다. 우수아이아로 갈 땐 해류가 우수아이아 쪽으로 흐르는
지 속도가 빠르네요.

에스메랄다 호수, 세상 끝 열차, 감옥 박물관

입국 심사를 마친 후, 인근 여행사에게 가 내일 트레킹 도움을 얻었습
니다. 자전거를 타고 12㎞를 가면 Esmeralda 트레킹 입구를 만날 수 있
다 합니다. 굳이 투어를 신청하지 않아도 혼자 다녀올 수 있습니다.

세상 끝 박물관(Museo del Fin del Mundo)을 관람했습니다. 푸에고섬에 살
던 원주민들의 생활용품과 각종 새들의 박제가 전시되어 있습니다. 관

람 후 해상 박물관(Museo Maritimo)을 둘러봅니다. 100년 전 죄수를 가두었던 감옥을 박물관으로 활용했는데요, 한두 평밖에 되지 않는 방들이 1층과 2층을 합해 수백 개가 있습니다.

영국 철학자 제러미 벤담이 제시했던 판옵티콘(Panopticon)을 보는 듯했는데요, 중앙에 감시탑을 두고 그 주위에 불을 밝힌 죄수들의 감방을 배치해 오직 감시자만이 일방적으로 죄수의 방을 볼 수 있도록 한 구조인데, 여기도 그런 관점으로 감방을 지었다는 생각이 듭니다. 중앙에 통로가 있고 양편에 조그만 방들이 일렬로 늘어서 있으며, 모두 철창이 설치되어 있습니다. 감시자는 죽 걸으며 한눈에 감방 안의 상황들을 확인할 수 있게 되어 있습니다.

펭귄 인형 전시실과 상설 미술 전시실도 있어 볼거리가 많습니다. 아

박물관 내부

르헨띠나 정부는 자국의 범죄자들을 모두 이곳에 가두었나 봅니다. 이 죄수들을 노역시켜 철길을 만들고 그 철길이 지금은 훌륭한 관광 자원으로 변했습니다. 이 철길을 통해 이른바 〈세상 끝 열차〉를 운행하는데요, 전 세계에서 온 수많은 관광객들이 이 열차를 타고 Tierra del Fuego 국립공원엘 다녀옵니다. 나도 내일 타 볼 생각입니다.

이른 저녁을 해 먹고 방에 들어오니 낯익은 얼굴이 보입니다. 벨기에 사람 패트릭입니다. 엘 깔라빠떼에서 헤어진 지 2주쯤 지났음에도 아주 반갑습니다.

비가 오는 중에도 자전거를 타고 트레킹 입구까지 가 에스메랄다 트레킹을 합니다. 왕복 9.6㎞를 4시간쯤 걸려 마쳤습니다. 호수 빛깔이 에메랄드빛과 같았습니다. 어떻게 저런 빛깔이 만들어지는지 정말 환상적이었습니다. 눈에 덮인 산과 호수, 그리고 숲. 그 자체로 하나의 완성된 그림입니다.

숙소 창고에 내가 미리 찜해 뒀던 자전거 박스가 없어졌습니다. 이틀 동안 신경 쓰며 내가 쓸 박스라고 몇몇 사람들에게 확인까지 시켰건만 결국 누군가 가져갔습니다. 박스 구하기가 쉽지 않아 고민하던 중, 호텔 여직원은 시내에 있는 자전거점 몇 군데를 알려 줍니다. 찾아가면 그냥 얻을 수 있다 하네요.

DTT 자전거점을 찾아갔더니 상태가 좋은 자전거 박스를 흔쾌히 내줍니다. 얼마나 고맙고 감사한지 모르겠습니다. 인근 또 다른 자전거점에 가 뭔가를 문의한 후 나와 보니 박스가 없습니다. 1분도 채 되지 않아 누군가 훔쳐간 겁니다. 참 어처구니가 없습니다. 하는 수 없이 다시 DTT에 가 사정 얘길 했더니, "Tranquilo(괜찮아, 걱정 하지 마)."라며 박스

에스메랄다 호수

하나를 더 내줍니다. 염치가 없지만 고맙게 받았습니다.

세상 끝 열차(Tren del Mundo)를 타러 갑니다. 왕복 버스비 300페소, 열차 850페소, 국립공원 입장료 350페소. 100년 전 죄수들이 만든 철길을 이용해, 100년 후에 열차를 타고 국립공원을 두루 살필 수 있게 되었습니다. 미래를 예측하고 한 일은 아닐 겁니다만, 어쨌든 우수아이아에서는 톡톡히 수익을 얻는 셈이죠. 열차 투어를 마치고 역에서 나와 다시 국립공원에 입장했습니다. 시간이 조금 여유가 있다 싶어 한 시간쯤 둘러보고자 잰걸음으로 부지런히 들어갔습니다.

호수에 이르니 참 멋진 풍경이 전개됩니다. 멀리 흰 눈에 덮인 칠레령 산이 보이고 그 앞엔 바다 같은 호수가 파도를 치며 위용을 보이고 있습니다. 시간이 없어 사진 몇 컷 찍고는 오토바이를 탄 친구에게 부탁

세상 끝 열차. 나무를 실어 나르기 위해 죄수들을 동원해 만든 철로

해 얻어 타고 3번 국도로 나왔습니다. 승용차가 오기에 또 부탁을 했더니 흔쾌히 태워 줍니다. 이 친구들 덕분에 숙소까지 올 수 있었습니다. 연인 같아 보이는 하비에르와 아이린 두 친구, 행복한 삶을 이어 나가길 바랍니다.

2017년 마지막 날입니다. 숙소에 있는 외국인 친구들 모두 밤 12시가 오기만을 기다립니다. 드디어 5, 4, 3, 2, 1 모두들 서로 끌어안으며 "Feliz años nuevo(행복한 새해입니다, 우리말로는 새해 복 많이 받으세요)."를 외칩니다. 나도 주변 친구들과 새해를 축하해 주었습니다.

2018년 새해 태양이 떠오릅니다. 이곳 우수아이아에서 2년을 보내는 셈이네요. 아침을 든든하게 먹은 후 택시를 불러 짐을 옮겨 싣고는 데스크 직원과 악수를 나눴습니다.

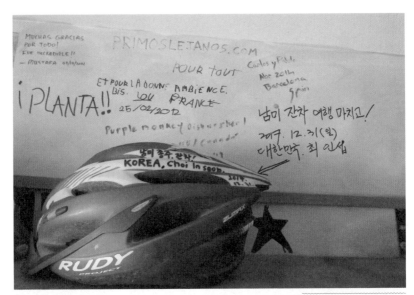

숙소에 헬멧을 놓아 뒀습니다.
언젠가 우수아이아에 다시 간다면 저 헬멧을 볼 수 있겠죠!

우수아이아 공항

우수아이아를 떠납니다. 모든 수속을 다 마친 후 독특하면서도 아름다운 우수아이아 공항 건물을 카메라에 담았습니다.

이제 자전거 여행이 진짜 끝났음을 실감합니다. 그간 홀로 고독하게 자전거를 타느라 수고 많았다, 최인섭! 자기 위로를 합니다. 언제 이곳에 다시 올 수 있을까! 분명한 점은 아내와 함께 남미를 여행할 계획이 있다는 점. 아내도 동의를 했으므로 적어도 2023년쯤엔 다시 올 수 있으리라.

마지막 여행지, 부에노스 아이레스

부에노스 아이레스('맑은 또는 좋은 공기'란 뜻) 땅을 밟았습니다. 우수아이아에서 3,094㎞ 떨어진 이곳, 남미 여행의 마지막 도시입니다.

공항 내에 있는 부스에서 승합차를 신청했습니다. 차를 이용할 수 있게 회사별로 부스를 운영합니다. 승객의 편의를 도모하기 위한 좋은 방식 같아 보였습니다. 저녁 무렵 한인 민박인 '남미 사랑'에 도착한 후 숙소 주변을 어슬렁거렸습니다. 내일부터 일주일간 시내 곳곳을 둘러보기로 했습니다. 시간적인 여유가 많으니 천천히 둘러보아도 충분합니다. 여기에서 그간 쌓였던 피로를 말끔히 가시고 충분한 휴식을 취한 후에 스페인으로 가야 합니다.

시내를 두루 돌아다니며 볼거리를 찾아다닙니다. 산또 도밍고 교회를 둘러보았습니다. 교회 외벽 왼쪽엔 1807년 영국군과 전투 때 아르헨띠나 끄리요오군(軍)이 영국군에게 쏜 총탄 자국이 여럿 보입니다. 당시 치열했던 싸움을 엿볼 수 있는 대목입니다. 교회 안엔 아르헨띠나 국기의

대통령궁과 5월 광장

창안자인 벨그라노 장군의 관이 안치되어 있습니다.

오후엔 세계에서 제일 아름다운 서점이라는 손꼽히는 El Ateneo 서점엘 들렀습니다. 부에노스아이레스에선 빼놓을 수 없는 곳입니다. 부에노스아이레스는 전 세계에서 인구 수당 서점이 제일 많은 도시라 합니다. 그래서인지 이 서점은 달라 보입니다. 원래 오페라 극장이었다가 영화관으로, 이후 서점으로 변신해 오늘에 이르렀습니다. 1층 안쪽은 카페로 운영하고, 천장의 벽화는 서점의 격을 높이는 데 기여합니다.

숙소 인근 Defensa거리에 있는 El Zanjon de Grandos(고고학 유적지)를 관람했습니다. 1700년대에 지은 건물로, 그 안에 터널과 우물이 발견돼 지금은 이 도시의 과거를 엿볼 수 있도록 유료로 전시를 하고 있습니다. 오후엔 국립역사박물관을 관람했습니다. 옛날식 전통 병사 복장을

아테네오 서점

부에노스 아이레스에서 가장 아름다운 산 마르띤 공원

산 마르띤 장군이 차던 칼. 얼마나 중요하게 여기는 물건인지 알 수 있을 듯

한 병사 2명이 아르헨띠나 독립 영웅 산 마르띤 장군이 사용했던 검 옆을 지키고 있습니다. 움직임이 없이 오래 뻗대고 있으니 얼마나 좀이 쑤실까요? 한쪽 눈이 감겨 보입니다.

빼론의 영부인이었던 에바 빼론이 안치된 레꼴레따에 가 천천히 걸으며 두루 살폈습니다. 납골당이라기보다는 수준 높은 조각과 전통적인 장식으로 꾸며져 있어, 흡사 예술 조각 작품 전시장을 보는 듯했습니다. 무엇보다도, 33세 젊은 나이에 요절한 그녀가 잠든 납골당 앞엔 많은 사람들이 꼭 들러 추모하며 끝없이 꽃을 놓고 갑니다. 납골당 벽엔 6개의 청동 추모 동판이 박혀 있습니다.

땅고(Tango, 영어로는 탱고)를 보러 갑니다. 잘 알려진 Tango Porteno극장인데요, 맥주나 주스를 한 잔씩 마시며 공연을 감상합니다. 1시간 20분

간 일정한 주제를 가지고 뮤지컬 흐름으로 공연을 하며 군데군데 땅고를 추는 형식으로 이어 가는데, 무희들의 춤 실력이 돋보입니다. 경쾌한 음악에 맞춰 빠른 속도로 현란하고 요염한 움직임과 율동이 이어집니다.

현란한 다리 동작으로 인해 이른바 '다리 사이의 전쟁'이라고 불리는 땅고는 부에노스 아이레스에서 생겼습니다. 이 춤의 발생기에 강어귀에 있는 보까 지구나 도시 변두리 빈민촌인 아라발에서는 이민자들과 하층민들이 이 음악을 통해 애환과 향수를 달랬죠. 서민들이 많이 모이는 선술집, 심지어 거리에서까지 이 춤의 인기는 가히 폭발적이었습니다. 이민자가 많은 독특한 사회 구조가 이를 더욱 부추겼죠.

시내에서 한 시간쯤 떨어진 Tigre 지역엘 다녀왔습니다. 지하철을 타고 레띠로 역에서 내려 Tigre행 열차를 타면 됩니다. 띠그레에는 대서양

시내 한복판에 있는 오벨리스끄. 멋진 야경을 선사합니다

으로 이어지는 강이 있고 이 강을 유람하는 유람선이 많습니다. 비교적 싼 유람선을 타고 한 바퀴 돌아보았는데요, 이 강과 저 강이 만나는 지점에서 아주 특이한 현상이 있습니다. 강물 빛깔이 서로 달라 뚜렷하게 구분되어 흐르네요. 참 특이한 현상입니다.

7시쯤 라 보까 지구에 있는 Caminito 거리를 둘러보았습니다. 길가 집들의 벽과 테라스, 지붕에 원색을 칠해 색다른 분위기를 자아냅니다. 이곳 출신인 화가 베니또 낀께라 마르띤이 내놓은 아이디어입니다. 그의 그림이 전시된 미술관에도 가 관람을 했는데요, 라 보까 지구의 단면들을 포착해 유화로 물감을 두툼하게 칠한 그림들 위주였는데, 특히 부두 노동자들의 고된 일상을 깊이 있게 느낄 수 있었습니다.

띠그레 선착장

베니또 낀께라 마르띤의 그림. 부두 노동자들의 고된 일상

길가 맥주집에서 종업원들이 대화를 나누는데, 갑자기 욕 소리가 들립니다. "개새끼, 시발 놈아." 충격이었습니다. 이들은 분명 한국인에게 이 욕을 배웠겠지요. 음성의 높낮이까지 조절하며 욕설을 한 걸 보면 분명히 욕이 주는 의미들을 알고 있는 듯합니다. 그런 말을 하면 안 된다고 정중하게 한마디를 해 주었지만, 몹시 부끄럽고 씁쓸했습니다.

숙소 앞에서 지나가는 택시를 한 대 잡아 내일 아침 7시 반까지 숙소 앞으로 와 달라는 부탁을 했습니다. 젊은 기사가 흔쾌히 그렇게 하겠답니다.

남미를 떠나는 날입니다. 7시 반이 지났는데도, 어제 약속했던 그 젊은 기사가 오질 않습니다. 다행히 숙소 남미사랑 대표가 급히 전화를 해 줘 무사히 제시간에 차를 탔습니다. 빨리 가 달라 했더니 90㎞로 달립니다. 수속을 밟고 자전거 화물비용(100달러)을 내고 짐을 부치고 드디어 모든 수속을 마쳤습니다.

비행기에 오른 시간은 10시 5분. 남미를 떠납니다. 작년 3월 10일 꼴롬비아 보고타 공항에 내린 지 정확히 10개월 만입니다. 날로는 306일이 지났네요. 작년 4월 9일에 소꼬로를 떠나 본격적으로 자전거를 타며 언제 남미 끝까지 갈 수 있으려나 한 때가 말 그대로 엊그제였는데, 263일 만에 남미 땅끝까지 갔고 이제 모든 일정을 마치고 떠납니다.

돌이켜 보면, 56세임에도 다리심 하나만 믿고, 후회하지 않으려 더 늦기 전에 이 길을 택했습니다. 체력이 될 때 자전거 여행으로 치면 제일 어렵다는 남미를 먼저 하자고 다짐했고, 그래서 그간 열심히 축적시켜 놓은 체력 덕분에 큰 무리 없이 여행을 마친 점도 내겐 큰 행운입니다.

음식을 제대로 해 먹지 못한 점은 아쉬운 대목입니다. 현실은 그리 녹록지 않았죠. 많은 재료들이 있음에도 조리 방식을 알지 못해 그림의 떡이었죠. 재료를 가지고 조리 해 먹을 수 있는 능력도 자전거 여행자들에겐 필수 요소가 아닐까요? 그래야 자전거 여행 중 외로움과 고독을 일부분 해소시킬 수 있을테니.

'칠레 산띠아고~뿌꼰 구간과, 칠레 뿌에르또 몬뜨~아르헨띠나 바릴로체~뻬리또 모레노~엘 찰뗀' 구간을 일정상 버스를 이용한 경우는 매우 아쉽습니다. 지금이라도 당장 다시 가고 싶습니다. 칠레에 있는 Rio Tranquilo에 있는 '천상의 대리석'을 못 본 점도 뺄 수 없습니다.

나는 과연 얼마만큼 성장해서 집으로 가는 걸까요? 아니, 성장을 하긴 한 걸까요? 스스로 성장 여부를 의심하는 걸 보니 그른 듯합니다만, 하나는 제대로 했습니다. 세상은 넓고 그 세상에서 나름대로 의미 있게 살아가는 수많은 사람들을 만났고, 그 만남을 통해 내 삶과 생을 돌아볼 수 있는 계기를 갖게 되었습니다. 고마운 일입니다.

만나서 반가웠고 그동안 고마웠다. 남미, Hasta Luego!

"꿈이 없는 20대가 늙은이고 도전하는 60대가 젊은이다." 볼리비아 수끄레에서 코이카 시니어 봉사단원으로 활동 중인 오상오 선생님의 휴대폰 바탕화면에 있는 글입니다. 꿈이 없다고 20대가 늙은이라 할 수 없고 꿈이 있다고 60대가 젊은이라 할 수는 없습니다만, 그만큼 열정을 가지고 꿈을 실천하는 60대야말로 20대 못잖은 젊은이라는 의미겠죠. 그렇게 나도 도전을 해 목적을 이루고 왔습니다.

2018년 2월 21일 1년간 남미 여행(마지막 40일은 스페인과 포르투갈 여행)을 마치고 돌아온 이후 한동안 열병을 앓았습니다. 지인들이 날 볼 때마다 우스갯소리로, '남미 원주민 같다'라며 놀려 댔지만, 사실 진짜 내가 남미 사람인 듯했어요. 특별히 뻬루를 잊지 못하겠더라고요. 스페인어를 여전히 계속 공부하고 있습니다. 아내와 약속한 대로 남미를 다시 여행할 계획입니다. 그때 가면, 여행 중 만났던 남미 친구들을 빼놓지 않고 다시 만날 생각입니다.

이제 정년을 2년 반 남긴 즈음, 또 다른 꿈을 꿉니다. 아메리카 대륙 북쪽 끝 알래스카에서 중미를 거쳐 남미 꼴롬비아로 가 내 자전거 길을 잇는 일입니다. 처음 시작한 따이로나 국립공원이 있는 따강가까지 가면 아메리카 종주를 완성하게 되죠. 상황이 달리 전개되면 시베리아를 거쳐 유럽을 지나 아프리카까지 가는 긴 여정도 염두에 두고 있습니다.

지구 한 바퀴 거리는 41,000㎞라 합니다. 우리 인식 밖에 있는 거리

개념이 아닙니다. 서울서 부산까지 500㎞를 잡는다면 왕복 40번 하면 됩니다. 내 의욕과 투지, 모험심이 아직 빛을 잃지 않는다면 40번이 아니라 400번도 할 수 있습니다.

그 시작에 앞서 나는 계속 세계의 역사와 문화를 공부할 생각입니다. 물론 언어도 소홀히 하지 않을 겁니다. 라다크 속담에 이런 말이 있습니다. '호랑이 줄무늬는 밖에 있고 사람의 줄무늬는 안에 있다.' 나 자신의 내면에 호랑이 줄무늬처럼 굵고 긴 흔적을 남긴다는 의미로 읽힙니다. 다른 사람들과 나를 구별 짓는 나만의 가치라는 뜻과도 상통합니다. 예순을 앞에 둔 지금, 나는 아직도 목마릅니다.

내 두 다리가 힘을 잃을 때까지 페달을 밟으려 합니다. 내가 선택하는 길에 확신을 가지고 늘 떠날 준비를 하고 있습니다. 용기, 꿈, 모험, 도전은 여전히 내게 유효한 개념들입니다. 자전거 안장 위에서 이런 가치들을 기반으로 해 난 또 떠날 날을 학수고대하고 있습니다.

2019년 4월
최인섭